Jürgen Herler · Hände in die Erde!

Jürgen Herler

HÄNDE IN DIE ERDE!

Vertical Gardening

Für grüne, essbare Städte der Zukunft

ENNSTHALER VERLAG STEYR

Erklärung

Die Anwendung der in diesem Buch angeführten Ratschläge geschieht nach alleinigem Gutdünken des Lesers. Autor, Verlag, Berater, Vertreiber, Händler und alle anderen Personen, die mit diesem Buch in Zusammenhang stehen, können weder Haftung noch Verantwortung für eventuelle Folgen übernehmen, die direkt oder indirekt aus den in diesem Buch gegebenen Informationen resultieren oder resultieren sollten.

www.ennsthaler.at

ISBN 978-3-85068-993-9
Jürgen Herler · Hände in die Erde!

Ennsthaler Gesellschaft m.b.H. & Co KG, 4400 Steyr, Austria
Umschlaggestaltung: Thomas Traxl und Ennsthaler Verlag
Satz: DIE BESORGER mediendesign & -technik, A-4400 Steyr
Umschlagbild: © wayra / iStockphoto.com
Druck und Bindung: Těšínská Tiskárna, Český Těšín

Inhalt

Vorwort von Wolfgang Palme 9

Einleitung 11

Kapitel 1 – Der Garten: Quelle unserer Gesundheit

Eine gute Basis 15
- Geht's den Bakterien gut, geht's auch uns gut 16
- Was ist natürlich? 19
- Zu wenig des Guten, zu viel des Schlechten 20
- Wir sind, wie wir essen 23
- Pflanze gesund, Mensch gesund 27
- Das reichhaltige »Arme-Leute-Essen« 30

Essen gut, alles gut 32
- Die Planetendiät 32
- Die Frische macht's 34
- Vielfalt schafft Gesundheit 36
- Verhungern bei vollen Tellern 37

Grün ist gesund 40
- Biophilie: Warum sind wir gern draußen? 41
- Grün in der Stadt 43

Kapitel 2 – Die Welt ist, wie sie isst

Die Transformation der Welt 47

Die »grüne« Revolution? 50
- Vom Bauernhof zum Agrarriesen 51

Die Lösung der Verschmutzung ist die Verdünnung? 52
- Stickstoff und Phosphat 53
- Pflanzenschutzmittel 55

Die Zerstörung der Vielfalt 59
- Let me tell you 'bout the birds and the bees ... 61

Landwirtschaft und Klimawandel 64
- Von rülpsenden Kühen und lachenden Böden 66

Die Ineffizienz der Intensivierung 68
- Hoher Ertrag, geringe Effizienz 68
- Die 3-Liter-Tomaten 71

Kapitel 3 – Die Bio-Revolution

Warum bio? 75

Wie alles begann 76
- Bio wächst 78

Die Kommerzialisierung von Bio 79
- Das gute Geschäft mit Bio 80
- Die Sache mit dem guten Gewissen 81

Ist Bio überhaupt besser? 82
- Ertragsunterschiede 83
- Keine Rechnung ohne den (Land-)Wirt! 85

Bio 3.0 88
- Die Rettung der Bauernhöfe und Bioläden 90
- Best Practice: Niedrigenergiegemüse 92
- Rollen statt pflügen 94
- Kostenwahrheit 98
- Alles bio? 100
- Öko = bio, saisonal, regional und gesund 102
- Gesund leben und die Welt retten 104
- Die Grenzen der regionalen Versorgung 106

Kapitel 4 – Selbstversorgung

Die Geschichte der Selbstversorgung 109

Leistungsfähiger Gartenbau 111
- Datscha – der russische Weg 111
- Datschas bei uns 113
- Stadtbauernhof: »Urban Homestead« 117

Erhalt der Vielfalt 120
Saisonale Vielfalt 122
Der Vielfaltszüchter 123
Der »Extreme Salad Man« 125
Warum Urban Gardening? 128
Die essbare Stadt 130
Privates Grün 131
Klein- und Kleinstgärten 132
Ein Königreich für einen Balkon 133
Der Bio-Balkon 134

Kapitel 5 – Essbare Häuser, grüne Städte

Vom »Green Building« zur »Green City« 139
Grüne Häuser: Nichts Neues aus dem Westen 140
Die multifunktionale Gebäudebegrünung 142
Grün ist cool 143
Regenwasserspeicherung 145
Das Haus wird Teil urbaner Natur 147
HerBios: Meine Vision von grünen Städten 150
Vom Meersalat zum Pflücksalat 151
Die Entwicklung der Vertikalbeete 153
Essbare Häuser? 154

Kapitel 6 – Der Vertikalgarten

Vertikalbeete sind multifunktional 157
Der 5-Zonen-Garten 159
Wandverkleidung 160
Abtrennungen und Zäune 162
Das essbare Geländer 164
Vertikale Dachgärten 165

Kapitel 7 – Ökologisch vertikal anbauen

Die wichtigsten Anbauregeln 169

Vielfalt in Raum und Zeit 171

Mehrzonenanbau 172

Mehrsaisonenanbau 175

Wintergemüse: Mehr als Kraut und Rüben 177

Der optimale Standort 178

Die besten Wintersorten 181

Gewürzkräuter 182

Salatkräuter 188

Blattsalate, Blatt- und Stängelgemüse 192

Gemüse zum Dünsten oder Kochen 201

Knollen- und Wurzelgemüse 207

Ökologisch gärtnern 213

Der Niedrigenergiegarten 213

Gute Erde 215

Manche mögen's heiß 216

Da ist der Wurm drin 218

Permanente Bodenbedeckung 219

Regenwasser 221

Ist Stadtgemüse gesund? 223

Keine Angst vor schmutzigen Fingernägeln! 225

Danksagung 229

Endnoten 230

Bildnachweis 239

Über den Autor 240

Vorwort

von Wolfgang Palme
City Farm Augarten und Höhere Bundeslehr- und Forschungsanstalt für Gartenbau Schönbrunn, Buchautor*

Städte sind keine sehr natürlichen Lebensräume. Der gewachsene, gesunde Boden hat Seltenheitswert. Standraum für Nutzpflanzen ist Mangelware. Ich bin von der Sinnhaftigkeit urbaner vertikaler Strukturen im Sinne einer optimalen Platzausnutzung sehr überzeugt. Meiner Meinung nach muss es vorrangiges Ziel sein, Raum für möglichst belebte Erdkörper zu bieten und Restflächen effizient zu bepflanzen. Für eine vollständige Versorgung der städtischen Bevölkerung mit Nahrungsmitteln wird das nicht reichen. Viele europäische Großstädte liegen aber mitten in Agrargebieten. Sie sind von gutem Ackerland umgeben. Auch in Wien ist das der Fall. Diese landwirtschaftliche Fläche wirksam und zugleich ressourcenschonend zu nutzen, bei kurzen Transportwegen, muss oberstes Ziel einer zukunftsfähigen Agrarpolitik sein.

Seit vielen Jahren forschen wir an unserer Versuchsstation Zinsenhof im Bezirk Melk an der Entwicklung alternativer Produktionsentwürfe. Es geht um einen ökologischen, vielfältigen, kleinstrukturierten, regenerativen und konsumentennahen Gemüseanbau, wie wir ihn in unseren agroindustriellen, übertechnisierten Produktionssystemen leider nicht mehr kennen.

Das Gemüseanbausystem, das wir in unseren experimentellen Forschungen anstreben, könnte man als »biointensiv« bezeichnen. Es ist in seiner Vielfalt und Saisonalität produktiv, ohne ausbeutend zu sein, und setzt sparsam einfache Technik dort ein, wo sie wirklich notwendig ist. Viel Kreativität ist noch gefragt, denn es geht nicht um eine Rückkehr in primitive Urformen der Landwirtschaft, sondern um eine neue, intelligente Einfachheit.

Ich möchte Ihnen ein Beispiel geben: Unsere Versuche haben gezeigt, dass viele Gemüsepflanzen wesentlich frostfester sind, als wir ihnen das jemals zugetraut haben. Salate überstehen schadlos Temperaturen unter minus 10 °C. Das steht noch in keinem Gemüselehrbuch. So kann aber mitten im Winter frisches Gemüse geerntet werden, ohne quer durch ganz Europa transportiert oder in regionalen High-Tech-Gewächshäusern völlig saisonfremd produziert werden zu müssen. Auf den Energieeinsatz zur Beheizung dieser Winterkulturen können wir mit allen ökologischen und ökonomischen Vorteilen für Gesellschaft und Gartenbaubetrieb getrost verzichten.

Ich plädiere dafür, so viele innerstädtische Freiflächen wie nur möglich für den Ganzjahresanbau von Gemüse zu nutzen. Dabei soll weniger die Ertragsmaximierung im Vordergrund stehen als die Partizipation. Immer mehr Großstädterinnen und Großstädter können durch eigene Anbauaktivitäten wieder Bezug zu einem der grundlegendsten Lebensprozesse finden, die wir auf unserem Planeten kennen: dem Wunder von Keimung, Pflanzenwachstum, Ernte und der Freude am Genuss. Genau deshalb habe ich die City Farm im Wiener Augarten gegründet. In diesem pädagogischen Garten der Gemüsevielfalt im Herzen Wiens vermitteln wir Kindern und Erwachsenen tagtäglich die Freude an Boden, Pflanze und allem Lebendigen. Wir wollen so der Entfremdung unserer Gesellschaft von Landwirtschaft, Lebensmittelentstehung und ökologischen Zusammenhängen entgegenwirken, weil wir überzeugt sind, dass ein nachhaltiges Zusammenspiel von Pflanze, Mensch und Tier nur über die natürlichen Lebenszyklen laufen kann.

Ich kenne und schätze Jürgen Herler seit einigen Jahren. Mit seiner Firma »HerBios« ist er Kooperationspartner der City Farm Augarten. Er schafft im städtischen Raum Boden, wo es keinen solchen gab.

Jetzt geht es daran, diesen Boden gemeinsam ökologisch zu nutzen, mit essbarem Grün zu bepflanzen und ausgiebig zu genießen!

* City Farm Augarten – Verein zur Förderung von Urban Gardening, Gartenpädagogik und ökologischer Bildung. https://www.cityfarm.wien

HBLFA Schönbrunn – Höhere Bundeslehr- und Forschungsanstalt für Gartenbau und Österreichische Bundesgärten, Schönbrunn, Wien. www.gartenbau.at

Einleitung

Erst wenn wir Menschen begriffen haben, dass wir ein integraler und untrennbarer Teil der Natur sind, werden wir zu einem nachhaltigen Lebensstil finden. Das wird keine Technologie ändern können. Und auf dieser Reise ins Ungewisse sitzen wir alle im selben Boot.

Stellen wir uns einen üppigen Garten vor, mit seltenen Schmetterlingen und Wildbienen, die um uns herum fliegen. Ein Beet mit frischen Erdbeeren, Pflücksalaten und allerlei Gemüse. Wir holen uns zwischendurch ein paar Radieschen und etwas Beerenobst zum Naschen, schneiden Salat für das Mittagessen und freuen uns, dass wir von so viel Grün umgeben sind. Man trifft die Nachbarn, die ebenfalls einen Garten haben. Man tauscht Pflanzen und plaudert über Gemüseraritäten.

An der schattenspendenden Laube wachsen Säulen- und Beerenobst. Auch im Winter, der Jahreszeit, wo die Supermärkte nur importiertes oder in Glashäusern hergestelltes Gemüse anbieten, gehen wir hinaus in den Garten und ernten frische Salate und anderes Gemüse. Ohne Beleuchtung, ohne Heizung. Ökologisch, einzig auf Basis von Sonnenlicht. In natürlicher Erde gewachsen. Ohne Energieverschwendung – und vor allem gesund. Gedüngt mit Kompost, unter Schließung der biologischen Kreisläufe direkt bei uns zu Hause. Und stellen wir uns vor: das alles passiert mitten in der Stadt. Utopisch? Überhaupt nicht!

Wenn ein kleiner Reihenhausgarten oder auch nur ein Balkon oder eine Terrasse zur Verfügung stehen, gibt es großartige Möglichkeiten, diese in lebende, begrünte Oasen umzuwandeln. Vor allem durch vertikales Gärtnern (Vertical Gardening) kann man die sonst ungenutzten Wände oder Geländer in grüne Gärten verwandeln, ohne viel horizontale Fläche zu verbrauchen. Im Winter wird die Sonne dort so gut ausgenutzt, dass wir keine technischen Vorkehrungen brauchen, um Lebensmittel anzubauen. Damit ist ein biologischer, saisonaler und energiesparender Garten geschaffen, der uns das ganze Jahr über mit frischem und gesundem Gemüse, Kräutern und Obst versorgt.

Viele Studien belegen, dass es für unser Wohlbefinden möglichst viel Grün braucht. Das gilt vor allem auch für unsere Kinder. Je näher an unserem Wohnort, desto besser. Was ist also naheliegender, als unseren eigenen Garten, Balkon oder Terrasse ökologisch und »essbar« zu gestalten. Zum einen versorgen wir uns selbst mit frischen Lebensmitteln, zum anderen können wir – als Nebeneffekt – die immer heißer werdenden Sommer im Schatten des kühlen Grüns verbringen. Die natürliche Klimaanlage »Pflanze« macht es möglich!

Selbstversorger am Balkon? »Das geht nie!«, hört man die Skeptiker rufen. Das mag teilweise stimmen. Aber zumindest frisch geerntete Salate und Kräuter, das ganze Jahr über, mitten in der Stadt – das geht, und das ist schon was! Es braucht nur wenige Quadratmeter, und schon muss man keine Küchen-, Gewürz- oder Salatkräuter mehr kaufen. Dazu kommen noch einige Gemüsesorten, die man laufend ernten und schneiden kann, wie etwa diverse Blattkohle, aber auch Stängelgemüse wie Stangensellerie oder Porree. Essbare Blumen, die der Handel gar nicht kennt, dürfen dazwischen wachsen und erfreuen auch eine Menge Insekten.

Im eigenen Biogarten können wir getrost auf die chemischen und umweltfeindlichen Mittel der industriellen Landwirtschaft verzichten. Wir wollen es ja gerade hier, an unserem Wohnort, anders machen: keine synthetischen Dünger, Herbizide oder Pestizide verwenden. Denn diese verschmutzen nicht nur unsere Böden, sondern auch unsere Gewässer, bis hin zu den Seen und Meeren. – Diese Tatsache hat mich persönlich betroffen gemacht. Ich habe mich daher nach 15 Jahren in der Meeresforschung einem neuen Thema gewidmet: der ökologischen Landwirtschaft in oder, besser gesagt, an den eigenen vier Wänden.

An unserem Wohnort wollen wir selbstredend ein gesundes Umfeld und biologische Lebensmittel schaffen. Die Wissenschaft ist zurzeit eifrig damit beschäftigt, zu erforschen, wie wichtig der nicht mit dem freien Auge sichtbare Teil der Biosphäre für uns Menschen ist: das Mikrobiom. Bakterien, Viren und Pilze, die überall um uns herum leben. In der Luft, im Boden, im Wasser, auf Pflanzen und Tieren – und auf und in uns. Die uns gesund halten oder krank machen, je nachdem, in welcher Mischung sie vorliegen. Wir können sie ohne technische Hilfe nicht sehen, aber was immer wir tun, hat einen enormen Einfluss auf ihre Vielfalt und unsere Gesundheit.

Viele Aspekte haben zu diesem Buch geführt: umfangreiche Recherchen in Dutzenden wissenschaftlichen Publikationen, viele Gespräche mit Menschen aus der Landwirtschaft, dem Gartenbau, der Wissenschaft und dem Handel, gepaart mit meinen eigenen Erfahrungen aus dem Bereich des biologischen, vertikalen Lebensmittelanbaus.

Ich will damit zeigen, dass in einer urbanen Umgebung, auch wenn noch so verdichtet, die Schaffung von üppigem Grün und gesunden Lebensmitteln möglich ist – als Beitrag zu einer ökologischen Lebensweise. Und Ihnen, liebe Leserinnen und Leser, damit einen Leitfaden geben für die Beantwortung der Frage nach dem Warum und Wie des raum- und energiesparenden eigenen Lebensmittelanbaus. Die umfassenden Inhalte in diesem Buch werden durch Bilder und Grafiken unterstützt.

Viel Spaß beim Lesen!

Kapitel 1

DER GARTEN: QUELLE UNSERER GESUNDHEIT

Eine gute Basis

Die Weichenstellung für unsere Gesundheit erfolgt schon sehr früh im Leben. Unabhängig von unserer genetischen Ausstattung entscheiden bereits die Art der Geburt, der letzte Kontakt mit den inneren Organen der Mutter und der erste mit der Außenwelt, wie es mit uns weitergeht. Auch ob und wie lange wir gestillt werden, wie unsere Ernährung – und sogar jene der Eltern – von Anfang an aussieht, trägt dazu bei, ob wir später gesund und munter durchs Leben wandern oder von chronischen Krankheiten geplagt werden.

Nicht zu vergessen die Billionen Bakterien auf und in uns. Unsere Erstausstattung und unser gesamter Lebensstil beeinflusst diese, und wir erhalten von ihnen ein entsprechendes Feedback. Die Wissenschaft hat erst in den letzten Jahren dieses neue Forschungsgebiet entdeckt: das Mikrobiom. Wir sind erst ganz am Anfang zu verstehen, was die unzähligen Bakterien in uns, im Boden, in der Luft und auf Hunderttausenden Pflanzen für unsere Gesundheit bedeuten. Eines ist aber klar und gilt in allen Ökosystemen: je höher die Vielfalt, desto höher die Stabilität des Systems. In der Folge möchte ich einen Einblick in den Zusammenhang zwischen Ernährung, Darmmikrobiom und Gesundheit geben.

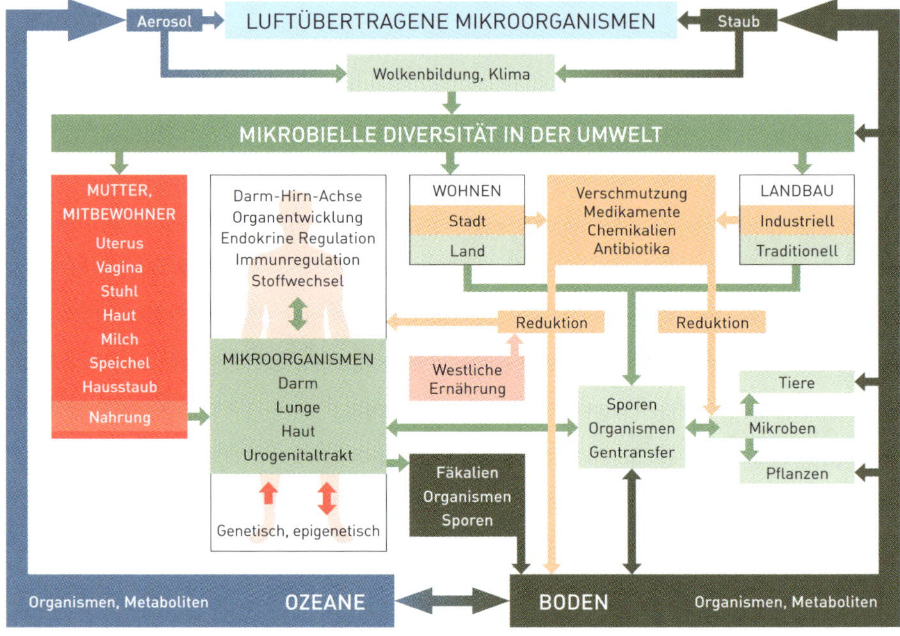

Schematische Darstellung der Beziehung zwischen Mensch und Mikroorganismen am und im Körper und in der Umwelt.

Geht's den Bakterien gut, geht's auch uns gut

Noch vor einigen Jahren galten Bakterien als etwas grundsätzlich Feindseliges. Sie verursachen Vergiftungen, Infektionen und erfordern immer wieder die Einnahme von Antibiotika. Warum sollten sie also gut für uns sein? Nun, wir leben seit Millionen von Jahren mit ihnen zusammen. Bakterien gehören zu den ersten Organismen, die auf der Erde entstanden sind. Natürlich gibt es darunter auch krankheitserregende (pathogene). Wäre aber die große Masse der Bakterien gesundheitsschädlich – die Entstehung und Entwicklung des Menschen wäre unwahrscheinlich, ja eigentlich unmöglich gewesen.

Bakterien sind überall zu finden, sie sind Teil von uns. Bakterien leben auf unserer Haut, den Haaren, in den Atemwegen und vor allem in unserem Darm. Die meisten davon sind gutmütige Helfer, und wir brauchen sie dringend, um gesund zu bleiben. Unsere kostenlosen Bodyguards sozusagen. Manche von ihnen, wie bestimmte Milchsäurebakterien (Lactobacillus), halten etwa krankheitserregende Pilze im Körper in Schach.

Im Darm kommen Bakterien so häufig vor, dass allein dort mehr Bakterienzellen zu finden sind, als wir selbst Zellen haben. Man schätzt ihre Zahl auf

100 Billionen, mit bis zu 1000 verschiedenen Arten. Ihre Masse steuert etwa zwei Kilogramm zu unserem Körpergewicht bei. Diese Bakterien sind Teil des sogenannten Darmmikrobioms. Auch Viren und Pilze zählen dazu. Wir haben also ein gewaltiges Ökosystem in uns.

Damit dieses in Balance bleibt, müssen wir es pflegen. Übertriebene Hygiene und laufende Sterilisation unserer Körperoberfläche und unserer Umgebung, meist aus Angst vor Krankheitserregern, ist gut gemeint, aber kontraproduktiv. Chemische Reinigungsmittel unterscheiden nicht zwischen Feind und Freund, sie räumen alles weg, auch unsere Helfer.

Bakterien stellen circa neunzig Prozent des Darmmikrobioms und haben als Gesundheitswächter in den vergangenen Jahren sehr an Aufmerksamkeit gewonnen. Da viele Bakterien schwer bestimmbar und schlecht zu kultivieren sind, konnte man die Vielfalt des Darmmikrobioms lange nur schwer einschätzen. Erst mit der Entwicklung moderner genetischer Methoden und günstigerer Massenanalysen wurde es möglich, über die Vielfalt von bakteriellen Genen in den Proben Aussagen zu treffen. Mittlerweile weiß man, dass diese außergewöhnliche Wohngemeinschaft etwa drei Millionen Gene in unser eigenes Genom einbringt. All das zusammen bildet das sogenannte Metagenom. Unser Organismus ist also eine riesige Lebensgemeinschaft, ein Superorganismus, der sogenannte Holobiont. Diese enorme Vielfalt an Untermietern beginnt man nun in ihren Funktionen aufzuschlüsseln.

Wie stieß man überhaupt auf die große Bedeutung dieses Mikrobioms? Auffallend war, dass bei Menschen mit chronischen Erkrankungen, wie Allergien und Autoimmunerkrankungen, die Darmflora anders zusammengesetzt war als bei Gesunden. Anlass genug, dieses Mikrobiom bei gesunden wie auch kranken Menschen genauer zu erforschen.

Wissenschaftler haben herausgefunden, dass das Darmmikrobiom von Kindern, die durch Kaiserschnitt geboren wurden, anders aussah als jenes von vaginal geborenen Kindern. Bei der Passage des Babys durch die Vagina erfolgt die Erstinfektion des bis dahin keimfreien Säuglings. In diesem Fall eine gute Infektion. Die Mutter überträgt bei der Geburt Bakterien (vorwiegend Milchsäure- und Bacteroides-Bakterien, die zu den häufigsten Darmbakterien gehören) auf das Kind, die auch in dessen Verdauungsapparat gelangen und eine bessere Verwertung der Muttermilch ermöglichen. Der Darm von Kaiserschnittkindern dagegen ist hauptsächlich mit Hautbakterien (z. B. Staphylokokken) besiedelt. Aufgrund dieser Erkenntnis gibt es bereits Geburtskliniken, die Müttern anbieten, bei einem Kaiserschnitt einen Vaginalabstrich auf das Kind zu übertragen, das sogenannte »Vaginal Seeding«, das vaginale Aussäen von Bakterien.

Je höher die Artenvielfalt auf und in uns, desto besser die »Starthilfe« für unsere Kinder. Das mag für manche unappetitlich oder unhygienisch klingen, aber ich denke, wir müssen hier einige Tabus ablegen, um unsere »Natürlichkeit« und unseren Platz mitten in dieser Welt besser zu verstehen. Und ein ganz wesentlicher Teil dieser Welt ist für unser freies Auge unsichtbar.

Doch zurück zum Säugling. Mit der Weiterentwicklung nach der Geburt verändert sich auch das Darmmikrobiom ständig.[1] Während des Stillens haben Babys ein sehr variables Mikrobiom (mehr sauerstoffliebende Bakterien, viele Bifido-Bakterien). Werden sie mit der Flasche gefüttert, haben sie eine andere Bakteriengemeinschaft (mehr anaerobe, z. B. Clostridien). Mit der Umstellung auf feste Nahrung entsteht langsam ein Mikrobiom, das stabil ist und jenem von Erwachsenen entspricht. In Hinsicht auf unsere bakteriellen Freunde kann man also sagen, wir sind schon mit etwa drei Jahren erwachsen.

Das Darmmikrobiom eines gesunden Menschen besteht im Wesentlichen aus vier großen Bakterienstämmen. Dominant sind die Bacteroidetes und Firmicutes, und in kleinerer Zahl kommen Actino- und Proteo-Bakterien vor. Alle diese Stämme haben eine Vielzahl an Familien, Gattungen und Arten. Erwähnenswert sind hierbei die Gattungen Bacteroides und Prevotella aus dem Stamm Bacteroidetes sowie die Ruminococcus aus dem Stamm der Firmicuten. Nach der Häufigkeit dieser drei Gattungen unterteilt man auch drei Darmtypen[2], die sogenannten Enterotypen.

Bacteroides sind typisch bei Menschen mit hohem Fleischanteil in der Nahrung, Prevotella eher bei vegetarisch ausgerichteten. Firmicutes, zu denen auch die Milchsäurebakterien zählen, können Nahrung, besonders Fette, sehr gut verwerten und führen, wenn im Übermaß vorhanden, leicht zu Übergewicht. Bei fettleibigen Menschen ist daher oft der Anteil der Firmicuten erhöht.[3]

Der Darm ist zugleich einer der wichtigsten Teile unseres Immunsystems, da etwa achtzig Prozent der Immunzellen dort zu finden sind. Unser Lebensstil, allen voran unsere Ernährung, hat einen wesentlichen Einfluss auf das Darmmikrobiom und damit auch auf unsere Abwehrkräfte.

Es ist erwiesen, dass eine abwechslungsreiche und vorwiegend pflanzliche und ballaststoffreiche Ernährung zu einem artenreichen Darmmikrobiom führt. Im Gegensatz dazu führt eine ballaststoffarme Ernährung mit hohem tierischen Anteil zur Vermehrung unerwünschter Bakterien und Entzündungsprozesse. Außerdem beobachtet man bei Fettleibigen und bei Menschen mit chronischen

Darmentzündungen häufig ein verarmtes Darmmikrobiom. Je artenreicher das Mikrobiom, desto mehr »gute« Bakterien besitzen wir, die auch daran interessiert sind, dass wir gesund bleiben – und desto weniger Chancen haben die »bösen« Bakterien, die Krankheitserreger. Wer also glaubt, er müsste alles um sich herum sterilisieren und steril hergestelltes oder zu Tode gekochtes Essen zu sich nehmen, der irrt. Gerade die Krankheitserreger sind sehr widerstandsfähig und besiedeln gern Oberflächen, die immer wieder sterilisiert werden.

Die Entwicklung unserer Ernährung und die Veränderung der Landwirtschaft, sterile Lebensumgebungen und künstliche Umwelten haben einen großen, nicht immer positiven Einfluss auf unser Mikrobiom. Wie sollen wir also feststellen, was gut und natürlich ist und was nicht? Ein Blick in die Vergangenheit ist nicht möglich. Wir können uns aber andere aktuelle Lebensweisen und Kulturen ansehen, die unserer Vergangenheit ähneln.

Was ist natürlich?

In Anbetracht der Evolution vom Jäger und Sammler zum Bauern und schließlich zum Fast Food essenden Stadtbewohner – und des damit einhergehenden veränderten Ernährungsverhaltens – stellt sich die Frage, wie unsere Natur in Hinblick auf unser Darmmikrobiom eigentlich aussieht. Dazu untersuchen Wissenschaftler seit einigen Jahren Menschen mit Jäger- und Sammler-Eigenschaften aus verschiedenen Kulturen. Ein internationales Forscherteam[4] hat 2015 zum Beispiel die Yanomami-Indianer aus dem Amazonasgebiet mit anderen südamerikanischen Ureinwohnern, Afrikanern aus Malawi und US-Bürgern verglichen. Dabei fand sich bei den Yanomami eine mehrfach höhere bakterielle Vielfalt, vor allem im Vergleich zum artenärmsten Mikrobiom der US-Bewohner.

Forscher[5] haben auch den afrikanischen Jäger-und-Sammler-Stamm der Hadza aus Tansania mit Bewohnern aus Italien verglichen. Auch hier hatten die Jäger und Sammler ein deutlich artenreicheres Mikrobiom, mit einer auffälligen Abnahme von Bifido-Bakterien und einem Vorherrschen von Prevotella-Bakterien, die eine Verwertung ballaststoffreicher, pflanzlicher Nahrung ermöglichen. Weitere Untersuchungen[6] der Hadza zeigten, dass das Mikrobiom starken Schwankungen unterliegt, die mit den unterschiedlichen Bedingungen in den Regen- und Trockenzeiten zusammenhängen. Eine saisonale Ernährung ist also auch dort etwas ganz Typisches.

Der Vergleich von 18 Bevölkerungsgruppen aus 16 Ländern zeigte viele Ähnlichkeiten in den Bakteriengemeinschaften, die sehr stark mit der Modernisierung des Lebensstils zusammenhängen. Die Bewohner von Industrieländern, egal welcher Kontinent, ähneln sich im Darmmikrobiom frappant. Sie haben zum Beispiel deutlich weniger Prevotella-Bakterien als die Ureinwohner, das heißt die Jäger-und-Sammler-Kulturen auf den verschiedenen Kontinenten.

Nicht nur der Entwicklungsgrad einer Kultur, sondern auch die Urbanisierung hat einen wesentlichen Einfluss auf die Darmflora. In einer Studie[7] wurde die Ernährungsweise von afrikanischen Kindern am Land und aus der Hauptstadt von Burkina Faso (Westafrika) verglichen. Sie zeigte auf, dass sich die Stadtkinder wiederum sehr ähnlich ernährten wie eine Vergleichsgruppe von Kindern aus Europa (Florenz, Italien): alle aßen weniger Getreide, Hülsenfrüchte, Gemüse und Obst, dafür mehr Fleisch- und Milchprodukte. Das wirkte sich auch auf deren Darmmikrobiom aus: Die Landbewohner in Afrika hatten signifikant weniger Bacteroides- und Milchsäurebakterien als die Stadtkinder, und mehr als die Hälfte ihres Darmmikrobioms bestand aus den für die pflanzliche Ernährung typischen Prevotella-Bakterien. Bei den europäischen Kindern fehlten diese fast gänzlich! Dafür war eine Anhäufung von Proteo-Bakterien zu beobachten, deren Zunahme man mit Darmerkrankungen in Verbindung[8] bringt.

Auch eine Vergleichsstudie[9] zwischen Ureinwohnern aus Papua-Neuguinea und Einwohnern aus den USA verdeutlichte, dass eine abwechslungsreiche Ernährung mit Frischkost und ein weniger steriles Umfeld zu einer vorteilhaften höheren Artenvielfalt im Darm führt.

Aber »westliche« Ernährung heißt nicht automatisch fehlernährt, wie wir gleich sehen werden.

Zu wenig des Guten, zu viel des Schlechten

In den westlichen Industrieländern führen vor allem drei Faktoren zu häufigen Zivilisationskrankheiten wie Allergien, Autoimmunerkrankungen oder Depressionen: zu viele Medikamente, Stress und eine ungesunde Ernährung. Wie man durch jüngste Studien weiß, beeinflussen alle diese Faktoren auch das Darmmikrobiom. Meist nicht zu unserem Besten. Die negativen Folgen von Antibiotika kennt man. Sie heilen nicht nur, sondern führen auch zu einem Kahlschlag, indem sie viele unserer guten Darmbakterien abtöten. Dadurch wird wiederum Platz für Krankheitserreger frei, es kommt häufig zu Entzündungen und Durchfall. Mit Probiotika kann man dem teilweise vorbeugen. Ähnlich ist es bei Stress und Aufregung. Auch diese verursachen ein Ungleichgewicht im Darm. Wie aktuelle Studien an Mäusen[10], aber auch an Menschen[11] zeigen, können sogar Depressionen auf Veränderungen im Darmmikrobiom zurückgeführt werden.

Aktuelle Untersuchungen[12] einer deutschen Forschergruppe über die Auswirkungen von nicht-antibiotischen Medikamenten auf Darmbakterien haben gezeigt, dass ein Viertel von insgesamt 1000 (!) getesteten Medikamenten mindestens eine Gruppe von Bakterien im Wachstum hemmt. Besonders auffällig waren dabei die Antidepressiva. Die Wissenschaftler fanden heraus, dass diese Medikamente bestimmte Bakterienstämme ausschalten und somit eigentlich antibiotisch wirken. Die meisten Wirkungsweisen von Antidepressiva sind noch völlig unbekannt, wie mir die Grazer Wissenschaftlerin und Gastroenterologin Vanessa Stadlbauer-Köllner in einem Interview bestätigte. Vor allem Antidepressiva und Protonenpumpenhemmer (Magenschutzmedikamente) dürften sich negativ auf die Darmflora auswirken. Die Folge sind vermehrte Infektionen im Darm, wodurch die Darmwand durchlässiger wird. Stoffwechselprodukte von Bakterien kommen dann leichter in den Blutkreislauf und überfordern das Immunsystem, chronische Krankheiten entstehen.

Wir haben Bakterien im Darm, die sogar unsere Stimmung beeinflussen. Kein Wunder, werden doch 95 Prozent des Glückshormons Serotonin dort produziert.[13] Gebildet wird Serotonin aus der Aminosäure Tryptophan, die wiederum von im Darm lebenden Bifidobakterien produziert wird. Diese Bakterien kommen auch in Joghurt vor. Wie sich in einem Versuch einer amerikanischen Forschergruppe gezeigt hat, konnte die Einnahme von Joghurt tatsächlich Depressionen verbessern. Darmbakterien beeinflussen auch die Produktion von Dopamin, das ähnlich wie Serotonin wirkt, aber langfristiger für gute Stimmung sorgt. Störungen des Darmmikrobioms können also auch Depressionen auslösen.

Der Darm hat nach dem Gehirn die meisten Nervenzellen, ist also quasi unser »Bauchhirn«. Unser sprichwörtliches »Bauchgefühl« ist daher keine Einbildung, sondern hat seine Grundlage in einem gut ausbalancierten Darmmikrobiom. Wie man inzwischen weiß, tauscht sich der Darm über die Darm-Hirn-Achse intensiv mit dem Gehirn aus. Man sollte den Darm also gut behandeln: nur absolut nötige Medikamente einnehmen, Stress reduzieren und den Verdauungsapparat nicht mit schlechtem Essen quälen. Wenn man bereits krank ist, dann können Probiotika helfen, den Darm wieder auf Vordermann zu bringen. Die gibt es auch in unserer täglichen Nahrung (z. B. nicht pasteurisiertes Joghurt, Kefir und Apfelessig oder Sauerkraut).

Die Forscherin Stadlbauer-Köllner sagt dazu: »Probiotika sind lebensfähige Keime, die die Gesundheit fördern. Das umfasst nicht nur Bakterien, sondern auch Pilze. Inzwischen gibt es schon gute Studiendaten zur positiven Wirkung von Probiotika. Lactobazillen und Bifidobakterien sind die ältesten und klassischen. Sie waren auch namensgebend für die Probiotika. Das Wort stammt vom russischen Nobelpreisträger Ilja Iljitsch Metschnikow. Er hat Anfang des 20. Jahrhunderts jene Teile von Russland erforscht, in denen die Menschen überdurchschnittlich alt wurden. Das hohe Alter hat er schließlich auf die Ernährung zurückgeführt, vor allem auf Lactobacillus-fermentierte Lebensmittel wie Milchprodukte und Sauerkraut.«

Auf meine Frage nach der Bedeutung von Bakterien für das Gesundbleiben, antwortete Stadlbauer-Köllner: »Untersuchungen von gesunden Menschen sind diesbezüglich schwer. Man bräuchte eine riesige Anzahl von Menschen, um nachzuweisen, dass eine bestimmte Erkrankung bei einer bestimmten Ernährung nicht auftritt. Eine vielfältige Ernährung und wenig verarbeitete Lebensmittel sind jedenfalls wichtig. Aber nicht nur die Nährstoffe sind wesentlich, sondern auch die Mikroben auf dem Gemüse selbst. Rohkost sollte man daher möglichst viel essen. Und man weiß, dass Gemüse, das man lokal am Bauernmarkt kauft, eine höhere Diversität an Bakterien hat als zum Beispiel ein Brokkoli aus dem Supermarkt, der in Plastik eingepackt und bestrahlt wurde.«

Durchschnittskonsumenten essen zu viel Fleisch, Fett und Zucker, zu wenig Gemüse und kaum frische Rohkost. Letztere ist wegen ihrer begrenzten Haltbarkeit und der komplizierten Logistik des Großhandels vielfach gar nicht im Handel erhältlich. Die sogenannte »Western Diet« (westliche Ernährung, Fast Food, fleisch- und zuckerlastig) führt zu Übergewicht und chronischen Krankheiten wie Diabetes und Herz-Kreislauf-Erkrankungen. Typisch ist diese aber nicht mehr nur für westliche Industrieländer, sie betrifft inzwischen auch die Bewohner großer Städte weltweit.

Die Industrieländer haben auch ihre Lebensmittelerzeugung stark industrialisiert. Es gelangt nur eine sehr geringe Lebensmittelvielfalt in die Supermärkte, viele Nahrungsmittel haben einen hohen Verarbeitungsgrad. Dabei wird häufig der Geschmack intensiviert, sie sind dann zu süß, zu salzig, zu fettig – und obendrein noch mit Konservierungsstoffen bestückt.

Hoch verarbeitete, industriell hergestellte und vielfach importierte Nahrungsmittel sind eine relativ neue Erscheinung. Unsere Großeltern kannten das noch kaum. Die Menschen hierzulande aßen vor 50 Jahren noch viel Gemüse, sehr oft selbst angebaut, und wenig Fleisch. Und sie aßen saisonal. Sie hatten vergleichsweise auffallend weniger ernährungsmitbedingte Krankheiten.

Langsam erkennt man die Vorteile dieser Ernährung wieder. Oder wie es der US-amerikanische Journalist und Sachbuchautor Michael Pollan pointiert (in seinem Buch »64 Grundregeln Essen«) ausdrückt: »Essen Sie nichts, was Ihre Großmutter nicht als Essen erkannt hätte.« Wie kommen wir nun aber zu einer gesünderen Ernährungsweise? Sollen wir warten, bis die Evolution uns an die industriell hergestellten und bearbeiteten Lebensmittel anpasst? Besser nicht!

Wir sind, wie wir essen

Unsere Ernährung hängt natürlich auch mit unserem Geschmack zusammen. Und dieser ist etwas sehr Individuelles. Die Erkenntnis: »Über Geschmack lässt sich nicht streiten« gilt nicht nur für die Kunst, sie lässt sich speziell auch auf unsere Lebensmittel anwenden. Jeder scheint etwas anderes zu mögen. Manche stehen auf süß, die anderen (Glücklichen) lieben den bitteren Geschmack. Einigen schmecken Fenchel und Kohlgemüse besonders, andere verziehen das Gesicht dabei. Veganer streiten sich in sozialen Netzwerken mit Fleischessern bis in die frühen Morgenstunden, was die »richtige« Ernährung sei, ohne eine Einigung oder einen Kompromiss zu erzielen. Wie können wir angesichts dieser Umstände überhaupt eine befriedigende Lösung in der umstrittenen Diskussion um gesunde Ernährung erzielen?

Unser Darmmikrobiom ist ein Spiegel unserer Ernährung, es beeinflusst diese gleichzeitig wiederum über das, was uns persönlich schmeckt. Ein Überblick[14] über verschiedene Studien zum Einfluss der Ernährung auf das Darmmikrobiom zeigt, dass die Zusammensetzung der Darmbakterien moderner Menschen jener von allesfressenden Primaten am meisten ähnelt. Die bakterielle Vielfalt steigt vom Fleischfresser über den Allesfresser zum Pflanzenfresser und ist am höchsten, wenn auch der Anteil an Obst, Gemüse und Ballaststoffen hoch ist. Also sollten wir vielfältig essen, möglichst pflanzlich und am besten frisch und roh.

Die gute Nachricht aus der Forschung: Man weiß mittlerweile vonseiten des Darmmikrobioms sehr gut, was eine »ungesunde Ernährung« ist: zu viel

Fleisch und gesättigte Fette, zu viel Zucker, zu wenig Gemüse und Obst sowie zu wenig Rohkost.

Für den schnitzel- und schweinsbratenverliebten Menschen ist das wohl keine gute Nachricht. Doch Geschmack lässt sich ändern. Er wird ebenfalls von unserem Darmmikrobiom beeinflusst. Daraus folgt: Wenn sich die Bakterien ändern, so ändern sich auch unsere Vorlieben. Und dem können wir nachhelfen, indem wir uns »umtrainieren«.

Keine Angst, ich meine damit keine Radikaldiät. Wie die meisten Ökosysteme mag auch unser Darmmikrobiom keine plötzlichen und massiven Störungen. Man muss das behutsam angehen, dafür aber auf Dauer. Nicht Diäten, die meist nur kurzfristige Erfolge bringen, sind gefragt, sondern eine dauerhafte Ernährungsumstellung. Untersuchungen[15] an fettleibigen Menschen mit jeweils einer kohlenhydrat- und fettreduzierten Ernährung haben gezeigt, dass beide Umstellungen eine Senkung von »dick machenden« Firmicutes-Bakterien und eine Steigerung der Bacteroidetes-Bakterien bewirken. Letztere waren anfangs kaum vorhanden, der Anteil lag nach einem Jahr aber schon bei rund zwanzig Prozent. Und dieser Anteil korrelierte mit der Gewichtsabnahme, wobei die fettarme Ernährung den Gewichtsverlust im Vergleich zur kohlenhydratarmen Ernährung verdoppelte. Man sieht also, dass eine »Verschiebung« möglich ist – weg von jenen Bakterien, die Nahrung sehr gut verwerten und uns dick machen.

Als empfehlenswerte Ernährungsform für Menschen in Industrieländern gilt die mediterrane Kost.[16] Dazu gehören Fleisch, jedoch nur ein paar Mal im Monat, Fisch, Milchprodukte (v. a. Käse, Joghurt), Nüsse sowie Olivenöl mehrmals die Woche. Fixpunkte sind auch Gemüse, Hülsenfrüchte, Samen, Vollkornbrot und -nudeln sowie täglich Obst. Diese Form der Ernährung bildet sich auch im Darmmikrobiom ab. Ein großer Bestand an Prevotella-Bakterien ist zum Beispiel typisch[17] und spiegelt die vorwiegend pflanzliche Ernährung wider.

Eine weitere Studie[18] an gesunden Menschen hat gezeigt, dass die mediterrane Kost den Anteil an Firmicutes-Bakterien senkt und eine geringere Aufnahme von tierischem Protein die Anzahl der Bacteroidetes-Bakterien steigert. Das bedeutet, dass wir nicht erst krank werden müssen, um zu wissen, was mit uns nicht stimmt. Wir können dem gut vorbeugen, indem wir uns einfach gesünder ernähren. Schweinsbraten, Käsekrainer und Schnitzel ja, aber eine kleinere Portion, Bohnen, Erbsen, Fisolen oder dergleichen als Beilage dazu – und schon geht es ab in die gesunde Richtung. Nach einiger Zeit stellt sich auch der Geschmack um, wie ich an mir selbst mehrfach erfahren habe.

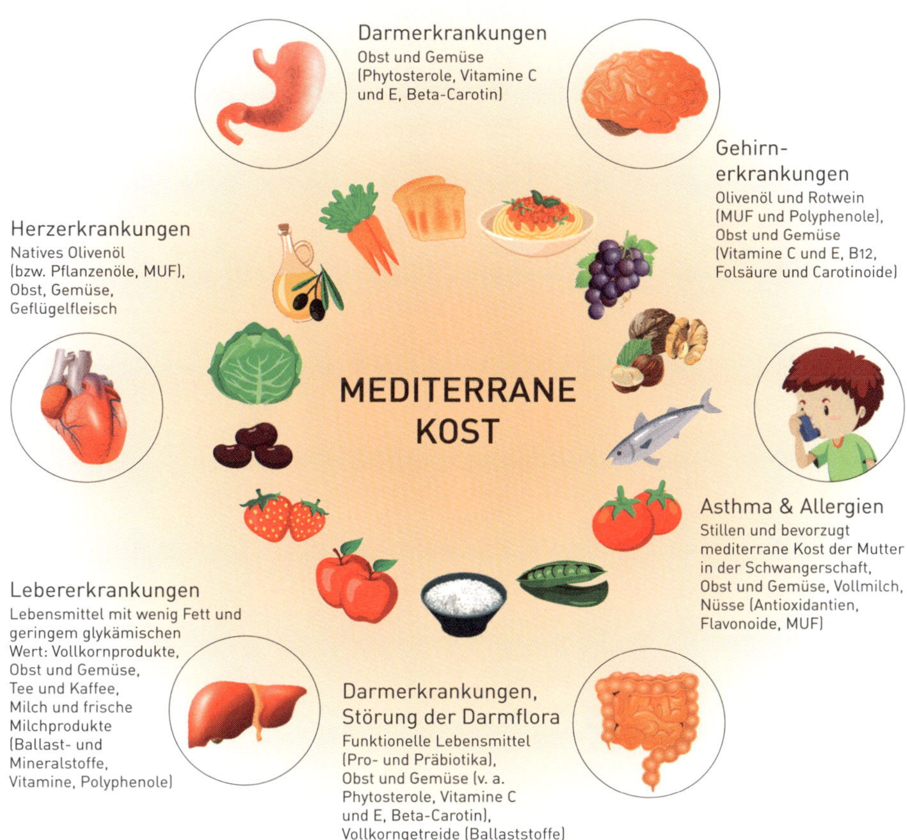

Darstellung der positiven Wirkung mediterraner Kost auf die menschliche Gesundheit. (MUF = mehrfach ungesättigte Fettsäuren)

Wie funktioniert das nun ganz konkret, seinen Geschmack umzuprägen? Ich schildere dies gern anhand eines Selbstversuchs. Bis vor circa zehn Jahren habe ich eine ganze Reihe von Gemüse und Kräutern nicht essen wollen. Dazu zählten Fenchel, Sellerie, Dill, Anis und Ähnliches. Diese Geschmacksrichtungen waren regelrecht grauenhaft für mich. Dann bekam ich plötzlich über mehrere Monate hinweg aus unbekannten Gründen Verdauungsprobleme. Es ist bekannt, dass genau die oben erwähnten Nahrungsmittel dagegen helfen. Was also tun? Medikamente wollte ich nicht nehmen. Noch dazu war ja nicht klar, wogegen eigentlich.

Ich überwand mich und probierte den Zugang über Fencheltee. Den konnte man am besten dosieren. Das Teesackerl hielt ich nur kurz ins heiße Wasser, dann mit etwas Honig süßen und runter damit. Jeden Tag blieb das Sackerl ein bisschen länger drin, der Honig wurde weniger. Ich trank zwei- bis dreimal am

Tag eine Tasse Fencheltee. Schon nach wenigen Tagen merkte ich eine deutliche Verbesserung der Verdauung. Als Nächstes begann ich, das Gemüse gekocht und dann auch roh zu essen! Nach ein bis zwei Monaten aß ich regelmäßig Fenchel, Sellerie und Dill. Ich fing sogar an, sie besonders zu mögen. Roher Stangensellerie und gedünsteter Fenchel gehören inzwischen zu meinem Lieblingsgemüse.

Die Ernährungswissenschaftlerin und Köchin Andrea Fičala bestätigte mir in einem Interview: »Solche Umstellungen dauern circa vier Wochen. Neues am besten in kleinen Dosen probieren, ohne Druck, dafür mit Lebensmitteln kombinieren, die man bereits gerne mag. Die Darmflora reagiert sehr schnell auf eine Ernährungsumstellung, und man darf auch die Sensorik mit dem neuen Geschmack nicht überfordern.«

Ich ließ es zwar nie messen oder testen, aber ich bin überzeugt, ich konnte durch diese stufenweise Umstellung bzw. Ergänzung meiner Ernährung meine Balance im Darmmikrobiom wiederherstellen. Dieses positive Feedback hat schlussendlich auch meine Geschmackswahrnehmung geändert. Chronische Verdauungsprobleme kenne ich nicht mehr. Und sollten akut welche auftreten, erhöhe ich die Dosis dieser gesundheitsfördernden Gemüse und erlebe meist rasche Besserung.

Das, was uns schmeckt, ist also nicht festgeschrieben. Wir haben in einem gewissen Rahmen die Möglichkeit, unseren Geschmack durch Verhaltensveränderung zu beeinflussen. Das kann zu einer nachhaltigen Verschiebung unseres Nahrungsspektrums führen. Schritt für Schritt, ohne Verzicht. Der Wille und Spaß am Selbstexperiment sind natürlich Voraussetzung. Und ein wenig Durchhaltevermögen muss man schon aufbringen. Sich selbst zu quälen, wie bei manchen Diäten, ist tabu und bringt wenig, denn die Freude am Essen und Trinken, am Genuss, ist ein ganz wesentlicher Teil unserer Gesundheit.

Mit einer Änderung der Ernährung stellen sich auch unsere Darmflora und unser Geschmack um – zu unserem Vorteil. Das bislang »Unvorstellbare« wird oft ganz normal, alltäglich. Probieren Sie es selbst einmal aus, seien Sie offen! Versuchen Sie zum Beispiel etwas gesundes Bitteres, vor dem Sie bisher einen Respektabstand hielten. Wie wäre es mal mit Radicchio-Salat oder Chicorée?

In den letzten Jahren widmete sich die Forschung verstärkt der Untersuchung des Darmmikrobioms und seines Zusammenspiels mit der Ernährung, aber auch des Mikrobioms auf Nahrungspflanzen. Man weiß bislang aber nur wenig darüber, wie die mit dem Essen aufgenommenen Bakterien in unseren Darm gelangen und sich dort ansiedeln. Das betrifft symbiontische Bakterien, die uns gesund halten, wie auch krankheitserregende. Man kennt natürlich die wichtigen probiotischen Milchsäurebakterien, die nicht nur in teuren Tabletten enthalten sind, sondern auch in natürlichen, fermentierten Lebensmitteln wie frischem Joghurt, Sauerteigbroten und Sauerkraut, aber auch auf frischen Pflanzen leben. Wie und ob jedoch andere wichtige Bakterienstämme direkt aus der Nahrung in unseren Darm kommen, ist noch unzureichend erforscht. Sehr wahrscheinlich ist die orale Aufnahme, da auch die Erstinfektion des Säuglings auf diesem Weg erfolgt.

Pflanze gesund, Mensch gesund

An der Technischen Universität Graz, Institut für Umweltbiotechnologie, arbeitet eine Gruppe rund um die Wissenschaftlerin Gabriele Berg intensiv an der Erforschung des Mikrobioms an Nahrungspflanzen. Es geht um die potenzielle Bedeutung für die Gesundheit der Pflanzen und Menschen. Ein artenreiches Pflanzenmikrobiom hält auch die Pflanzen gesund, indem Krankheitserreger wie Pilze oder pathogene Bakterien in Schach gehalten werden. Die Auswirkungen des Artenreichtums des Pflanzenmikrobioms auf die Gesundheit der Menschen wiederum könnte auf zweierlei Arten[19] erfolgen:

- zum einen wird die Diversität unseres Darmmikrobioms erhöht,
- zum anderen das Immunsystem stimuliert.

Im ersten Fall spielt die Aufnahme von Bakterien (vor allem Probiotika) samt ihren Stoffwechselprodukten eine Rolle, vor allem über rohe Pflanzen, wie Gemüse, Obst, Kräuter und Nüsse. Dabei ist es wichtig zu wissen, dass sich die Diversität auf Wurzeln, Blättern und Früchten jeweils unterscheidet. Auch die Bakterien innerhalb der Pflanzengewebe sind äußerst vielfältig. Isst man »alles«, ergibt das auch eine hohe Vielfalt.

Im zweiten Fall sind es vor allem Enterobakterien, zu denen auch viele Krankheitserreger zählen, und die von ihnen produzierten Endotoxine. Diese können immunschwache Menschen krank machen, gesunde Menschen aber vor Allergien schützen und deren Immunsystem stärken.

Enterobakterien sind natürlicherweise auf Nahrungspflanzen vertreten und erfüllen dort wichtige Funktionen für die Pflanzengesundheit. Auch in unserem Körper sorgen sie für eine ausgewogene Darmflora. Durch Störungen kann es aber zu einem Ungleichgewicht in der mikrobiellen Gemeinschaft und zum Ausbruch von Krankheitserregern (ebenfalls häufig Enterobakterien) kommen.

Zu diesen Störungen zählt unter anderem die intensive Ausbringung von Pestiziden in der Landwirtschaft. Wie amerikanische Wissenschaftler[20] herausfanden, ist die Bakteriendiversität auf Biogemüse höher und die Zahl der Enterobakterien geringer als bei konventionell angebautem Gemüse. Eine optimale, natürliche Pflanzenkultivierung ist daher ebenso Voraussetzung für den Erhalt unserer Gesundheit wie ein funktionierendes Immunsystem.

Eine finnische Wissenschaftlerin[21] geht in ihrem 2015 publizierten Bericht über die Bedeutung des Pflanzenmikrobioms so weit zu behaupten, dass es einer der Hauptfaktoren für die gesundheitsfördernde Wirkung von Nahrungsmitteln ist.

Es gibt erstaunliche Parallelen[22] in der Funktionalität zwischen menschlichem und pflanzlichem »Unterkunftgeber« und Mikrobiom. Pflanzen geben Stoffe in das Erdreich ab, um fördernde Bakterien anzulocken. In unserem Darm übernimmt dies die Darmschleimhaut. Die Bakterien wiederum beliefern den Wirt mit Hilfsstoffen oder auch mit Abwehrstoffen gegen Krankheitserreger.

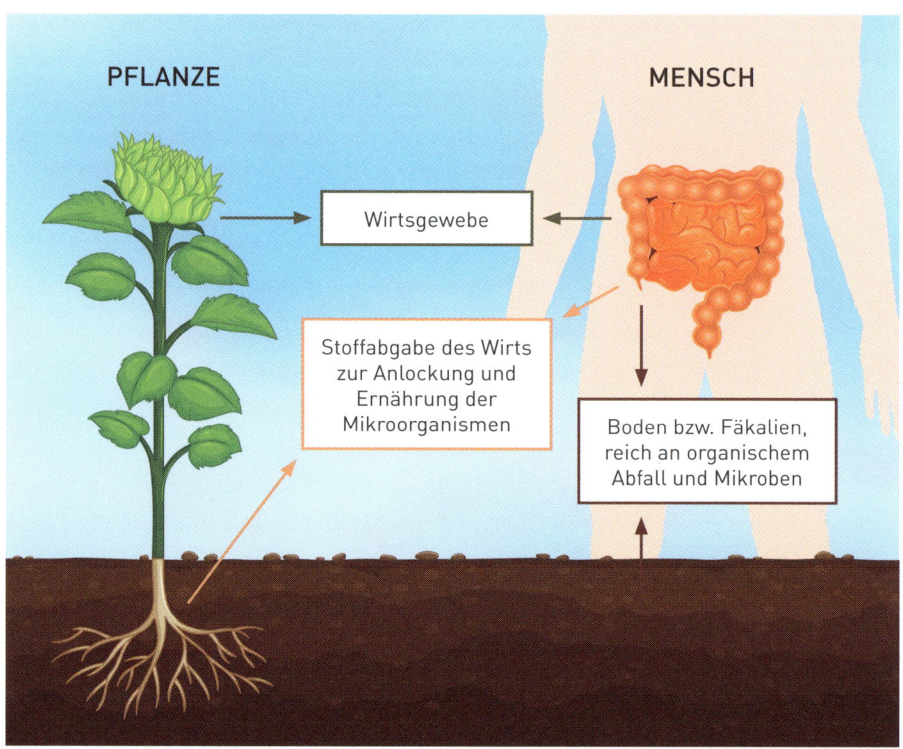

Die funktionelle Beziehung zwischen unserem Darm und dem Mikrobiom ist vergleichbar mit dem zwischen Mikroben, Pflanzen und dem Boden.

In der Gruppe von Wissenschaftlerinnen um Gabriele Berg an der TU Graz arbeitet Birgit Wassermann, die ich interviewt habe, an einer Apfel-Studie[23]. Sie erzählt über die noch laufenden Untersuchungen: »Wir fanden auf frischen Bio-Äpfeln eine wesentlich größere Vielfalt an Bakterien als auf konventionell produzierten aus dem Supermarkt. Der Apfel hat auch noch verschiedene artenreiche Kleinstlebensräume. Auf der Schale sitzen andere Bakterien als am Stiel, und im Fruchtfleisch leben nicht dieselben Mikroben wie im Kerngehäuse.« Vermutlich heißt es auch deshalb, man sollte immer alle Teile des Apfels essen.

Auch im Hinblick auf die Bedeutung von Heilpflanzen spielt die Erforschung des ausgeprägten Pflanzenmikrobioms eine große Rolle. Viele Wirkstoffe werden erst durch Bakterien oder die Interaktion von Bakterien mit der Wirtspflanze erzeugt. Im Johanniskraut[24] zum Beispiel hat man Stoffe gefunden, die eine antimikrobielle Wirkung haben. Betreffend die Häufigkeit dieser Stoffe entdeckten Forscher einen Zusammenhang mit der Anzahl potenziell schädlingsbekämpfender, kultivierbarer Bakterien, die im Gewebe der Pflanze leben. Dies ist insofern interessant, als diese Substanzen zum Beispiel die Wurzelpilze von Tomaten vernichten. Man hofft also in Zukunft auch für den Pflanzenschutz wichtige Bakterien zu finden, durch die sich der Pestizid- und Herbizid-Einsatz reduzieren lässt. Das eröffnet völlig neue Dimensionen des biologischen Pflanzenschutzes.

Erst kürzlich hat die Wissenschaft begonnen, sich auch mit der Veränderung des Pflanzenmikrobioms durch Zucht zu beschäftigen. Man hat zum Beispiel herausgefunden, dass Zuchtformen[25] weniger Bacteroidetes und mehr Actino- und Proteobakterien als die Wildformen aufweisen. Das betrifft besonders das Wurzelmikrobiom, das mit dem Boden in Austausch steht. Interessant ist, dass solche Verschiebungen auch im Darmmikrobiom von in Zoos lebenden Säugetieren – im Vergleich zu ihren wilden Artgenossen – beobachtet wurden. Vor allem fiel auf, dass sich die Bacteroides (eher bei Fleischessern) vermehrten und die Zahl der Prevotella (vor allem bei Pflanzenfressern) sank. Das gleiche Muster wurde bei Bewohnern in westlichen Industrieländern festgestellt. Wie sich derartige Verschiebungen auf das Pflanzenwachstum, die Inhaltsstoffe und schließlich auf unsere Ernährungsgesundheit auswirken, wird Gegenstand der Forschung der nächsten Jahre werden.

Ein weiterer Schwerpunkt der Arbeitsgruppe an der TU Graz ist die Erforschung des Mikrobioms von Pflanzensamen. Die Mutterpflanzen statten ihre Samen bereits mit einer sehr typischen Bakteriengemeinschaft aus, die sich von jenen anderer Pflanzenteile unterscheidet und für eine optimale Keimung und Entwicklung des Sämlings notwendig ist.

Bei Tomaten hat ein österreichisch-deutsches Forscherteam[26] kürzlich entdeckt, dass unter normalen Anbaubedingungen die Samen eher Bakterien trugen, die gegen Krankheitserreger schützen. Pflanzen hingegen, die unter erreger- und nährstoffarmen experimentellen Bedingungen aufwuchsen, hatten in ihren Samen eher Bakterien, die die Nährstoffaufnahme begünstigten. Die Eigenschaften dieses Mikrobioms werden also durch die vorherrschende Umwelt beeinflusst.

Auch hier spielt die Zucht eine Rolle. Um eine hohe Diversität zu erreichen, müssen möglichst viele verschiedene Sorten kultiviert werden. Die Forschergruppe um Gabriele Berg[27] wird sich dazu in naher Zukunft auch die Unterschiede zwischen den Samen-Mikrobiomen von Wildformen und kultivierten Pflanzen ansehen. Es gilt herauszufinden, ob nützliche Elemente des Pflanzenmikrobioms durch die Zucht verloren gehen. Birgit Wassermann hat zum Diversitätsverlust Stellung genommen: »Dieses Thema wird bei uns gerade intensiv bearbeitet. Die Homogenisierung des Saatguts, also die Verwendung von Samen von sehr wenigen großen Saatgutherstellern, deren Saatgut auf der ganzen Welt verwendet wird, ist ein Problem für die Diversität.«

Genau hier setzt die kleinstrukturierte Biolandwirtschaft an. Sie pflanzt alternative, ältere und seltene Sorten und bietet diese auch zum Verkauf an. Und auch hier können wir als kleine Gartenbesitzer und urbane Vertikalgärtner aktiv werden und mehr für die Sortenvielfalt und Abwechslung in unserer Ernährung tun! Zum Wohle der Gesundheit.

Dass es Sinn macht, Pflanzen im eigenen Garten anzubauen, zeigt uns allein schon das Mikrobiom auf den Pflanzen. Zum Beispiel bei Kreuzblütlern wie Kohlgemüsen und Salaten.

Das reichhaltige »Arme-Leute-Essen«

Kohl ist gesund, wie jeder weiß. Lange als »Arme-Leute-Essen« verschrien, erlebte Kohlgemüse in den letzten Jahren wieder eine Renaissance. Aus gutem Grund: Kohlgewächse, sie gehören zu den Kreuzblütlern, enthalten gesunde Bitterstoffe und Senföle. Man stuft die Kohlgemüse auch als Anti-Krebsmittel ein. Die in den meisten Arten enthaltenen Senfölglykoside werden durch ein Enzym namens Myrosinase in die Isothiocyanate (Senföle) gespalten. Diese wiederum erzeugen den scharfen Geschmack und Geruch in Pflanzen wie Kresse, Rettich oder Kren. Er wird beim Verletzen der Zellen (z. B. durch

Kauen oder Schneiden) freigesetzt. Das kennt jeder gut vom »Krenreißen« oder Rettich-Schneiden, was viele von uns zu Tränen rührt, es sei denn, man hat Tauchermaske und Schnorchel unter den Küchenaccessoires. In Tierversuchen hat sich gezeigt, dass Isothiocyanate krebshemmend sind.[28]

Einen Hinweis auf die gesunde Wirkung von Kohlgemüse lieferte kürzlich auch eine Studie[29] einer Gruppe von Forschern um Gabriele Berg und Birgit Wassermann. Die Wissenschaftler untersuchten sieben kohlverwandte Kreuzblütler – Kopfkohl (Weißkraut), Brokkoli, Blumenkohl (Karfiol), Kohlrübe (Kohlrabi), Radieschen, Meerrettich (Kren) und Rucola – bezüglich ihres Mikrobioms. Sie fanden für jede Pflanzenart verschiedene und arttypische Mikrobiome. Gesundheitsförderliche, freundliche Bakterien wie Milchsäurebakterien und Bacteroidetes waren auf all diesen Gemüsen gut vertreten. Ebenso wurden Krankheitserreger wie Clostridien und Legionellen ausgemacht, jedoch in geringen Dichten. Auch das zeigt die Bedeutung einer möglichst hohen Diversität zum Schutz vor schädlichen Bakterien.

Birgit Wassermann erzählt: »Wir fanden Myrosinase-aktive Bakterien, vor allem auf Blättern und Wurzeln von zum Beispiel Raps und Rucola. Also Bakterien, die die Senfölglykoside zu Isothiocyanaten spalten können und damit die Pflanze gegen Fressfeinde und Krankheiten schützen. Zum Beispiel vor im Boden lebenden Fadenwürmern oder vor dem gefürchteten Verticillium-Pilz, der etwa die Rapswelke verursacht. Die gleiche Gruppe von Bakterien findet sich interessanterweise auch im Darm gesunder Menschen und dürfte über die Nahrung dorthin gelangen.«

Die Entstehung von Isothiocyanaten aus Senfölglykosiden kann also auch im Darm erfolgen. Daraus leitet sich die krebshemmende Wirkung von Kreuzblütlern ab. Sie sollten daher fix auf unserem Speiseplan stehen. Da das pflanzliche Myrosinase-Enzym allerdings durch Lagerung und Kochen zerstört wird, ist es sehr wichtig, auch ausreichend Rohkost zu essen.

Wie der Zufall es will, stammen gerade die zahlreichen Wintergemüse aus der Familie der Kreuzblütler. Mit Radieschen, Rettich, Kohlrübe, Meerrettich und Dutzenden Salaten wie Rucola, Asia-Salaten und Kresse-Arten steht uns das ganze Jahr über ein geschmacklich abwechslungsreiches Rohkostmenü zur Verfügung. Ich kultiviere selbst alle diese Gemüse in meinen Vertikalbeeten. Auf einige dieser wundervollen Sorten werde ich im letzten Kapitel dieses Buchs noch im Detail eingehen.

Essen gut, alles gut

Essen ist eine der wichtigsten Säulen unserer Gesundheit. Und zwar nicht nur im Sinne der aufgenommenen Nährstoffe, sondern auch was den Umgang mit unseren Natur- und Kulturlebensräumen betrifft – man denke an die Herstellung der Lebensmittel. Die konventionelle Landwirtschaft und der zentralisierte Handel sind gezeichnet vom Verlust der Vielfalt sowie der Verwendung von Pestiziden und Herbiziden – zulasten unserer Gesundheit.

Kleine Biobauern und spezialisierte Läden verbessern das Angebot. Auch durch die effektive Nutzung unserer Gärten, Balkone, Terrassen und anderer für uns zugängliche Flächen können wir schließlich selbst Lebensmittel anbauen, die vielfältig und gesund sind. Die positiven gesundheitlichen und ökologischen Aspekte, die sich aus der Nutzung des eigenen Gartens ergeben, möchte ich in diesem Kapitel eingehend behandeln. Frisch schmeckt es immer noch am besten! Die fehlende Frische in Lebensmitteln, die wir aus dem Großhandel beziehen, mindert deren Qualität. Ein weiteres wichtiges Thema ist der Anspruch des Handels, lange Haltbarkeiten zu erzielen, die Nährstoffdichte scheint dabei Nachrang zu haben. Außerdem soll alles süß schmecken, weil das umso lieber gegessen wird – obwohl es uns auf Dauer krank macht.

Die Selbstversorgung kann das eintönige, teils ungesunde Angebot von Supermärkten deutlich ausgleichen. Am besten, wir bauen Gemüse und Obst an, das es im Handel nicht gibt. Denn wie in jedem Ökosystem die Vielfalt die Stabilität fördert, gilt das auch für unseren eigenen Körper.

Die Planetendiät

Unter »Planetendiät« versteht man nicht etwa eine skurrile Abstinenzregelung für unsere Erde, sondern eine globale Ernährungsempfehlung für Menschen. Sie hält uns einerseits gesund und verschafft uns andererseits eine ökologisch nachhaltige Landwirtschaft. Im Jänner 2019 veröffentlichte die EAT-Lancet Commission[30] einen Bericht, in dem sie aufzeigt, welche Ernährung uns selbst und die Erde gesund halten würde. Dass man das einschätzen kann, ist die gute Nachricht. Die schlechte: die große Entfernung der Realität vom Soll.

Im Bericht wird empfohlen, die durchschnittliche Verzehrmenge an Gemüse, Obst, Hülsenfrüchten und Nüssen zu verdoppeln und den Fleisch- und Zuckerkonsum zu halbieren. Das bedeutet pro Erwachsenem und Woche

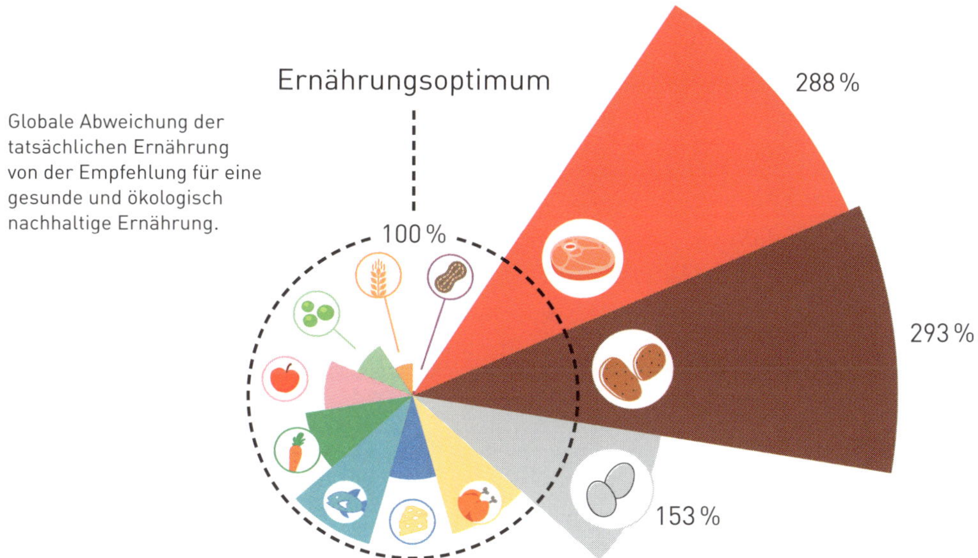

nur noch 100 g rotes Fleisch, 200 g Fisch, 250 g Geflügel und 1 bis 2 Eier, aber immerhin bis zu 1,5 kg Milch und Milchprodukte. Als Hauptspeisen kommen dann zu den »Fleisch- und Fischbeilagen« etwa 2 kg Gemüse, 350 g Kartoffeln und 1,5 Kilo Getreide oder Reis (natur oder Vollkorn).

Besonders groß ist der Unterschied zum Soll auch bei Hülsenfrüchten und Nüssen, von denen immerhin 500 bzw. 350 g pro Woche gegessen werden sollten. Ungesättigte Fette sollen knapp 300 g ausmachen, zugesetzter Zucker sollte 200 g wöchentlich nicht überschreiten. Das sind natürlich nur globale Mittelwerte, jeder muss selbst ausprobieren, was passt.

Die Richtung ist klar: Tierische Produkte werden zur Beilage und pflanzliche zur Hauptspeise. – Was gesunde Ernährung anbelangt, wissen wir das schon lange. Dass aber diese Ernährungsform auch unsere Landwirtschaft ökologisch nachhaltig werden ließe, liegt wahrscheinlich nur für die ernährungs- und umweltbewussten Menschen auf der Hand.

Wenn wir also die Welt retten wollen (was aus meiner Sicht auch einer Selbstrettung gleichkommt), wie von vielen Menschen gefordert, müssen wir unsere Ernährungsweise umstellen und zugleich die Nachfrage für umwelt-, klima- und gesundheitsgefährdende Lebensmittel gegen null bringen. Das Greenwashing vieler Unternehmen darf uns dabei nicht über unsere Eigenverantwortung hinwegtäuschen. Denn die Wahrheit schreibt immer noch der Pflug in die Felder.

Ein hoher Fleischkonsum muss nicht nur ökologisch, sondern auch im Zusammenhang mit dem Tierwohl überdacht werden. Da bringt auch der Ökolandbau nur wenig Abhilfe. Wer sein ökologisches und moralisches Gewissen beruhigt, indem er im Supermarkt zu Biofleisch greift, wie ihm das Werbeschweinchen einer Großhandelskette suggeriert, der hat wenig bewirkt. Fleisch aus Bioproduktion hat nur einen geringeren Vorteil für den Klimaschutz[31], wie die österreichische Wissenschaftlerin Michaela Theurl herausgefunden hat, und es ist nur geringfügig besser, bezogen auf das Tierwohl, wie eine Studie[32] des deutschen Johann-Heinrich-von-Thünen-Instituts zeigt. Wer also sicher gehen will, sollte sich um einen verantwortungsbewussten Bio-Produzenten umsehen. Am besten in der Direktvermarktung oder bei einem kleinen Händler, der den Produzenten persönlich kennt.

Die Entscheidung liegt bei uns. Wir wählen jeden Tag, wie wir leben wollen und wie unsere Erde aussehen soll. Am Regal.

Die Frische macht's

Wir sollen also global mehr Gemüse und Obst essen. Die Statistik für Österreich und Deutschland zeigt, dass wir gar nicht so schlecht liegen. Der Gemüse- und Obstkonsum ist relativ hoch, die Quantität stimmt also einigermaßen. Aber wie sieht es mit der Qualität aus? Unsere Großeltern hatten ja meist einen Hausgarten, oder es gab einen Bauern in der Nähe, der nicht nur sich selbst, sondern auch die Nachbarn versorgte.

Durch die Spezialisierung und Industrialisierung der Landwirtschaft sieht das heute ganz anders aus, auch die Zentralisierung der Nahrungsmittelverteilung tut ein Übriges. Viele Lebensmittel kommen nicht mehr erntefrisch auf den Tisch. Sie werden geerntet, verpackt, über mehr oder weniger funktionierende Kühlketten in die großen Sammelzentren der Supermärkte geliefert und von dort weiter in die Verkaufsfilialen. Wir setzen uns dann ins Auto (meistens alle gemeinsam am Samstagvormittag), fahren zu den Supermärkten, kaufen ein und legen die Waren zu Hause in den Kühlschrank. Wo sie bis zum Verzehr bleiben. So vergehen viele Tage von der Ernte bis zum Essen.

»Verdächtig« finde ich die ungewöhnlich lange Haltbarkeit mancher Supermarktgemüse. Besonders auffallend ist das zum Beispiel bei Tomaten. Diese verändern ihre Beschaffenheit oft wochenlang nicht, während die von unserem Biobauern und aus dem eigenen Garten meist schon nach einigen Tagen Veränderungen zeigen. Die Ernährungswissenschaftlerin und Köchin Andrea Fičala sagt dazu: »Das liegt daran, dass für den Verkauf im Supermarkt eigene Sorten mit dicker Schale gezüchtet wurden. Außerdem werden diese nicht in voller Reife gepflückt. Die halten zwar länger im Regal, haben aber weniger Nährwert und Geschmack. Erntefrische erkennt man nicht immer am Aussehen. Wenn ich für meine Kochkurse einkaufe, dann gehe ich immer auf die Bauernmärkte. Die Ware dort ist erntefrisch und reif. Sie muss dadurch oft rasch verarbeitet werden, man hat aber die vollen Inhaltsstoffe und das perfekte Aroma.«

Für einen möglichst umfangreichen eigenen Anbau von Obst, Kräutern und Gemüse spricht also auch die Bedeutung der Erntefrische. Bei pflanzlichen Lebensmitteln gehen vor allem Vitamine und andere gesunde Inhaltsstoffe schnell verloren. Licht und Sauerstoff[33] zerstören die meisten Vitamine, dunkle Lagerung ist also wichtig. Das Wasser beim Waschen (bis zu einem Drittel Vitaminverlust) und die Hitze (bis > 50 Prozent Verlust) beim Garen oder Kochen wirken sich zusätzlich negativ aus, vor allem hinsichtlich der wasserlöslichen Vitamine (B-Gruppe, C).

Allein die Lagerung reduziert bereits den Vitamingehalt. Bei Raumtemperatur ist im Mittel nach einem Tag ein Viertel bis die Hälfte des Vitamin-C-Gehalts verloren gegangen. Daher ist gutes Kühlen wichtig. Ein Beispiel: Frischer Spinat hat bei kühlen 4 °C auch nach zwei Tagen noch rund 70 Prozent seiner Vitamine.

Auch Kräuter sollte man das ganze Jahr über möglichst frisch verwenden. Trocknen an der Luft vernichtet Vitamine sehr effektiv.

Was ist mit Einfrieren? Das ist gut für die Vitamine, aber wiederum schlecht für die Ökobilanz. Und Eingefrorenes muss meist gekocht werden. Das macht es noch schlimmer. Die Vitamine sind dann längst hinüber. Von eingefrorener »Frischkost« sollte man also möglichst wenig konsumieren.

Auch Erhitzen, vor allem langes Kochen, zerstört viele wichtige Inhaltsstoffe in unserer Nahrung. Während wasserlösliche Vitamine und viele sekundäre Pflanzenstoffe (Anthocyane, Carotinoide, Senfölglykoside) neben der Ausschwemmung auch durch Hitzeeinwirkung verringert werden, kommt es bei den Mineralstoffen und Spurenelementen eher zu Auswaschungen durch das Kochwasser. Deshalb sollte man bei Gemüse, wenn schon gekocht, auf kurzes Dampfgaren oder auf kürzeres, heißeres Kochen statt auf langsames Garen setzen.

Am vorteilhaftesten ist es, möglichst viel Rohkost zu essen, optimalerweise frisch gepflücktes Obst, Gemüse und Kräuter aus dem eigenen Garten. Frischkost macht schnell satt, man nimmt weniger Kalorien zu sich und bekommt obendrein die volle Ladung an Nährstoffen ab. Nicht zuletzt schont man damit die Stromrechnung und auch die Umwelt. Und das ist ganze Jahr über möglich. Im eigenen Hausgarten und vor allem im Vertikalbeet an der Wand können auch zahlreiche frostresistente Gemüse und Kräuter gezogen werden, wie ich noch zeigen werde.

Vielfalt schafft Gesundheit

Um eine große Vielfalt in unseren Speiseplan zu bekommen, reichen Supermärkte bei Weitem nicht. Diese werben zwar immer mit der Vielfalt, gemeint ist aber Produkt-, nicht Sortenvielfalt. Zwar gibt es große und kleine Tomaten, ovale und runde, sie kommen aber oft aus denselben Gewächshäusern oder der gleichen Anbaumethode (meist im Glashaus in einer Nährstofflösung gewachsen). Raritäten und seltene Sorten gibt es sporadisch, und meist nur zu Werbezwecken. Die Ernährungs- und Landwirtschaftsorganisation der Vereinten Nationen (FAO) schätzt, dass allein im 20. Jahrhundert durch die Industrialisierung der Lebensmittelproduktion etwa drei Viertel[34] aller Sorten verloren gegangen sind.

Wer also Vielfalt sucht, sei zu spezialisierten Bioläden und deren Produzenten verwiesen. Dort ist die Auswahl an »echten Lebensmitteln«, nicht an Produkten, besser und meist auch vielfältiger. Wer dann noch ganz frische Wild- oder Küchenkräuter, Blattgemüse und Wintersalate genießen möchte, wird um den eigenen Anbau nicht herumkommen.

Und um keine Missverständnisse aufkommen zu lassen: Eine abwechslungsreiche, vielfältige Ernährung soll nicht heißen, dass man sich Dutzende exotische Sorten Allerlei einfliegen lässt. Es geht darum, aus einer reichen Auswahl lokaler Obst- und Gemüsesorten auszuwählen. Diese essen wir seit Generationen, und wir sind gut daran gewöhnt. Da diese auch mit den Jahreszeiten variieren, kommen wir in den Genuss der gesamten saisonalen Vielfalt. Ergänzt werden kann das natürlich durch Einkäufe aus allen Bereichen, denn ganz ohne Tomaten werden manche im Winter wohl auch nicht glücklich. Wenn es denn sein muss.

Hat man sich aber einmal auf den Spaß und das Frische- und Geschmackserlebnis von abwechslungsreicher saisonaler Kost und den Früchten des eigenen Gartens eingelassen, verschieben sich die Interessen ohnehin automatisch. Man muss keineswegs von heute auf morgen Gewohnheiten über den Haufen werfen (Verzicht klingt ja immer gleich so bedrohlich), sondern einfach nur einmal etwas Neues ausprobieren. Frisches Biogemüse essen oder selbst anbauen und ernten, zum Beispiel. Wenn Körper und Geist auf gesunde Nahrung, die bei jedem Menschen etwas anderes bedeuten mag, einmal ein positives Feedback gegeben haben, dann gibt es kein Zurück mehr. Man wird geradezu süchtig nach dem Genuss – und optimalerweise nach dem eigenen Anbau – von frischen Lebensmitteln, die es nirgendwo zu kaufen gibt. Im positiven Sinn, versteht sich.

Ich nutze mit meiner Familie die Studienergebnisse der »Planetendiät« auch, um unseren Speiseplan zu überarbeiten. Hülsenfrüchte, die im Bioanbau sehr gut funktionieren, und mehr Nüsse müssen da rein. Dazu braucht es neben dem passenden Gemüse im eigenen Garten auch neue Kochbücher für heimische Köstlichkeiten, wie zum Beispiel jenes der Ernährungswissenschaftlerin Andrea Fičala (»Superfoods – einfach & regional«, Löwenzahn Verlag 2017).

Am Pflanzplan für eine noch nachhaltigere und gesündere Ernährung wird bei mir permanent geschraubt. Mein nächstes Vorhaben schließt die Kultivierung von Wildkräutern und -gemüse (Brennnesseln, Löwenzahn, essbare Blumen etc.) als Ergänzung für klassisches Blattgemüse wie Spinat und Salate ein. Diese Wildgemüse haben nicht nur einen höheren Nährstoffgehalt, sondern auch eine ökologische Bedeutung. Eine Verbesserung ist also immer möglich!

Verhungern bei vollen Tellern

Agrarindustrie und Supermärkte brauchen und wünschen keine Vielfalt, sondern genau auf ihre Bedürfnisse abgestimmte Waren. Diese erfüllen nicht unbedingt zugleich die Bedürfnisse unserer Gesundheit. Gesunde Ernährung wird beworben, echte Vielfalt aber kaum geboten.

Nicht nur der Verlust der Sortenvielfalt macht unserer Gesundheit zu schaffen, sondern auch die Zucht selbst und der damit einhergehende Nährstoffmangel. Die Supermärkte drängen vor allem auf Obst und Gemüse, das lange hält und gut aussieht, damit es verkäuflich bleibt. Die Sortenzucht ist um ein langes »Shelf-life« (Lebensdauer im Regal) bemüht, nicht um die optimale Nährstoffversorgung.

Ältere Untersuchungsergebnisse von Nährstoffabnahmen (Vitamine und Spurenelemente) in Obst und Gemüse sind umstritten, wie eine Schweizer Studie[35] aufzeigte. Es kann aber nicht widerlegt werden, dass spezielle Züchtungen den Geschmack und die Inhaltsstoffe, vor allem die wichtigen sekundären Pflanzenstoffe, verändert haben.

Der Geschmack »süß« ist sehr beliebt und macht alles Essbare gut verkäuflich. Das wissen nicht nur die Fertigwarenproduzenten, die ihre Produkte hoffnungslos überzuckern, sondern auch die Pflanzenzüchter. »Bitter«, der Indikator für gesunde (aber auch für giftige, wie bei den Kürbisgewächsen!) Inhaltsstoffe, ist weit weniger beliebt. Aus diesem Grund wurden mittlerweile aus vielen Blattgemüsen die Bitterstoffe »herausgezüchtet«. Damit wurden auch viele gesundheitsförderliche Stoffe entfernt.

Auch bei Obst haben sich Züchtungen ergeben, die uns nicht unbedingt zum Vorteil gereichen. Die gesündesten Teile der Weintraube sind die Schale (z. B. Resveratrol[36] und das Anthocyan der blauen Trauben) und die Kerne (z. B. Antioxidantien; oligomere Proanthocyanidine[37], OPC). In vielen handelsüblichen, gezüchteten Traubensorten ist die Schale möglichst dünn, die Kerne sind verschwunden. Die Weintrauben sind eher grün als blau und so süß, dass sie auf den Zähnen schmerzen. Ähnliches bei Äpfeln, die Süße mancher Sorten scheint mehr als verdächtig. Viele Zuchtformen enthalten so viel Zucker, dass wir vom frisch gepressten Saft sofort Durchfall bekämen.

Das Thema Lebensmittelqualität habe ich auch intensiv mit der Diätologin Marianne Reitbauer besprochen. Sie arbeitet in der Geriatrie und hat interessante Einblicke in die Thematik. Sie erzählte mir von ihren Erfahrungen in Garten und Küche und aus ihrer beruflichen Praxis: »Ich liebe die Gartenarbeit, weil sie mich einerseits mit der Natur verbindet. Das ist ein Urinstinkt und sehr beruhigend. Viele sehen das als schönen Ausgleich zum Alltag. Man sagt in jeder Therapie, dass Beziehung vor Inhalt geht. Das ist auch im Garten so. Andererseits finde ich einen Garten wichtig, um etwas Essbares anzubauen. Dabei geht es gar nicht um große Erntemengen und Effizienz, sondern eher um Frische und Vielfalt. Ohne meine Blattsalate und frischen Kräuter könnte ich zwar leben, aber mein Wohlgefühl wäre schlechter. Es muss auch nicht immer viel sein. Eine frische Petersilie kann die Qualität eines Essens schon sehr verbessern.«

Auf meine Frage zur Qualität der heutigen Lebensmittel meinte sie: »Die meisten Sachen, die wir fertig kaufen, haben diesen Nährwert der frischen Lebensmittel kaum mehr. Wenn ich über Obst spreche, dann meine ich nicht die übermäßig süßen Äpfel oder Bananen, sondern alte Obstsorten und Beeren. Das Problem heute ist, dass wir zwar große Mengen essen, aber mit geringer Nährstoffdichte. Gerade bei älteren Menschen muss man die Nährstoffdichte hoch halten. Und wenn sie sich gut ernähren und Bewegung machen, brauchen sie auch wenige Medikamente. Wenn ich viel zur Auswahl habe, dann kann ich leichter etwas finden, was die Menschen auch mögen. Oft geht es nicht um die Produkte allein, sondern auch darum, wie sie zubereitet sind. Und ebenfalls wichtig ist es, dass man mit dem, was man isst, auch glücklich ist. Die Gesundheit des Lebensmittels ergibt sich daraus.« Abschließend meinte sie: »Wir haben heute Nahrung im Überfluss. Wir können uns daher das Beste raussuchen und die Lebensmittel nehmen, die uns weniger mit Kalorien, dafür aber mit einer hohen Nährstoffdichte versorgen. Und dazu zählen vor allem frische Gemüse und Kräuter.«

Jo Robinson, die Autorin des Buchs »Eating on the Wild Side«[38], schreibt über den Verlust von Phytonährstoffen (sekundärer Pflanzenstoffe). Darunter findet sich die Geschichte eines amerikanischen Experiments mit übergewichtigen Männern. Diese sollten täglich einen Golden-Delicious-Apfel ergänzend zu ihrer üblichen Nahrung essen. Nach zwei Monaten zeigte sich, dass sich ihre Blutfettwerte verschlechtert hatten. Die überraschten Studienleiter führten dies auf zu wenig Phytonährstoffe und zu viel Zucker in der Apfelsorte zurück. Robinson schreibt auch, dass die sogenannten »alten« Obstsorten bereits intensive Züchtungen und selbst Hunderte Jahre alte Sorten nicht viel besser seien als heutige Supermarktvarianten. Alle Zuchtäpfel hätten zum Teil nur noch wenige Prozent der Phytonährstoffe von echten Wildapfelsorten.

Das soll nun aber niemandem eine Ausrede für weniger Konsum von Obst und Gemüse liefern, die in jeder Form besser als tierische oder fertige Produkte sind. Wollen wir also gesünder leben, sollten wir nicht nur mehr Pflanzliches essen, sondern auch zu möglichst wilden Sorten greifen, die oben erwähnte Qualitäten noch besitzen. Und wenn wir die seltenen und wilden Obst- und Gemüsesorten im Handel nicht finden, dann müssen wir sie eben selbst pflanzen.

Grüne Pflanzen sind aber nicht nur für unsere Ernährung wichtig. Sie haben auch noch ganz andere Wirkungen, wie wir gleich sehen werden.

Grün ist gesund

Grün ist gesund – wohl kaum jemand wird dieser Erkenntnis widersprechen. Das betrifft nicht nur die Ernährung, sondern auch unser Lebensumfeld. Und das wird leider immer weniger grün, vor allem aufgrund der Urbanisierung und der damit einhergehenden Landflucht. Global ziehen Menschen vorzugsweise in die Städte, und diese wachsen rasch. In den westlichen Industrieländern genauso wie in Asien und Afrika. Lagos, die größte Stadt im westafrikanischen Nigeria, ist zum Beispiel von 2006 bis 2017 von 8 auf über 22 Millionen Menschen angewachsen.

Europäische Städte wachsen zum Glück weit langsamer. Dennoch haben immer weniger Menschen direkten Kontakt mit grünen Oberflächen, natürlichem Boden und frischen oder gar selbst angebauten Lebensmitteln.

Der Aufenthalt im Grünen, verbunden mit einer sinnvollen Tätigkeit und dem Genuss der selbst angebauten Pflanzen und Früchte, tut uns gut. Das »Draußen sein« verbindet uns mit dem nicht sichtbaren Teil unserer Biosphäre. Mit frischer Luft, mit von Pflanzen ausgesendeten Stoffen und mit einer Vielzahl an Mikroorganismen, die für unsere Gesundheit wichtig sind. Das alles verschafft uns ein gutes Gefühl.

Der eigene grüne Garten ist ein Jungbrunnen für Körper und Seele. Auf der einen Seite bekommen wir durch die Lebendigkeit des Grüns wieder Zugang zur meist viel zu weit entfernten Natur. Im besten Fall ist dieses Grün nicht voll durchgeplant, sondern lässt Spielraum für Zufälle und Überraschungen. Wie der Autor des Buchs »Technological Nature«[39], Peter H. Kahn Jr., es interpretiert: unser Gehirn liebt Abwechslung. Am liebsten hat es Muster, die unerwartet auftreten. Daher sind etwa Wasserfälle und Lagerfeuer für die meisten Menschen so spannend. Dabei geht es um archaische Muster, wir scheinen uns an lang vergangene Dinge zu erinnern. Das gilt vor allem auch für Kinder. In einem naturbelassenen Garten passieren laufend Überraschungen. Da, wo wir wenig planen, ergeben sich bei jedem Rundgang nicht vorhersehbare Ereignisse. Manche sind erfreulich für uns (Wildblumen, die gekeimt haben, oder Salat, der sich selbst ausgesät hat und in enormen Mengen den Boden bedeckt), manche weniger, wie die Wühlmaus, die sich eingefunden hat. Ist man ein Freund von Überraschungen, dann dürfen alle diese Dinge Platz finden und werden auch ökologisch optimal eingesetzt.

Biophilie: Warum sind wir gern draußen?

Die meisten Menschen halten sich gern in der Natur auf. Besonders als Ausgleich zum Leben in der Stadt oder zum Aufenthalt in geschlossenen Räumen. Viele Stadtbewohner schätzen wochentags die Stadtparks oder genießen ein kühles After-Work-Bier im Sitzgarten eines Lokals. Am Wochenende verlässt man dann fluchtartig die Stadt (und wird meist Teil des gewohnten Verkehrsstaus bei der Hin- und Rückfahrt ...). Wir fahren »ins Grüne«, gehen spazieren, wandern oder schwimmen. Wir überfluten die Erholungsgebiete und versuchen die Eindrücke aus der Natur aufzusaugen und bis zum Ende der folgenden Arbeitswoche zu speichern.

Ein grünes Umfeld reduziert Stress, senkt den Blutdruck und hält uns somit gesund. Das spüren wir, wenn wir in der Natur sind. Die Liebe zur Natur wird auch »Biophilie« genannt, was genau genommen »Liebe zum Leben, zum Lebendigen« heißt. Der Begriff wurde 1964 vom Philosophen Erich Fromm[40] geschaffen und unabhängig davon 1984 vom US-amerikanischen Biologen Edward O. Wilson in seinem Buch »Biophilia« biologisch definiert. Wilson erklärt damit eine über unsere Evolution entwickelte Affinität zum Lebendigen und zu den Ökosystemen. Daraus ergeben sich gewisse Wertvorstellungen, wie der Wunsch zur Erhaltung der Natur, der darin befindlichen Arten und der Ökosysteme.

Unsere Naturliebe entspringt also nicht nur einer romantischen Vorstellung. Wir erleben den Aufenthalt in der Natur tatsächlich als wohltuend. »Waldbaden« ist in den letzten Jahren eine beliebte Freizeitbeschäftigung geworden. Die Idee, sich bewusst im Wald aufzuhalten, ist durch Erkenntnisse zur positiven gesundheitlichen Wirkung von pflanzlichen Inhaltsstoffen gestützt.

In Japan wird das Waldbaden schon länger praktiziert. Japanische Wissenschaftler[41] konnten nachweisen, dass es das Immunsystem positiv beeinflusst. Sie führen das auf Terpene zurück, von Bäumen abgesonderte Stoffe, die als Stimulatoren für das Immunsystem dienen. Das Waldbaden wird inzwischen sogar therapeutisch eingesetzt, nicht nur in Japan, sondern auch in vielen anderen Ländern, wie etwa in Finnland.

Um den gesundheitlichen Effekt des Aufenthalts in Grünräumen in einem größeren Maßstab abzuschätzen, haben britische Wissenschaftler[42] mehr als 140 Studien zu diesem Thema analysiert. Die Daten kamen aus 20 Ländern und von fast 300 Millionen Menschen. Was die Forscher herausfanden, war erstaunlich: Zu den positiven gesundheitlichen Wirkungen zählen nicht nur

die Stressreduktion (Senkung des Stresshormons Cortisol), sondern ebenso die Senkung von Puls, Blutdruck und Cholesterin. Reduziert ist auch das Risiko für Typ II-Diabetes oder einen Herztod sowie bei Schwangeren für eine vorzeitige Geburt und ein geringeres Geburtsgewicht des Kindes. Nicht zuletzt ist von einem verbesserten allgemeinen Gesundheitsgefühl und einer höheren Lebenserwartung die Rede.

Die Nähe zu Grünraum hat einen wesentlichen Einfluss auf den Gesundheitszustand von Menschen – und auf die psychologische Entwicklung von Kindern. Dänische Forscher haben schon vor zehn Jahren höhere Erkrankungsraten bei mehr als 300.000 Menschen festgestellt, die wenig Beziehung zu Grünraum hatten. Angstzustände und Depressionen waren besonders auffällig.

In einer weiteren, aktuellen Studie[43] aus Dänemark hat sich gezeigt, dass jene Kinder mit dem geringsten Grünanteil an ihrem Wohnort ein mehr als fünfzig Prozent höheres Risiko haben, an einer von 16 untersuchten psychischen Störungen zu erkranken. Die Wahrscheinlichkeit einer späteren Drogenabhängigkeit ist besonders hoch, und das Risiko einer Erkrankung wird geringer, je mehr Lebenszeit die Kinder im Grünen verbringen.

Eine Untersuchung[44] aus Spanien mit mehr als 2500 Kindern aus 36 Schulen hat gezeigt, dass das Arbeitsgedächtnis und der psychische Zustand von Sieben-

Grüne, bewaldete Stadt, eine Vision des italienischen Stararchitekten Stefano Boeri.

bis Zehnjährigen umso besser wurden, je mehr Grün die Kinder in der Schule und zu Hause um sich hatten.

Die Interaktion zwischen Mensch und Natur, die auch die Bedeutung der Grün- und Freiräume im Stadtgebiet für die Gesundheit der Menschen einschließt, fasst man unter dem Begriff »Green Care« zusammen. Es geht um die zahlreichen positiven Auswirkungen von Tätigkeiten im Grünen, wie spazieren gehen, wandern etc., aber auch Arbeit im Freien. Gärtnern nimmt dabei eine besonders wichtige Stellung ein. Die Gleichzeitigkeit von leichter körperlicher Arbeit, Konzentration auf die Tätigkeit, frischer Luft und Sonnenlicht wirkt sich günstig auf unser Gemüt aus und wird auch therapeutisch[45] genutzt.

Gärtnern hält uns gesund! Auf mehrfache Weise. Niederländische Forscher[46] fanden bereits eine Senkung des Stresshormons Cortisol bei Menschen, die nur dreißig Minuten mit Gartenarbeit verbrachten, verglichen mit einer Kontrollgruppe, die in derselben Zeit drinnen im Haus gelesen hat. Eine australische Studie[47] besagt, dass bei Menschen über 60 Jahren, die regelmäßig Gartenarbeit betreiben, das Risiko für Demenz um ein Drittel reduziert ist. Und im südjapanischen Okinawa, der Region mit den meisten Hundertjährigen der Welt, heißt es, dass das Gärtnern einen guten Grund gibt, jeden Tag in der Früh aufzustehen. – Bis ins hohe Alter, das sich, nach der dortigen Ansicht, dadurch verlängert. Alt werden, indem man dem Leben einen Sinn gibt – mit Gärtnern, könnte man hier anfügen.

Grün in der Stadt

Kontakt zum Grün zu finden – das ist gar nicht so einfach. Die Urbanisierung schreitet rasch voran. Weltweit lebt bereits die Hälfte[48] der Menschen in Städten. In den Industrieländern sind es bereits 75 Prozent. Man schätzt, dass es bis zum Jahr 2050 zwei Drittel bzw. 86 Prozent sein werden. Damit geht auch ein verstärkter Aufenthalt in geschlossenen Räumen einher.

Während die Menschen vor einigen hundert Jahren noch fast den ganzen Tag im Freien verbrachten, halten sich vor allem Industrielandbewohner im Durchschnitt über 90 Prozent ihrer Zeit heute in geschlossenen Räumen auf. Das ist nicht gesund. Daher haben unsere Gebäude ja auch so viele und große Fenster – damit wir die Natur, wenn überhaupt, wenigstens sehen können. Ein Büro ohne Fenster beispielsweise macht krank und ist vielerorts gar nicht erlaubt.

Die alten Bauernhäuser von anno dazumal brauchten noch keine großen Fenster. Die Menschen waren ja den ganzen Tag draußen. Oder wie die Geschichte eines Mongolen gut beschreibt, der auf die Frage, warum ihre Jurten keine Fenster haben, geantwortet haben soll: »Wenn wir die Natur sehen wollen, dann gehen wir hinaus.«

Ein Aufenthalt in geschlossenen Räumen bedeutet auch, dass unsere Umgebung[49] eine sehr geringe Vielfalt an Mikroorganismen hat und damit auch unser Immunsystem gefährdet ist. Mikrobiomforscher rund um die Grazer Wissenschaftlerin Gabriele Berg[50] haben in ihren Arbeiten auch auf die Bedeutung von Zimmerpflanzen für die mögliche Erhöhung der mikrobiellen Vielfalt in unserem Wohnraum hingewiesen, da auf regelmäßig gereinigten und desinfizierten Flächen eher Krankheitserreger gefunden werden.

Die größte Vielfalt an »guten« Mikroben finden wir in natürlichen Lebensräumen. Allein schon aus diesem Grund sollten wir unsere unmittelbare Umgebung im urbanen Raum mit möglichst viel lebendem Grün versehen. Hauswände, Balkone und Terrassen sind wunderbare Möglichkeiten, um dies effizient umzusetzen. Nicht nur für das Auge, sondern vor allem für unsere Gesundheit.

Dass wir gern ins Freie wollen, ohne aber unseren privaten Bereich zu verlassen, sieht man an der aktuellen Architektur und Bauweise. Balkone und Terrassen sind beliebter als je zuvor. Im gehobenen Wohnungsbau sind großzügige Balkone und Terrassen Pflicht. Die Ansprüche von künftigen Eigenheimbesitzern steigen, wie mir ein Mitarbeiter meiner Partnerfirma Strobl in der Steiermark erklärte: »Wir bauen große Balkone und zum Teil riesige Terrassen.« Diese Firma ist auch unter den Ersten, die mein Konzept von der »essbaren Gebäudebegrünung« aufgenommen haben. Was gibt es Naheliegenderes, als unseren unmittelbaren Wohnraum, vor allem Außenflächen, die der Sonne ausgesetzt sind, möglichst intensiv zu begrünen!

Wenn wir das mit multifunktionaler Begrünung, die alle architektonischen und technischen Anforderungen erfüllt, bewerkstelligen, dann bekommt der Wohn- und Lebensraum einen besonderen Mehrwert. Im Optimalfall schafft diese Begrünung nicht nur einen optischen Effekt, sondern gesunde Lebensmittel, ökologisch wertvolle Pflanzen und ein angenehmes Mikroklima.

In einer Abhandlung[51] zur Entwicklungsmöglichkeit »grüner Städte« weisen Andreas Kumpf und Manuela Schmölz auf das hohe gesundheitliche Potenzial von urbanen Grünräumen hin. – Als Ausgleich für die physischen und psychischen Probleme, die durch die Flächenversiegelung in den Städten auftreten. Besonders wird auf die Bedeutung von wohnraumnahem Grün hingewiesen, das bei Kindern die Aufmerksamkeit und Lernfähigkeit steigern und bei alten Menschen das Demenzrisiko verringern kann. Diese Effekte wurden nicht nur für städtische Parks und Grünanlagen, sondern eben auch für Begrünungen an Gebäuden nachgewiesen.

Die Ergebnisse all dieser Studien machen die Notwendigkeit von naturnahen Räumen, vor allem im städtischen Umfeld, ersichtlich. Für Menschen jeden Alters, von Kindheit an. Wünschenswert sind möglichst viele öffentliche Grünflächen. Daneben bieten eigene Gärten – auch auf Balkonen oder Terrassen – den Vorteil, direkt mit dem Grünraum zu interagieren und selbst kreativ tätig zu werden.

Gärtnern ist also in jeder Hinsicht gesund und grüne Häuser machen unsere Städte schöner. »Okay, aber warum sollte ich mir mein eigenes Essen anbauen?«, mag eine berechtigte Frage sein in einem Land mit einem hohen Ernährungswohlstand. Aus meiner Sicht hat die Selbstversorgung vielschichtige ökologische und gesundheitliche Aspekte, die ich zum Teil schon ausgeführt habe.

Um vor allem die ökologische Seite unserer Ernährung zu verstehen, müssen wir tiefer in das Thema »Landwirtschaft und Ernährung« eintauchen. Nur dadurch können wir schlussendlich das Potenzial von urbaner sowie essbarer Stadt- und Gebäudebegrünung erfassen. Begeben wir uns also auf die Reise ...

Kapitel 2

DIE WELT IST, WIE SIE ISST

Die Transformation der Welt

Ein Bauer sagte vor Kurzem zu mir, er sei überzeugt davon, dass die Menschheit kaum Einfluss auf die natürlichen Prozesse auf unserer Erde nehmen könne. Seine Auffassung hat mich nicht nur verwundert, sondern regelrecht schockiert. Diese Denkweise scheint weiter verbreitet zu sein, als ich bisher angenommen habe. Das genaue Gegenteil obiger Aussage ist der Fall, leider, und diese ehrfürchtige Einstellung, dass der Mensch kaum Einfluss auf seine natürliche Umgebung habe, hält uns in der Opferrolle gefangen. Dabei sind wir äußerst aktive Täter, vor allem was den Transformationsprozess unserer Erde zu einer umfassenden Vermenschlichung betrifft.

Das Fehlen dieser Erkenntnis im 21. Jahrhundert ist insofern erstaunlich, als sich die ersten aufgeklärten Humanisten und Naturbeobachter[52] schon vor 150 Jahren Sorgen um eine Übernutzung unseres Planeten durch den Menschen gemacht haben. George Perkins Marsh gilt mit seinem Buch »Man and Nature«, das 1864 erschien, als der erste amerikanische Naturschützer. Den Skeptikern der menschengemachten Klimaerwärmung sei gesagt, dass sich der schwedische Naturwissenschaftler Svante Arrhenius[53] bereits Ende des 19. Jahrhunderts Gedanken über die Erderwärmung bei weiterem Ausstoß des Klimagases Kohlendioxid gemacht hat. Mit welch gewaltiger Geschwindigkeit wir das durch die industrielle Revolution tatsächlich bewerkstelligt haben, konnten sich diese warnenden Geister wohl nicht annähernd ausmalen.

Berechnungen zufolge übernutzen wir die regenerative Kapazität der Erde heute global um das 1,7-Fache, in Industrieländern sogar um das bis zu 4-Fache.[54] Das heißt, wir bräuchten mehrere Planeten Erde, um so wie bisher weitermachen zu können.

Nun aber zu den Details betreffend die Landwirtschaft, die uns zeigen, wo dringender Handlungsbedarf besteht. Sie sollen uns auch als Instrumente dazu dienen, bessere Entscheidungen zu treffen und die Erde – als unsere einzige verfügbare Lebensumwelt – in einem bestmöglichen Zustand zu halten. Damit nicht nur die heutigen, sondern auch viele kommende Generationen eine gesunde Umwelt und gute Lebensbedingungen vorfinden.

Schon bei der Betrachtung des Flächenverbrauchs der Landwirtschaft lässt sich die enorme Dimension des menschlichen Einflusses erkennen. Die globale Agrarfläche[55] beträgt aktuell etwa 50 Millionen Quadratkilometer. Das ist ein Drittel der gesamten Landoberfläche der Erde. 1970 lagen wir noch bei unter 40 Millionen Quadratkilometern. Das bedeutet eine Zunahme um die Größe der USA in 50 Jahren! Rechnet man die Forstflächen dazu, kommt man weltweit auf 60 Prozent der Fläche.[56] Da nicht alle Klimazonen agrarisch nutzbar sind, variiert der Anteil in den einzelnen Ländern stark. In günstigen Lagen beträgt er bis zu 80 Prozent der Landesfläche.[57] In Deutschland ist immerhin noch die Hälfte der Landoberfläche Agrarland. Eine Umwandlung von Naturfläche in Agrarland auf bis zu vier Fünftel der Landesfläche soll keinen Einfluss auf unsere Erde haben? Da muss ein Irrtum vorliegen.

Es sind vor allem sechs Faktoren, durch die wir massiv auf die ökologischen Prozesse der Erde einwirken und die globale Änderungen bewirken. Diese werden in den Modellen der »Planetary boundaries«[58] (ökologische Belastungsgrenzen der Erde) beschrieben: Artenverlust, Phosphat-.und Stickstoffkreislauf, Landnutzungsänderung, Klimawandel und Luftverschmutzung. An allen Faktoren, vor allem den ersten vier, ist die Landwirtschaft maßgeblich beteiligt.

Einer der grundlegenden Irrtümer der Menschheit zeigt sich aus meiner Sicht gerade in der industrialisierten Landwirtschaft: ihr fester Glaube, dass es technologische Lösungen für ökologische Probleme geben kann, die nicht neue Probleme verursachen. Je weiter wir in Richtung Technologisierung gehen, desto öfter kommen wir vom Regen in die Traufe. Die Alternative, das ökologische Wirtschaften, bedeutet, mit dem geringstmöglichen Arbeits- und Energieaufwand ein gestecktes Ziel zu erreichen.

Die Landwirtschaft der Industrieländer macht das exakte Gegenteil. Arbeitsplätze wurden reduziert, der Arbeitsaufwand für Maschinen ist stark gestiegen. Das führt zu einer äußerst schlechten Energiebilanz der industriellen Landwirtschaft. Sie brüstet sich mit maximalen Flächenerträgen, jedoch auf Kosten höchsten Energieeinsatzes. Nie war die Effizienz der Landwirtschaft geringer und weiter entfernt von ökologischer Produktion als in der industrialisierten Welt.

Wollen wir eine Trendumkehr zu einer nachhaltigen, auf Ressourcenerhalt ausgerichteten Landwirtschaft erzielen, bedarf es der Anstrengung aller Mitglieder unserer Gesellschaft. Wir brauchen dabei gar nichts neu zu erfinden, sondern nur gut erprobte, seit jeher im Einsatz stehende Systeme besser zu unterstützen. Wir können zum Beispiel unsere Ernährungs- und Einkaufsgewohnheiten ändern, ökologische Wirtschaftssysteme fördern und so den destruktiven Methoden den Wind aus den Segeln nehmen.

Der angenehmste Nebeneffekt der Unterstützung einer ökologischen Landwirtschaft ist ein gesünderes Leben. Um diesen wichtigen Zusammenhang verständlich herzuleiten, müssen wir uns vorerst die Probleme der konventionellen, industrialisierten Landwirtschaft im Detail ansehen.

Ein konventioneller Acker im Winter ohne Gründecke. Der Boden wird monatelang dem UV-Licht und der Erosion ausgesetzt, das führt zu einer Störung des Bodenlebens.

Die »grüne« Revolution?

Die Landwirtschaft war jahrtausendelang, bis in das 20. Jahrhundert hinein, in ihrer Betriebsweise immer ökologisch. Maschinen und chemische Hilfsmittel standen nicht zur Verfügung. Aus den Feldern entnommene Nährstoffe wurden durch Gründüngung oder Kreislaufschließung mit Dung und Gülle aus der Tierhaltung wieder eingebracht. Die Bauern waren wenig spezialisiert und stellten viele verschiedene Produkte her, von denen sie großteils auch selbst lebten.

Im Jahr 1916 änderte sich das schlagartig durch die Erfindung des Haber-Bosch-Verfahrens[59], mit dem industriell Ammoniak als Stickstoffdünger für die Landwirtschaft hergestellt werden konnte. Dieses Verfahren war bereits sehr energieintensiv: ein Liter Öl wurde benötigt, um ein Kilogramm Stickstoffdünger herzustellen. Das Verfahren verursacht noch heute allein zwei Prozent des gewerblichen Energieverbrauchs.

Gleichzeitig begann man damals auch erste ertragreiche Hybridsorten zu züchten, vor allem bei Mais und Weizen. In den USA schritt die Technisierung der Landbearbeitung mittels Traktoren schnell voran. Russland schloss 1930 auf, und erst zwanzig Jahre später erfolgte diese dann auch in Europa.[60] Das wiederum führte zu einer Vergrößerung der Betriebsflächen, da Maschinen auf großen Feldern effektiver eingesetzt werden können.

Die kleinstrukturierte Landwirtschaft begann zu verschwinden und die konventionelle Landwirtschaft wurde eingeleitet. Die Möglichkeit großer Ertragssteigerungen durch Düngemittel, Hybride und maschinellen Einsatz wurde in den 1960er-Jahren als Green Revolution (Grüne Revolution[61]) gefeiert. Dass diese absolut nichts mit der heutigen Assoziation von »grün« (umweltfreundlich) zu tun hatte, liegt auf der Hand.

Die Grüne Revolution versprach ein Ende des Welthungers, zumal es in den Jahrzehnten zuvor vor allem in Asien und Afrika immer wieder schwere Hungersnöte gegeben hatte. Zu dieser Zeit lebten erst ungefähr drei Milliarden Menschen auf der Erde. Tatsächlich vervielfachte sich die Nahrungsmittelerzeugung, vor allem in Ländern wie Mexiko und in den Erdteilen Asien und Afrika. Damit stieg auch die Bevölkerungszahl weltweit. Alle zehn Jahre hat diese seither um etwa 700 bis 800 Millionen Menschen zugenommen. Es gelang, die Hungerprobleme und auch die Kindersterblichkeit in den Entwicklungsländern deutlich zu senken. Der Hunger wurde aber bis heute nicht besiegt. Jeder neunte Mensch auf dieser Erde hat noch immer nicht ausreichend zu essen.[62]

Zur Grünen Revolution gesellte sich der breite Einsatz von Pflanzenschutzmitteln (Herbizide und Pestizide) als weitere Ertragssteigerung hinzu. Die Überschussproduktion im Getreideanbau ermöglichte schließlich auch die Massentierhaltung. Heute produzieren wir mehr Lebensmittel, als wir verbrauchen, leider mit nach wie vor ungerechter Verteilung.

Global gesehen hat die Landwirtschaft allein in den vergangenen fünfzig Jahren eine umfangreichere Transformation erfahren als in den vielen Tausenden Jahren zuvor. Wir haben 60 Prozent der Erdoberfläche in Kulturland umgewandelt.[63] Mit weitreichenden ökonomischen, sozialen und ökologischen Folgen für die ganze Welt.

Vom Bauernhof zum Agrarriesen

Die auffallendste Entwicklung im Zuge der Grünen Revolution ist das Höfesterben. Kleine Bauernhöfe mit einer vielfältigen Produktion machen hoch spezialisierten, agrarindustriellen Betrieben Platz. In den Industrieländern hat sich diese Entwicklung durch hohen Kapitaleinsatz am schnellsten vollzogen.

In den USA verdreifachte sich zwischen 1935 und 1985 die Hofdurchschnittsgröße, sie liegt heute bei etwa 180 Hektar (ha),[64] in Indien beträgt sie etwas mehr als 1 ha. In der EU liegt sie bei 16 ha, allerdings mit großen Unterschieden. Das reicht von amerikanischen Verhältnissen in Tschechien (durchschnittlich 133 ha) über Deutschland (60 ha) und Österreich (20 ha) bis hin zu winzigen 3 ha auf Zypern. Fast überall jedoch zeigt sich eine stete Vergrößerung. Zwischen 2003 und 2013 hat sich die durchschnittliche Hofgröße in der EU um 25 Prozent von 12 auf erwähnte 16 ha erhöht. In der Slowakei wuchs der Durchschnittsbetrieb sogar um mehr als das Doppelte von 30 auf 80 ha, während in Österreich der Wert nahezu konstant blieb.

Die Agrarentwicklung ist sehr länderspezifisch. Manche profitieren aufgrund der EU-Flächenförderung sehr von der Umwandlung der bäuerlichen Landwirtschaft zu einem Agrarindustrieland. Die Gemeinsame Agrarpolitik (GAP) der EU hat einen Topf mit 60 Milliarden Euro pro Jahr zur Verfügung. Das sind immerhin fast 40 Prozent des EU-Haushaltsbudgets.[65] Leider gehen davon 75 Prozent in die Flächenförderung anstatt in die Subvention kleiner ökologischer Betriebe. Das treibt den Wandel vom kleinstrukturierten Familienbetrieb zum agrarindustriellen Unternehmen weiter an.

Die EU hält sich offensichtlich an das amerikanische Ideal von »Größer ist besser«. Das reduziert zwar die Lebensmittelpreise, erhöht aber die Umweltfolgekosten. Im besten Fall ein Nullsummenspiel. Im schlechtesten Fall langfristig eine Zerstörung unserer Lebensgrundlagen, ohne Aussicht auf Reparaturmöglichkeit.

Österreich bildet da (noch) eine Ausnahme. Dank der landschaftlichen Topografie und der mosaikförmigen Lebensraum- und Siedlungsstruktur ist kein unbegrenztes Wachstum der Höfe möglich. Man bleibt eher kleinbäuerlich und verlegt sich zunehmend auf den Bioanbau. Daher hat das Alpenland sehr gute Voraussetzungen zur Entwicklung einer ökologisch nachhaltigen Landwirtschaft. Das wäre auch dringend nötig, um den rasanten Rückgang der Biodiversität zu bremsen, nicht nur im Hinblick auf Insekten, Vögel und Wirbeltiere im Allgemeinen, sondern auch auf die Kulturpflanzenvielfalt. Leider ist aber auch hier die Entwicklung zu einer immer effizienteren, auf chemische Hilfsmittel angewiesene Landwirtschaft festzustellen. Klar ist: Das Einbringen von nicht-organischen Stoffen in biologische Kreisläufe wird nicht ohne Konsequenzen bleiben.

Die Lösung der Verschmutzung ist die Verdünnung?

»Die Lösung der Verschmutzung ist die Verdünnung« ist ein gängiger Spruch, der viele ökologisch bedenkliche Handlungen der letzten Jahrzehnte begleitet hat: die Entsorgung von Problemstoffen ins Meer genauso wie die Anwendung von Umweltgiften in der Landwirtschaft. Die Verdünnung ist aber an ihre Grenzen gestoßen. Zum einen haben die Weltbevölkerung und die Produktion von Problemstoffen stark zugenommen, zum anderen haben sich die Analysemethoden verbessert. Das bedeutet, dass wir heute kleinste Stoffkonzentrationen nachweisen können, was vor zwanzig Jahren noch undenkbar gewesen wäre.

Der Leiter eines Bodenanalyselabors hat mir erzählt, dass er Bodenproben aufgrund ihrer spezifischen Kontamination genau geografisch zuordnen könne. Die Verschmutzung ist also ortsspezifisch und global. Das ist mehr als bedenklich, denn schon 2011 fanden amerikanische Forscher in mehreren Studien[66] [67] [68] zum Beispiel einen Zusammenhang zwischen der Aufnahme von Pestiziden

(z. B. Organophosphate wie das Insektizid Chlorpyrifos) in der Schwangerschaft und einer Verringerung der Intelligenz bei den Kindern. Und zwar bei Kindern in Städten wie auch am Land.

Viele bedenkliche Mittel wurden inzwischen verboten. Einige mit schwerwiegenden gesundheitlichen Folgen sind jedoch in manchen Ländern noch immer am Markt. Insgesamt sind viele Hunderte problematische Wirkstoffe und Produkte in der konventionellen Landwirtschaft weltweit in Verwendung. Mit bekannten und unbekannten Folgen für Umwelt und Gesundheit. Eine pestizidfreie Landwirtschaft ist jedoch möglich, wie wir in Kapitel 3, »Die Bio-Revolution«, erfahren werden.

Die globale Verschmutzung mit Chemikalien aller Art hat auch dazu geführt, dass Geologen das Erdzeitalter des Anthropozäns ausgerufen haben. Die Definition eines Zeitalters ist nur dann gerechtfertigt, wenn man in Erdschichten charakteristische Vorgänge in Form von Ablagerungen feststellen kann. Das bedeutet, dass die Verschmutzung der obersten Erdschicht durch den Einfluss des Menschen bereits ein geologisches Ausmaß erreicht hat. Eine traurige Leistung!

Die Verschmutzung betrifft aber nicht nur den Boden, sondern auch die Gewässer. Vonseiten der Landwirtschaft spielen vor allem Pflanzenschutzmittel und Kunstdünger eine große Rolle. Als Meeresbiologe habe ich viele Jahre in den »Endlagern« unserer Lebensvorgänge geforscht: in den Ozeanen. Schließlich kommt dort über kurz oder lang der ganze Dreck an, den wir in unsere Böden und Gewässer einbringen: Chemikalien, Nährstoffe, Kunstdünger, Pflanzenschutzmittel und ebenso riesige Mengen an Kunststoff. Das Meer, einst Sinnbild unserer Urlaubsträume und Freiheit, verkommt schneller zur Müllkippe, als wir dachten. Die Verdünnung ist eben doch keine Lösung für die Verschmutzung, wie wir inzwischen leidig erfahren müssen. Es bedarf anderer Lösungen.

Stickstoff und Phosphat

Stickstoff (chem. = N, meist als Nitrat- oder Ammoniumdünger) und Phosphor (P, als Phosphatdünger) sind neben Kalium (K) die wichtigsten Nährstoffe für Pflanzen. Man kennt sie auch als Makronährstoffe in der Bezeichnung NPK-Dünger oder Volldünger.

Im Wasser haben diese Stoffe normalerweise nichts verloren. Gewässer haben meist einen sehr geringen N- und P-Gehalt. Wenn wir mineralische

Der Eintrag von Stickstoff und Phosphor aus den Äckern sorgt für Überdüngung und Algenwuchs in den Gewässern. Nicht nur nahe den Ackerrändern, wie auf diesem Bild, sondern auch in Flüssen und an Meeresküsten.

Dünger aus den Gesteinen holen oder technisch herstellen und in den Boden einbringen, dass es zu Auswaschungen kommt, stören wir biologische Kreisläufe. Ähnliches passiert auch mit einem Zuviel an organischem Dünger. Die Intensivtierhaltung, allen voran die Schweinemast, erzeugt enorme Mengen an Gülle und Mist. Wird zu viel Gülle[69] – oder diese zu spät – ausgebracht, sodass die Pflanzen den Stickstoff nicht mehr aufnehmen können, kommt es zu Verfrachtungen. Dann gelangt der Stickstoff als Nitrat ins Grundwasser und damit auch in unser Trinkwasser oder über Bäche und Flüsse in Seen und Meere, wo er zu Überdüngung führt.

EU-weit überschreiten circa 13 Prozent der Grundwasserproben den Nitrat-Grenzwert von 50 mg/l. Die Umweltfolgekosten der Stickstoffüberdüngung werden auf 70 bis 320 Milliarden Euro jährlich geschätzt.[70] Man geht inzwischen davon aus, dass diese Kosten die ökonomischen Vorteile überwiegen. Das sind im Mittel etwa 300 Euro pro EU-Bürger und Jahr. Dieses Geld könnten wir sinnvoller einsetzen. Zum Beispiel für den Einkauf von Biolebensmitteln. Die Strafen für Überdüngung sind sehr gering, die Kontrollen dürftig. Während uns die Nährstoffe im Boden verloren gehen, werden die Gewässer mit eben diesen überdüngt.

Während Stickstoff vorwiegend über das Grundwasser aus den Feldern in die Gewässer gelangt, wird Phosphat (P) eher durch Oberflächenerosion ausgespült, also beispielsweise durch Starkregen in die Bäche geschwemmt. Die mineralische P-Düngung hat in der EU zwar abgenommen, es kommt aber immer noch zu Auswaschungen und Verfrachtungen in die Gewässer. Vor allem durch häufigere Starkregen im Rahmen des Klimawandels.

In großen Seen und in den Meeren kommt es durch die Überdüngung zu »Algenblüten«. Darunter darf man sich allerdings nicht eine Menge hübscher Blumen an der Wasseroberfläche treibend vorstellen, sondern eher grünen oder braunen Schleim, der durch die Überproduktion von Bakterien oder kleinen Algen zustande kommt. In den Meeren sinken diese nach dem Absterben zum Boden, die organische Masse wird von Bakterien abgebaut. Diese verbrauchen dabei so viel Sauerstoff, dass sauerstoffarme (hypoxische) oder -freie (anoxische) Zonen entstehen, andere Bodenlebewesen ersticken dann. Das ist der Grund, warum man diese Gebiete auch Todeszonen nennt.

Die Zahl dieser küstennahen Todeszonen hat sich zwischen 1950 und 2008 von 49 auf über 400 fast verzehnfacht.[71] Ihre gesamte Fläche wird auf 250.000 km² geschätzt.[72] Das ist dreimal so groß wie Österreich. In besonders schlimmen Fällen vermehren sich dabei auch toxische Algen, die mit ihren Giften sogar die Luft verseuchen können. Solche giftigen Blüten einzelliger Algen plagen zum Beispiel Florida seit vielen Jahren. »Red Tide«, die rote Flut, nennt man diese Algenblüte. 2018 war diese so schlimm, dass fast 300 Tonnen Meerestiere, darunter auch Schildkröten und Delfine, verendeten und viele Menschen Atemprobleme bekamen.

Die Unterbrechung biologischer Kreisläufe ist kein Kavaliersdelikt, sondern grobe Fahrlässigkeit, die unser Leben gefährdet. Verantwortungsvolle Betriebe, die sich dieser Problematik bewusst sind, brauchen unsere Unterstützung. Und jeder von uns sollte über sein Konsumverhalten und seine Ernährung nachdenken.

Pflanzenschutzmittel

Unter Pflanzenschutzmittel (Pestizide) versteht man chemische Substanzen, meist Spritz- oder Beizmittel, die gegen Schädlinge an Kulturpflanzen eingesetzt werden, wie Schadinsekten (Bekämpfung mit Insektiziden, z. B. Neonikotinoide) oder Schadpilze (Fungizide). Ackerbeikräuter werden im Gegensatz dazu mit Herbiziden (Pflanzenvernichtungsmittel wie Glyphosat) bekämpft.

Die Liste an verschiedenen Mitteln ist lang. Laut deutschem Umweltbundesamt[73] waren im Jahr 2016 etwa 750 Pflanzenschutzmittel zugelassen. Die jährliche Absatzmenge der Wirkstoffe ist zwischen 1995 und 2016 von etwa 35 auf 45 Millionen Kilogramm angestiegen. Knapp die Hälfte davon waren Herbizide. Eine Gruppe hat in den letzten Jahren besonders für Kritik gesorgt: Neonikotinoide, die vor allem zum vorsorglichen Beizen von Saatgut bei Mais (gegen Wurzelbohrer), Zuckerrüben und Raps eingesetzt werden.

Die drei häufigsten Mittel Imidacloprid (vom Pharmariesen Bayer), Clothianidin (Sumitomo/Bayer) und Thiamethoxam (von Syngenta) erzielen seit vielen Jahren Milliardenumsätze. Es hat sich herausgestellt, dass diese Mittel mitverantwortlich am Bienensterben sind. Laut einer deutschen Studie[74] wirken sie toxisch und greifen das Zentralnervensystem der Tiere an. Wenn die Bienen nicht akut daran sterben, verlieren sie oft die Orientierung und finden nicht mehr in ihren Stock zurück. Die tödliche Dosis[75] dieser drei Mittel liegt für Honigbienen bei Berührung im Bereich von wenigen Prozent eines millionstel Gramms, im Fall von oraler Aufnahme bei nur wenigen milliardstel Gramm.

In Deutschland kam es 2008 zu einem Massensterben von Honigbienen – durch Staubverfrachtung bei der Ausbringung von mit Clothianidin gebeiztem Mais auf angrenzende Rapsfelder. 11.000 Bienenvölker wurden vernichtet.

Das Verschwinden der Honigbiene hätte fatale Auswirkungen auf unsere Ernährungssicherheit. Ohne Bienen würden wir die Hälfte bis drei Viertel (Referenz: Agrar-Atlas) unserer Obstproduktion und der bienenbestäubten Ackerfrüchte einbüßen.

Die EFSA[76] (Europäische Agentur für Ernährungssicherheit) wurde 2012 von der EU-Kommission mit einer Risikobewertung der Neonikotinoide beauftragt. Trotz Mangel an ausreichenden Forschungen fand sie für mindestens eines der Mittel ein hohes Risiko für Honigbienen, wenn diese etwa das von Pflanzen über die Blätter abgegebene Wasser aufnahmen. Da es nur zur wirtschaftlich bedeutenden Honigbiene Daten gibt, nicht aber zu Wildbienen, Hummeln und anderen Insekten, ist zu befürchten, dass die negativen Auswirkungen nicht nur auf wichtige Bestäuber, sondern auf die gesamte Insektenfauna enorm sind.

Das Gefährdungspotenzial für Bienen wurde so hoch eingestuft, dass die Einsatzerlaubnis der drei häufigsten Neonikotinoide beschränkt wurde. Und zwar auf Pflanzen, die nicht von Bienen besucht werden, wie z. B. die Zuckerrübe. Im Herbst 2018 folgte ein Totalverbot für die drei besagten Mittel im

Freilandanbau. Im Folientunnel dürfen sie noch verwendet werden. Andere Neonikotinoide (z. B. Thiacloprid und Acetamiprid) sind weiterhin erlaubt.

Gegen das Verbot der drei Gifte wettern naturgemäß vor allem die Rübenbauern, da der Anbau nun schwierig bis unmöglich geworden ist. Das Verbot könnte man auch als Chance sehen, den übermäßigen Zuckerkonsum einzuschränken – seit Langem eine Empfehlung bzw. Forderung von Ärzten und Ernährungsexperten. Die Natur scheint uns immer wieder den richtigen Weg zu zeigen. Der Weg zur Nachhaltigkeit ist auch immer eine Frage der Verhaltensänderung.

Ein anderes Pflanzenschutzmittel, das Herbizid Glyphosat, dürfte inzwischen vielen Leuten aufgrund der intensiven Berichterstattung der letzten Jahre ein Begriff sein. In Dutzenden Online-Petitionen und Aufrufen wurde ein Verbot von Glyphosat gefordert, nachdem bekannt geworden war, dass es in ziemlich allen konventionell hergestellten Lebensmitteln nachzuweisen ist. Aber so einfach ist das mit Verboten nicht.

Glyphosat wird weltweit speziell von Landwirten mit konservierender Bodenbearbeitung – also möglichst wenig pflügen – eingesetzt. Geschätzte acht Millionen Tonnen[77] wurden davon seit den 1970er-Jahren rund um den Globus verbraucht. Man spritzt damit die Ackerbeikräuter weg und kann mit der Folgefrucht rascher auf das Feld. Die Vorteile: ein länger bedeckter Boden und eine geringere Bodenbearbeitung, die im Bioanbau auf diese Weise nicht möglich ist.

Glyphosat trägt dazu bei, dass Landwirte auf den Anbau von Zwischenfrüchten verzichten und ganz auf Monokulturen der Hauptfrüchte setzen können. Das senkt die Biodiversität auf den Feldern konventioneller Bauern. Die Wirkung von Glyphosat als Totalherbizid (tötet alle Pflanzen) verschlimmert diesen Effekt.

Glyphosat galt lange Zeit als unbedenklich, weil es nur auf den pflanzlichen Stoffwechsel (Shikimisäureweg) wirkt. Damit blockiert es bei den Pflanzen die Herstellung von Aminosäuren und bringt sie so um. Denselben Stoffwechselprozess haben auch viele Pilze[78] und Bakterien. Diese sind nicht nur äußerst wichtige Bodenorganismen, sondern bilden auch das Darmmikrobiom der Tiere und Menschen. Daher ist es sehr wahrscheinlich, dass es durch die antibiotische Wirkung von Glyphosat zu Ungleichgewichten in all diesen Ökosystemen kommt.

Über diesen Weg wirkt Glyphosat auch negativ auf Bienen. US-amerikanische Wissenschaftler zeigten vor Kurzem in experimentellen Versuchen[79], dass

Glyphosat die Darmbakterien der Bienen angreift und damit deren Immunsystem schädigt. Eine darauffolgende Infektion mit einem Krankheitserreger führte bei diesen Bienen zu einer deutlich höheren Sterberate. Während bei den unbehandelten Bienen die Hälfte die Infektion überlebte, starben 90 Prozent der »Glyphosat-Bienen«.

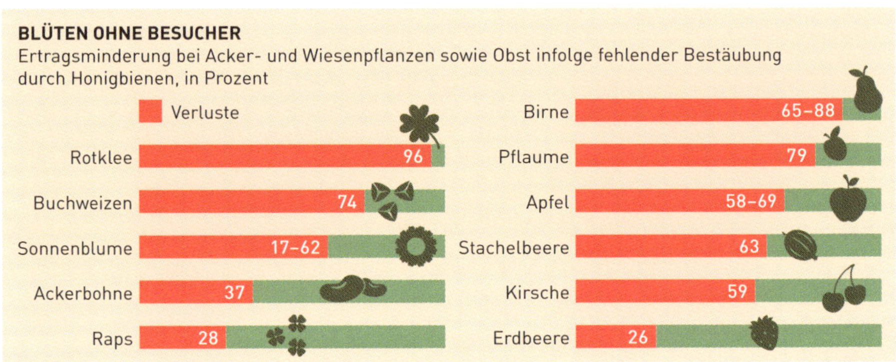

Der Verlust von Bienen als Bestäuber hätte dramatische Folgen für die Erträge vieler wichtiger Nutzpflanzen.

Ähnliche Mechanismen könnten auch die mit Bodentieren in Symbiose lebenden Bakterien betreffen. Experimente der Universität für Bodenkultur in Wien belegen, dass die Ausbringung von Glyphosat katastrophale Folgen für die so wichtigen Regenwürmer hat.[80] Vertikal bohrende Regenwürmer kamen drei Wochen nach Ausbringung des Monsanto-Unkrautvernichtungsmittels »Roundup« (mit dem Wirkstoff Glyphosat) nicht mehr an die Oberfläche. In der Erde verbleibende Würmer einer anderen Art reduzierten ihre Fortpflanzung um mehr als die Hälfte. Als erstaunliche Nebenwirkung zeigte sich im Boden eine Anreicherung von Nitrat um das 15-Fache sowie eine Zunahme von Phosphat um mehr als das Doppelte. Das erhöht die Gefahr der Ausschwemmung von Nährstoffen in die Gewässer.

Auch bei Wirbeltieren ist – über die Wirkung auf die Darmbakterien – eine Gesundheitsgefährdung durch Glyphosat wahrscheinlich. So wurde Glyphosat, enthalten in Futtermitteln von Kühen, mit dem gehäuften Auftreten von Rinderbotulismus, ausgelöst durch das Bakterium Clostridium botulinum, in Verbindung gebracht. Ausgerechnet diese gefährlichen Keime sind gegen Glyphosat immun. Geschädigt werden hingegen deren Gegenspieler, die symbiotischen Milchsäure- und Enterococcus-Bakterien im Darm.[81] Sie können dann die Clostridien nicht mehr in Schach halten.

Auch Experimente[82] mit Darmbakterien von Hühnern offenbarten ähnliche Folgen: Hilfreiche Bakterien werden durch Glyphosat geschädigt, Krankheitserreger wie Salmonellen und Clostridien bleiben weitgehend resistent. Bei uns Menschen stört das Glyphosat zudem den Sulfat-Stoffwechsel der Leber und ihre Entgiftungsarbeit.[83] Dadurch werden wir anfälliger für chronische Krankheiten.

Durch die weitreichende globale Ausbringung von Glyphosat sehen Wissenschaftler ein enormes Umweltrisiko. Besonders bedenklich ist auch die kommunale und private Anwendung bis hinein in die Hausgärten, wo Beikräuter vorzugsweise einfach weggespritzt statt mechanisch entfernt werden. Da dies alles unkontrolliert erfolgt, sind negative Umweltfolgen auch hier, außerhalb des Ackerbaus, sehr wahrscheinlich.

Deutschland hat Ende 2018 die Zulassung für glyphosathaltige Herbizide um zumindest ein Jahr verlängert,[84] während in Frankreich die Verwendung von zumindest einem Produkt (»Roundup Pro 360« von Bayer) von einem Gericht widerrufen wurde.[85] Man hat es als möglicherweise krebserregend und schädlich für die Umwelt erkannt. Ein allgemeines Verbot wird viel diskutiert und sollte das Ziel sein.

Alternativen zur konservierenden Bodenbearbeitung mit Glyphosat gibt es. Ich werde auf diese später im Detail eingehen. Beim eigenen Anbau mit biologischen Methoden – ob im Garten, auf der Terrasse oder am Balkon – können wir getrost auf all das Gift verzichten. Wir brauchen keinen Gedanken daran zu verschwenden.

Die Zerstörung der Vielfalt

Die Bedeutung der Artenvielfalt für die Stabilisierung von Ökosystemen ist allgemein bekannt. Wenn viele Arten vorhanden sind, können diese sich besser ergänzen. Sehr artenreiche Lebensräume verbessern auch die sogenannten Ökosystemdienstleistungen, die positive ökologische und ökonomische Folgen haben. Wie wichtig diese tatsächlich sind, war bisher schwer einzuschätzen.

Im Jahr 2016 wurde im Fachjournal »Nature« eine Studie[86] von über 300 Wissenschaftlern veröffentlicht, die die Beziehungen zwischen über 4600 Arten auf und im Boden von Wiesen untersucht hatte. Das Ergebnis war, dass eine hohe Diversität in möglichst vielen ökologischen Gruppen (vergleichbar mit unseren Berufen) eine enorme Auswirkung auf die Verbesserung von Ökosystemleistungen hat, die auch für unser Überleben nötig sind. Dazu zählen Bodenbildung, Lebensmittelversorgung, Schädlingsregulierung und sogar die Erhöhung des Erholungseffekts in unserer Freizeit. Diese Diversität nimmt massiv ab. Die landwirtschaftliche Produktion ist nicht der einzige, aber ein maßgebender Faktor.

Mit der zunehmenden Industrialisierung der Landwirtschaft werden nicht nur die Betriebe größer, sondern auch die Felder. Dazu kommt die Spezialisierung der Betriebe, sodass Ackerbau und Viehzucht meist getrennt erfolgen. Die erzeugten Produkte werden von der Lebensmittelindustrie verarbeitet und über Supermärkte verkauft. Nur ein geringer Anteil der Produktion geht unverarbeitet in den Handel.

Die Supermärkte präsentieren den Kunden zwar eine hohe Produktvielfalt, aber die Sortenvielfalt hinkt nach. Die Gewinne für den Handel sind höher, wenn große Mengen an wenigen Produkten eingekauft werden. Das verringert die Diversität im Sortiment, wie auch im Bereich der Zulieferer. Auf die Qualität unserer Ernährung hat das enorme gesundheitliche Auswirkungen. Wir Konsumenten sind meist mit Sorten konfrontiert, die für lange Haltbarkeiten im Regal gezüchtet wurden.

Weltweit sind 350.000 Pflanzenarten bekannt, davon sind mindestens 50.000 essbar. Nur 7000 werden kultiviert (das Ergebnis von 12.000 Jahren Ackerbau) und gerade mal bescheidene 30 Arten[87] machen schließlich 95 Prozent unserer Ernährung aus. Die Getreidearten Weizen, Mais und Reis stellen alleine 60 Prozent.

Mehr Diversität an Zuchtsorten ist für unsere Ernährung entscheidend, aber auch, um den Herausforderungen des Klimawandels zu begegnen. Wir werden nicht nur neue Sorten brauchen, sondern auch einen intensiven Erfahrungsaustausch mit allen Ländern dieser Welt betreiben müssen, um die besten Pflanzen für die veränderten Bedingungen zu finden. Und kleinstrukturierte Betriebe gilt es zu unterstützen. Es sind gerade diese Betriebe, vor allem im Bioanbau, die aufgrund ihrer unterschiedlichen Betriebsweise diversitätsfördernd sind.

Im Gegensatz dazu haben Agrarindustriebetriebe, die oft gar keine »Landwirte« mehr sind, sondern als GmbH oder AG operieren, ihre Äcker zusammengelegt und artenreiche Raine und Hecken, die als Erosionsschutz und Lebensraum dienen, zugunsten der maschinellen Bearbeitung entfernt. Das Fehlen von Lebensraum-Mosaiken reduziert die Biodiversität erheblich. Man weiß aus der Ökologie, dass im Übergang von Lebensräumen die Artenanzahl am höchsten ist. Solche Übergänge sind in Monokulturen gänzlich verschwunden. Der Einsatz von Pflanzenschutzmitteln, speziell Pestiziden, verschärft die Situation direkt am Acker und in den angrenzenden Lebensräumen.

Der Artenverlust lässt sich auch an der Verschiebung von Wild- zu Nutztieren festmachen. Bei den Säugetieren stehen 5330 Arten von Wildtieren nur 14 Arten von Nutztieren gegenüber. Der Artenverlust wird vor allem auch ersichtlich, wenn man die Biomasse (Populationen) betrachtet. Jene der wilden Säugetiere hat sich zwischen 1900 und 2000 auf ein Zehntel reduziert. Heute finden sich mehr als drei Viertel der Landsäugetiermasse in Form von Nutztieren.[88] Ein Fünftel machen die Menschen aus, und die Wildtiere liegen nur noch bei wenigen Prozenten.

Unsere Erde verändert sich also von einer artenreichen Natur zu einer Masse von wenigen Kulturarten, die uns als Nahrung dienen. Das betrifft nicht nur die Pflanzen und die Säugetiere. Eine starke Abnahme der Artenvielfalt kennt man auch von unseren geflügelten Gefährten, den Insekten und Vögeln, die nicht mit unseren Nutztieren in direkter Konkurrenz stehen.

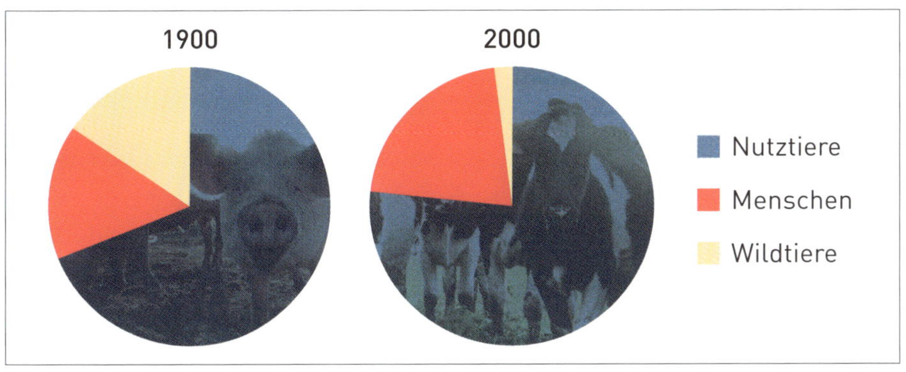

Die Biomasse von Wildtieren hat sich in den vergangenen hundert Jahren dramatisch zugunsten von Nutztieren und Menschen verschoben.

Let me tell you 'bout the birds and the bees …

Die Oberfläche der Erde unterliegt einem raschen Wandel. Kleinstrukturierte Felder werden zu Monokulturen, immer mehr Grünland wird für den Ackerbau umgebrochen oder für Siedlungen verbaut. Auch Feuchtflächen werden entwässert, um sie bebauen zu können. Artenreiche Wiesen verschwinden sukzessive. Im Obstbau werden zunehmend mehr Hochleistungssorten in Form von Niederstammbäumen eingesetzt, da diese maschinell bearbeitet werden können. Die alten und hohen Bäume der historischen Streuobstwiesen, die Scharen von Tieren beheimatet haben, sind vom Aussterben bedroht. Feldraine und offene Weideflächen bieten ebenfalls einer Unzahl von Insekten Lebensraum, von denen sich wiederum viele Vögel ernähren. Um beide Arten ist es nicht gut bestellt. Eine 2017 veröffentlichte Studie[89] eines Teams aus Holland, Deutschland und England zeigte eine Verringerung der Insektenbiomasse zwischen 1989 und 2016 um etwa 75 Prozent. Die Abnahme im Sommer betrug über diesen Vergleichszeitraum sogar mehr als 80 Prozent. Diese Werte – die Probennahme fand nur in wenigen Fällen an denselben Plätzen statt – sind sehr besorgniserregend. Noch dazu weil es sich bei den untersuchten Gebieten um Naturschutzgebiete handelte, in denen man stabilere Zahlen erwartet hätte als im Kulturland.

Abseits dieses Rückgangs der Insektenzahl bestätigt eine aktuelle Studie[90] den negativen Einfluss der konventionellen Landwirtschaft auf die Vielfalt der Insekten. Diese Analyse von 73 Publikationen zum Thema Insektensterben führte zur beunruhigenden Erkenntnis, dass in den nächsten Jahrzehnten weltweit 40 Prozent der Insekten aussterben könnten, allen voran die Schmetterlinge, Hautflügler (Bienen, Hummeln, Wespen) und Dungkäfer. Es stützt die Vermutung, dass die Reduktion natürlicher Beweidung durch Großvieh zugunsten intensiver Tierhaltung negative Konsequenzen hat. Aber auch Wasserinsekten wie Libellen, Köcher- und Steinfliegen sind sehr stark gefährdet. Die vier Hauptfaktoren, die unter anderem die industrielle Landwirtschaft nicht gut aussehen lassen, sind laut den Studienautoren: 1.) der Verlust der Lebensräume, 2.) die Verschmutzung durch Pestizide und Düngemittel, 3.) Krankheiten und eingeschleppte Arten und 4.) der Klimawandel.

Die Landnutzungsänderung ist eines der Hauptprobleme. In industriell bewirtschafteten Monokulturen (Referenz: Agrar-Atlas) hat die Artenvielfalt einfach keinen Platz. Obwohl diese Entwicklung von Konsumentenseite bereits stark kritisiert wird und gerade in Deutschland die Verweigerung von Fleisch als Nahrung zunimmt, fördert die EU diese Agrarindustrie weiterhin. Der Anbau von Mais, Raps und Weizen nimmt zu, wirkt aber stark diversitätssenkend. Die für den Artenreichtum förderlichen Flächen schrumpften allein zwischen 2009 und 2016 um 13 Prozent. Ganze Landschaftstypen sind gefährdet, besonders Gewässer, Wälder und das Offenland. Hier sind 10 bis 20 Prozent von völliger Zerstörung bedroht, ein weiteres Viertel ist stark gefährdet.

Das deutsche Umweltbundesamt[91] wiederum stellte fest, dass die über die Nahrungskette transportierten Pflanzenschutzmittel die Vogelfauna beeinträchtigen, allen voran die typischen Feldvögel, wie Feldlerche, Goldammer und Rebhuhn. Den Auswertungen europaweiter Vogelzählungen durch den »European Bird Census Council« (EBCC)[92] zufolge sind EU-weit seit 1980 fast 60 Prozent der Feldvögel verschwunden, während Waldvögel konstant sowie sonstige häufige Arten etwa 80 Prozent ihrer ursprünglichen Zahl blieben. Das stellt der Landwirtschaft alles andere als ein gutes Zeugnis aus.

Laut dem Agrar-Atlas Österreich ist in der Alpenrepublik in den letzten 20 Jahren ein Drittel der Vögel in Kulturlandschaften verschwunden. Weiden und extensiv genutzte Flächen wie Wiesen sind seit 1990 um etwa die Hälfte zurückgegangen und durch Monokulturen ersetzt worden. Magerwiesen werden überdüngt, wodurch die Artenvielfalt ebenfalls abnimmt. Der Artenschwund ist bei Feld- und Wiesenvögeln am stärksten. Grauammer, Girlitz und Feldlerche gibt es mittlerweile um 80 Prozent (!) weniger. Die Zahl der Grünlandschmetterlinge hat in den letzten 30 Jahren um ein Drittel abgenommen.

In Deutschland sieht es nicht viel anders aus. Der Vogelbestand im Ackerland schwindet um die Hälfte (Referenz: Agrar-Atlas). Bei den Vogelarten, die das Grünland als Lebensraum bevorzugen, sind es gar 70 Prozent. Auch 41 Prozent der Wildbienenarten werden als gefährdet eingestuft, ganz zu schweigen von den Tausenden Arten Insekten.

Es macht wenig Sinn, den drohenden Zeigefinger allein gegen die Bauern zu erheben. Die kleinen Bauern wie auch die großen Agrarindustriebetriebe stellen lediglich jene Produkte her, die der Markt braucht. Würden hingegen die Konsumenten ein deutliches Signal setzen, wäre der Schutz der Biodiversität erfolgreicher. Das Signal, mehr biologische Produkte aus kleinen, verantwortungsvoll wirtschaftenden Betrieben zu kaufen.

Wie wichtig den Menschen die Erhaltung der Biodiversität ist, zeigt auch das äußerst erfolgreiche Volksbegehren zum Schutz der Artenvielfalt im Februar 2019 in Bayern. Mehr als 18 Prozent der Wahlberechtigten, knapp 1,8 Millionen Menschen, unterschrieben die Maßnahmenforderungen – ein deutliches Zeichen an die Politik, die nun aufgefordert ist, die Rahmenbedingungen für die Landwirtschaft zu ändern und auch den Lobbyisten der Agrarindustrie die Tür zu weisen. Die Agrarförderungen müssen dringend auf die ökologischen Leistungen der Landwirtschaft abgestimmt werden.

Es wird höchste Zeit, das Füllhorn der EU-Steuerbeiträge nicht mehr über die Großgrundbesitzer auszuschütten (und damit die Überproduktion umweltschädlicher Produkte zu subventionieren), sondern eine ökologisch nachhaltige Landwirtschaft aufzubauen. Die verantwortungsvollen Konsumenten zahlen zurzeit nämlich doppelt: einmal über die Förderungen und nochmals über die höheren Preise für Biolebensmittel.

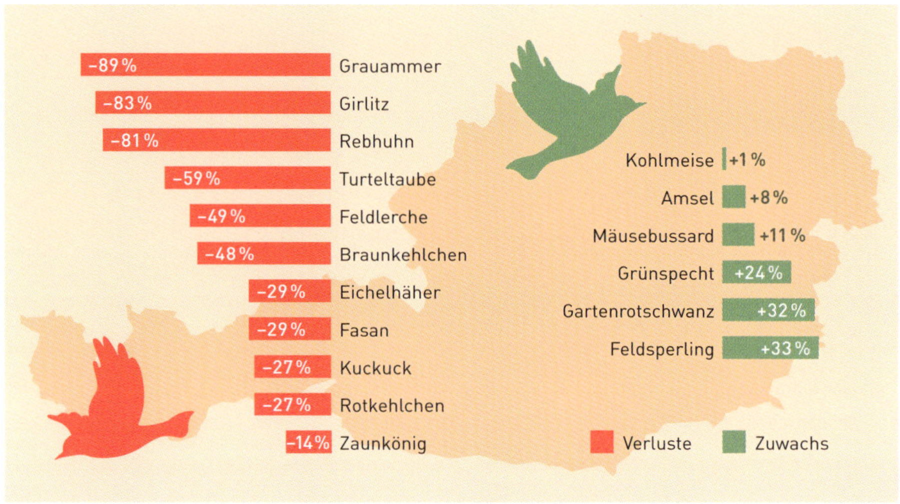

Die Grafik zeigt eine starke Abnahme der Vögel zwischen 1998 und 2017, vor allem jener auf Wald-, Wiesen- und Ackerflächen. Nur wenige Arten nahmen zu, die typischen Kulturfolger.

Landwirtschaft und Klimawandel

Wenn es um den Treibhauseffekt und Klimawandel geht, werden meist reflexartig Kohlendioxid (CO_2) und die Emissionen aus Industrie und Verkehr ins Treffen geführt. Daher soll es auch hier nicht unerwähnt bleiben. CO_2 ist ein Atemgas und in enormen Mengen in unserer Atmosphäre vorhanden. Von Tieren und Mikroorganismen produziert, wird es von Pflanzen im biologischen Kreislauf mithilfe von Wasser und Sonnenlicht zu Zucker und Sauerstoff umgewandelt. Daraus entsteht die gesamte Biomasse, die dann wiederum von Tieren oder Menschen verspeist und/oder von Mikroorgansimen zu CO_2 abgebaut wird.

Die Skeptiker des »hausgemachten« Klimawandels verteidigen CO_2 gerne und meinen, dass der Mensch nur für einen geringen Teil der weltweiten Kohlendioxid-Emissionen verantwortlich sei und diese Mengen gar keinen Einfluss haben können. Tatsächlich werden hier aber im Kreislauf befindliche Mengen gegen die zusätzlich eingetragenen aufgerechnet, denn das CO_2 aus fossilen Quellen kommt nicht aus dem biologischen Kreislauf. Es kann auch nur bedingt von diesem eingebunden werden. Daher steigt der CO_2-Gehalt in der Atmosphäre seit Beginn der industriellen Revolution (um 1850) stetig an, ebenso wie die CO_2-Emissionen aus der Industrie. Diese erhöhten sich von jährlich etwa 0,2 Milliarden Tonnen[93] im Jahr 1850 auf aktuell 35 Milliarden Tonnen[94].

Der CO_2-Gehalt der Atmosphäre stieg in der gleichen Zeit von etwa 280 ppm (parts per million, millionstel Anteile) auf 410 ppm. Das ist insofern beachtlich, als der CO_2-Gehalt, wie man aus Eisbohrkernen weiß, seit etwa 400.000 Jahren stets im Bereich von 190 bis 290 ppm pendelte. Der enorme jüngste Anstieg macht das CO_2 daher zum meistdiskutierten Treibhausgas.

Es ist aber nicht der einzige Faktor, der unser Weltklima aufheizt. Viele Gase, die aus drei oder mehr Atomen bestehen, haben einen Treibhauseffekt. Ohne diese wäre unsere Erde ein Eisball. So haben vor allem Wasserdampf (H_2O) aber auch Methan (CH_4) und Lachgas (N_2O) eine Wirkung auf die Erderwärmung. Sogar eine viel stärkere als CO_2. Methan hat eine mehr als 20-fache Treibhauswirkung, während Lachgas fast 300 Mal stärker wirkt als CO_2. Diese beiden »Klimagase« werden vor allem in der intensiven Landwirtschaft freigesetzt.

In Sachen Klimawandel ist die Landwirtschaft gleichzeitig Täter und Opfer. Die Bedeutung der Täter-Rolle wird derzeit intensiv diskutiert, während es offensichtlich ist, dass der Klimawandel auch starke Auswirkungen auf die Produktivität in der Landwirtschaft hat und noch haben wird. Extremwetterlagen wie Starkregen, Stürme, Hitze und Dürreperioden werden der Landwirtschaft verstärkt zusetzen. In Prognosen[95] für 2050 geht man davon aus, dass in tropischen und subtropischen Gebieten die Produktivität zurückgehen wird, in Extremfällen (Nordafrika, Arabien, östliches S-Amerika und Westaustralien) bis zu 50 Prozent. In Teilen Nordamerikas, Europas und Asiens wird es sogar Zunahmen geben. Diese liegen flächenmäßig aber unter den Gebieten mit den zu erwartenden Einbußen.

Klimaschutz liegt also im höchsten Interesse nachhaltiger Landwirtschaft. Dies hat zum Beispiel dazu geführt, dass ein Demeter-Gut (Bioanbau-Verband) gemeinsam mit Greenpeace und zwei Biobauern im Jahr 2018 eine Klage[96] gegen die deutsche Bundesregierung einbrachte, in der es ambitioniertere Klimaziele verlangte. Zu den Klimawandel-Anpassungsstrategien zählen eine möglichst umfangreiche Erhaltung der Wälder und eine sorten- und biodiversitätserhaltende Landwirtschaft, so wie die Bauern der Bio-Verbände das weitgehend praktizieren.

Leider beobachten wir weltweit das Gegenteil. Abholzung von Tropenwäldern zur Produktion von Palmöl, Biotreibstoffen und Tierfuttermittel und eine nach wie vor industriell ausgerichtete Landwirtschaft gefährden unser Klima und damit auch unsere Ökosysteme, natürlichen Ressourcen und schließlich unsere Ernährungssicherheit.

Den größten Anteil am Klimawandel hat die Landwirtschaft durch den indirekten Effekt der Landnutzungsänderung. Rechnet man diese mit den direkten Emissionen zusammen, so zeichnet die landwirtschaftliche Produktion laut »International Panel of Climate Change« (IPCC) für etwa ein Viertel der Treibhausgas-Emissionen verantwortlich.[97] Weiterverarbeitung, Handel und Verzehr machen noch einmal zehn Prozent aus. Unsere Ernährung erzeugt somit ein Drittel aller Treibhausgase!

Was die direkten Treibhausgas-Emissionen betrifft, ist der Anteil der Landwirtschaft überschaubarer. In der EU liegt dieser Anteil bei 10 Prozent (Referenz: Agrar-Atlas) und somit etwas über der Industrie, der Verkehr nimmt 25 Prozent ein, die Energieerzeugung über 50 Prozent. Bei weiterer Intensivierung der Landwirtschaft würde sich diese Bilanz verschlimmern, während der Biolandbau mit erfolgreichem Humusaufbau und Kohlenstoffbindung im Boden eine positive Klimabilanz aufweist.

Von rülpsenden Kühen und lachenden Böden

Die Hauptemissionen der Landwirtschaft finden sich, wie oben erwähnt, nicht im Kohlendioxid, sondern bei den »Klimagasen« Methan und Lachgas (Distickstoffmonoxid). Zu den Methan-Emissionen trägt die Landwirtschaft EU-weit knapp die Hälfte[98] bei, beim Lachgas sind es sogar 70 Prozent.

Methan entsteht global vor allem im Nassreisanbau und in den Mägen der Wiederkäuer, zum Beispiel Rinder, Schafe und Ziegen. Bei biologischer Weidehaltung hingegen entsteht durch die Verdauung des Grases im Wiederkäuermagen und die Ausscheidung der Fäkalien im Weideland ein Humusaufbau im Boden, der wiederum Kohlenstoff bindet.

Die Methanproduktion der Kühe wird oft fehlerhaft mit den Emissionen von Autos verglichen, wo der Kohlenstoff jedoch aus fossilen Brennstoffen stammt und der Erdatmosphäre zusätzlich angelastet wird. Die Methanrülpser von Kühen lassen sich übrigens durch Zugaben von bestimmten Mengen Kraftfutter verringern.

Weniger Massentierhaltung und extensive Freilandhaltung, um die Artenvielfalt von Wiesen und Weiden zu sichern, sowie optimierte Zufütterung müssen also unsere vorrangigen Ziele sein.

Leider steht die Billigfleischproduktion dazu in Kontrast. Weltweit etablieren sich nicht nur immer mehr industrielle Tierhaltungen in Gebäuden, sondern auch sogenannte »Feeding Lots«. Dabei werden zahllose Tiere auf kleinstem Raum zusammengepfercht und mit Kraftfutter gemästet. Das ist zum einen klimaschädlich, weil es den Kohlenstoffkreislauf stört und die Futtermittel extra angebaut werden müssen. Zum anderen ist es aus ethischen Gründen strikt abzulehnen. Derzeit gibt es weltweit rund 3,6 Milliarden wiederkäuende Nutztiere. Man könnte viele davon durch extensive Weidehaltung in ihrer eigentlichen ökologischen Funktion halten und selbst weniger Fleisch konsumieren.

Lachgas – ein Schelm, wer denkt, dass Regenwürmer oder andere Bodentiere dadurch eine Menge Spaß hätten. Lachgas entsteht durch Überdüngung. Wenn überflüssiger Stickstoff nicht ins Grundwasser ausgeschwemmt wird, tritt er als sogenanntes Lachgas in die Atmosphäre aus und verstärkt den Treibhauseffekt.

Wissenschaftler und Umweltschützer fordern schon lange eine besser an den Pflanzenbedarf angepasste Düngung, nicht nur bei mineralischem, sondern auch organischem Stickstoff aus Mist und Gülle, die in großen Mengen aus der Intensivtierhaltung auf den Feldern landen.

Am vorteilhaftesten wäre die Gründüngung von Äckern. Darunter versteht man den Anbau von Zwischenfrüchten wie Leguminosen (Bohnen, Erbsen, Klee), die über symbiontische Knöllchenbakterien (Rhizobien) an ihren Wurzeln Luftstickstoff im Boden binden können. Dadurch ergibt sich eine permanente Bodenbedeckung, die den Lachgasausstoß verringern kann. Und wenn Böden dann noch pfluglos und biologisch bewirtschaftet werden, so wie es der Pionier Alfred Grand (siehe Kapitel 3, »Rollen statt pflügen«) in Niederösterreich macht, dann haben die Würmer und andere Bodenlebewesen wirklich ein fröhliches Dasein.

Es liegt also wieder einmal an uns Konsumenten, daran, wie wir Prioritäten setzen. Mit gesunden, biologischen Lebensmitteln von verantwortungsbewussten Produzenten wäre uns allen auf vielen Ebenen geholfen, ebenso wie mit ökologischen privaten Gärten, vor allem auch in den Städten.

Die Ineffizienz der Intensivierung

Ein Blick zurück in die Geschichte: In der biologischen Landwirtschaft des 19. Jahrhunderts wurde zum Beispiel noch wenig Getreide angebaut, und die meiste Arbeit wurde händisch erledigt. Die Züchtung von Hochertragssorten bei Mais und Weizen im 20. Jahrhundert machte auch (Massen-)Tierfütterung möglich, verlangte aber wiederum den Einsatz von Kunstdünger und Maschinen, also fossilen Treibstoffen.

Heute sind wir so weit, dass weltweit ein Drittel der Agrarfläche, in der EU sogar 60 Prozent für den Tierfuttermittelanbau verwendet wird.[99] Weitere Flächen fallen Energiepflanzen zum Opfer, in Deutschland etwa 20 Prozent der Agrarfläche – für Biogas und Biotreibstoffe, die wir dann in unseren Autos verbrennen.

Die verfügbare Ackerfläche wird sehr ineffektiv und in einem viel zu geringen Maß für jene Nahrungsmittel genutzt, die wir vor allem aus gesundheitlichen Gründen vermehrt essen sollten: Gemüse, Obst und Hülsenfrüchte.

Aufgrund der hohen Konsumentenansprüche, ein leistbares und umfangreiches Nahrungsangebot auch außerhalb der saisonalen Gegebenheiten vorzufinden, werden Anbaumethoden und Produkte entwickelt, deren Klimabilanz verheerend ist. Dies betrifft vor allem den Anbau in Glashäusern, im schlimmsten Fall mit künstlicher Beleuchtung und beheizter Atmosphäre. Zum Beispiel für Tomaten und Erdbeeren. Diese wachsen dann auch noch in Nährflüssigkeiten statt im Boden heran und werden somit Teil eines technischen statt natürlichen, biologischen Kreislaufs.

Unserer Ernährungssicherheit können derartige Anbaumethoden nicht dienen, da sie nur durch intensive Subventionen überhaupt rentabel sind. Wegen des enormen Energieaufwands sind sie auch alles andere als ökologisch nachhaltig.

Hoher Ertrag, geringe Effizienz

Die Angst vor dem Mangel schien in der zweiten Hälfte des 20. Jahrhunderts endgültig besiegt zu sein – durch den massiven Einsatz von Fremdenergie, Düngemitteln, Pestiziden, Herbiziden und genmanipulierten Pflanzen und damit verbundenen stark gestiegenen Flächenerträgen. Es war nun möglich, auch Pflanzen anzubauen, die nicht dem menschlichen Verzehr dienten, sondern an Tiere verfüttert wurden, die uns wiederum Eier, Milch- und Fleischprodukte liefern sollten. Wie Ökobilanzen gut belegen, haben wir damit eine noch nie da gewesene Ineffizienz zur Verwertung natürlicher Ressourcen erreicht.

Fridolin Krausmann, Professor an der Universität für Bodenkultur in Wien, hat sich intensiv mit der historischen Entwicklung der Agrarmodernisierung in Österreich beschäftigt und die Energiebilanzen von 1830 bis heute untersucht.[100] Es zeigt sich, dass vor Beginn der industriellen Revolution fünf Mal so viele Kalorien produziert wurden, wie für den Anbau von Lebensmitteln verbraucht wurden (das Output-Input-Verhältnis betrug 5:1).

Die Produktion erfolgte weitgehend integriert, also durch gemeinsame Tierhaltung und Ackerbau. Wiederkäuer standen auf der Weide und im Stall, ihr Kot kam auf die Felder. Brach- und Weideland, Ackerflächen und Nutztierbestand waren in Balance. Etwa drei Viertel der Produktion waren pflanzlich, der Rest tierische Produkte, vorwiegend Milch- und Milchprodukte und nur wenig Fleisch. Maschinelle Arbeit gab es kaum. Etwa drei Viertel der Menschen waren damals in der Landwirtschaft tätig.

Das Bild änderte sich bis zum Anfang des 20. Jahrhunderts sukzessive. Das Brachland wurde durch Kartoffel- und Kleeanbau ersetzt. Der Klee wurde als Gründüngung und Futtermittel verwendet. Der Viehbestand wurde erhöht, und mehr Stickstoffdüngung und Zugvieh steigerte auch die Produktivität. Die pflanzliche und tierische Produktion verdoppelten sich fast, bei annähernd gleichem Arbeitsaufwand. 1910 war das Output-Input-Verhältnis auf 9:1 gestiegen: Die Menge der Energie, die geerntet wurde, war neun Mal höher als die investierte. Das war die Zeit, zu der unsere Landwirtschaft die höchste Energieeffizienz aufwies.

Die Menschen waren allerdings nicht optimal versorgt, der Arbeitsalltag war sehr hart. Die beiden Weltkriege führten schließlich in eine Versorgungskrise. Da kam nach dem Zweiten Weltkrieg die Grüne Revolution gerade recht. Zuchtsorten, Kunstdünger und der steigende, massive Einsatz von Maschinen ließen die Produktion regelrecht explodieren. Zwischen 1950 und 2000 reduzierte sich der menschliche Energieeinsatz um 90 Prozent, der Energieaufwand für die Traktoren stieg gleichzeitig auf das über 100-Fache. Der Kunstdüngereinsatz erhöhte sich um das 20-Fache. Der Flächenertrag stieg auf das Dreifache, der Energieeinsatz gleich auf das fast 30-Fache. Dadurch sank das Output-Input-Verhältnis auf 1:1.

Das bedeutet, wir investieren heute in Österreich, vor allem durch den Einsatz fossiler Energien und Düngemittel, eine Energie von 1 Kalorie für jede Nahrungsmittelkalorie, die wir erhalten. Und bezeichnen das als effektiv.

Im Jahr 1900 hat ein Bauer durchschnittlich vier Menschen ernährt, während ein Landwirt heutzutage 140 Personen »füttert«. Andererseits stand dem Bauern um 1900 nur ein Bruchteil der Energie zur Verfügung, die die moderne Landwirtschaft heute investiert – die Leistung der Agroindustrie schmälert sich dadurch. Aus diesem Blickwinkel betrachtet, arbeiteten die Bauern vor 120 Jahren zehnmal energieeffizienter als heute.

Ich behaupte, wir haben in der Euphorie der Grünen Revolution und der leichter gewordenen Arbeit weit über das Ziel hinausgeschossen. Wir betreiben Ackerbau mit Kunstdünger im energiemäßig großen Stil, um mit dem produzierten Getreide vorwiegend Tiere zu füttern. Wir essen zu viel Fleisch, zudem minderwertiges, ökologisch nicht nachhaltig produziertes, und zu wenig frische Feldfrüchte.

Den »Ausgleich« dafür bezahlen wir über unsere Krankenkassenbeiträge und Umweltgebühren. Eine Einpreisung der wahren Umweltfolgekosten in unsere Lebensmittel wäre zielführender. Damit würden die Auswirkungen unserer Ernährung transparenter und auch eine nachhaltige Landwirtschaft direkt unterstützt.

Der Begriff Energieeffizienz verfolgt uns in alle Lebensbereiche. Im Verkehr fordert man sparsamere Autos, beim Hausbau wird Effizienz sogar gesetzlich durch Energieausweise und verpflichtenden Dämmstoffeinsatz verordnet. Nur in der Landwirtschaft scheint sich niemand so recht dafür zu interessieren. Wir gehen dabei immer mehr in Richtung Technik. Sperren die Pflanzen in Glashäuser ein und ziehen sie mit Nährstofflösungen hoch. Im Winter oder sogar schon ganzjährig wird beheizt und beleuchtet. Neueste Trends schließen die Sonne ganz aus und versorgen die Pflanzen mit rein künstlichem Licht. Mit Strom, der von Solarmodulen kommt ...

So absurd es klingt, so sehr spiegelt diese Entwicklung die Technokratie wider, in der wir leben. Wo doch ökologische Lösungen oft so naheliegend wären! Das weiß jeder, der einen Eigengarten in einem Low-Tech-Ansatz bewirtschaftet und sieht, wie energiearm Wachstum mithilfe von Sonnenlicht und (Regen-)Wasser erfolgen kann. Oder was ein ungeheizter Folientunnel alles bewerkstelligen kann! Im Vertikalanbau am Haus ziehe ich Gemüse sogar im Winter, ohne jede technische Vorrichtung. Geschützt durch Strukturen, die die meisten Gebäude von sich aus anbieten: Balkone, Terrassen, Wände und Vordächer. Dort kann der Garten sogar mehrere Funktionen übernehmen, wie wir in Kapitel 6 noch sehen werden. Das spart eine Menge Energie und damit auch ökologische Folgekosten. Ganz im Gegensatz zum High-Tech-Gemüseanbau in Glashäusern, den man auch als »Gemüseintensivstation« bezeichnen könnte.

Die 3-Liter-Tomaten

Transportwege – ein Begriff, den man oft im Zusammenhang mit dem hohen Energieverbrauch unserer Lebensmittel hört. Dem importierten Produkt steht das regionale gegenüber. Die Supermärkte haben sich in den letzten Jahren in ihrer Werbung wieder verstärkt dem Thema »Regionalität« angenommen. Der Gemüseeinkaufsleiter einer großen Handelskette hat mir erzählt, dass »regional« vielen Kunden wichtiger sei als »bio«. Die Green-Washing-Maschinerie der Supermärkte reagierte sofort auf die Nachfrage, seither werden verstärkt regionale Produkte angeboten. Aber ist regional wirklich immer besser? Nicht unbedingt!

Der Wunsch der Konsumenten nach Regionalität treibt mitunter seltsame Blüten. Im wahrsten Sinne des Wortes. Zum Beispiel Tomaten- oder Gurkenblüten im europäischen Winter! Dabei sind Tomaten Nachtschattengewächse und Gurken Kürbisgewächse, sie stammen aus den Subtropen und brauchen warme Temperaturen. Zusätzlich brauchen sie viel Licht.

Um sie bei uns über die Wintersaison zu bringen, braucht es also Glashäuser. Und nicht nur das. Diese Gemüse müssen auch ausreichend beleuchtet und beheizt werden, denn im Hochwinter fehlen bei uns Sonne und Wärme, auch in einem Glashaus.

Tomaten sind Starkzehrer, das heißt, sie brauchen auch viele Nährstoffe, um schöne Früchte zu bilden. In High-Tech-Glashäusern führt man diese mit einer Nährstofflösung zu, in der sogenannten Hors-Sol-Technik (Substrate statt Boden). All das verbraucht enorme Mengen an Energie, was man nur ungern in der Öffentlichkeit erwähnt. Inzwischen gibt es Studien, die solche Produktionsweisen berechnen. Sie vergleichen zum Beispiel den regionalen Anbau im beheizten Glashaus mittels Hors-Sol-Technik mit den importierten Tomaten in Ökobilanzen.

Ökobilanzen werden meist in CO_2-Äquivalenten ausgedrückt. Hierbei wird der gesamte Energieverbrauch der Produktion in die Entstehung von Kohlendioxid umgerechnet. Michaela Theurl vom Institut für Soziale Ökologie an der Universität für Bodenkultur in Wien und ihre Kollegen/-innen haben solche Bilanzen für verschiedene Lebensmittel berechnet.[101] Ich habe sie zu diesem Thema interviewt. Ein Vergleich von vier Produktionssystemen habe gezeigt, dass Tomaten aus dem Glashaus acht Mal mehr Energie (= 1,4 kg CO_2 pro kg Tomaten) als im unbeheizten Folientunnel (0,18 kg CO_2) verbrauchen. Letztere gibt es natürlich im Winter bei uns nicht. Daher macht der Vergleich nur bedingt Sinn. Aus Spanien oder Italien mit dem Lkw importierte Tomaten brauchen nur etwas mehr als die Hälfte (0,7 bis 0,8 kg CO_2) der Energie von

Energieintensive Glashaus-Tomatenproduktion. Hier wächst das Gemüse ohne natürlichen Boden in einer Nährstofflösung, sehr oft wird es auch noch beheizt und belichtet.

regionalen Glashaus-Wintertomaten. Es gibt noch dramatischere Werte: am schlimmsten ist es, wenn Glashäuser mit fossilen Brennstoffen geheizt werden.

Laut WWF Schweiz[102] braucht eine fossil beheizte Hors-Sol-Produktion in Gewächshäusern bis zu zehn Mal mehr Energie (5 kg CO_2 pro kg Tomaten) als eine Ladung, die 3000 Kilometer weit mit dem Lkw aus Spanien importiert wurde. Die Buchautoren Andreas Grabolle und Tanja Loitz[103] geben noch höhere Werte an (über 9 kg CO_2 pro Kilo). Rechnet man diese CO_2-Bilanz in Ölverbrauch um, so kommt man auf knapp drei Liter Erdöl pro Kilo Tomaten. Um den Vergleich der Produktionsweise noch anschaulicher zu machen, kann man das Output-Input-Verhältnis (O:I) berechnen. Ein Kilogramm Tomaten liefert eine Ernährungsenergie von etwa 220 Kilokalorien (= 0,25 kWh), drei Liter Öl liefern 34 kWh Energie. Das heißt, es wird bei solch extrem ineffektiven Produktionen etwa 130 Mal mehr Energie investiert, als herauskommt (O:I = 1:130). Im saisonalen, durch nicht beheizte Folientunnel geschützten Anbau (0,03 Liter Öl/kg Tomaten, laut Theurl) beträgt das Verhältnis 1:1,5. Erst im biologischen Freilandanbau sowie im eigenen Garten kommt man auf ein positives Verhältnis von 2:1.

Obwohl in den regionalen Glashaus-Produkten enorme Energiemengen stecken, werden diese regelrecht geheiligt und die weit transportierten Nahrungsmittel schlechtgemacht. Große Handelsketten investieren dabei in ihre »leibeigenen« Produktionsbetriebe. Man wirbt auch noch mit dem Verbrauch von Strom aus erneuerbaren Energien. Das mildert zwar die Negativbilanzen teils deutlich, aber kein Stromverbrauch ist wirklich ökologisch. Mit Slogans wie »Tomaten haben immer Saison«, was aus der Sicht eines biologisch denkenden Mitteleuropäers natürlich unsinnig ist, verwirren die High-Tech-Produzenten und die Großmärkte ihre an Nachhaltigkeit glaubenden Kunden. Biologische Handelsware ist besser, auch bei der Glashausproduktion.

In Österreich ist im Bioanbau[104] das Heizen im Winter auf 10 °C beschränkt. Die Pflanzenanzucht und Verwendung erneuerbarer Energie wie Biomasse sind davon ausgenommen. Die Beleuchtung ist nur für Jungpflanzen erlaubt. Biotomaten müssen außerdem im Boden wachsen und mit Mist, Kompost oder anderen organischen Düngern versetzt werden, künstliche Infusionslösungen sind verboten.

Für unseren Konsum ergibt sich eine logische Konsequenz: Wollen wir nicht nur regional, sondern auch ökologisch essen, so müssen wir immer auch saisonal essen. Allein schon aus Gründen der Energiebilanz sollte man auf nicht-saisonales Glashausgemüse gänzlich verzichten. Und wer Angst hat, im Winter zu verhungern oder nur von Kraut, Karotten oder Rüben leben zu müssen, der sollte sich einmal genauer im lokalen Bioladen umsehen. Schließlich gelingt es auch mithilfe eines eigenen Gartens, in Hausnähe und im Vertikalanbau, die Wintersaison mit Vielfalt zu füllen. Damit lässt sich auch die Vision vom Low-Energy-Gardening, vertreten von Gemüsebauexperten wie Wolfgang Palme, umsetzen. Viele Tipps und Erfahrungen für den ganzjährigen Vertikalanbau gebe ich in den Kapiteln 6 und 7 dieses Buchs weiter.

Gegenüberstellung von Energiebilanzen verschiedener Tomatenproduktionen.

Kapitel 3

DIE BIO-REVOLUTION

Warum bio?

Angesichts der enormen Probleme der konventionellen Landwirtschaft mit nachteiligen Folgen für unsere Umwelt und Gesundheit liegt es auf der Hand: wir müssen unsere Ernährungsweise ändern und die Landwirtschaft ihre Betriebsweise. Sie muss ökologischer werden, das bedeutet, ressourcensparend statt intensivierend arbeiten, auf Boden-, Tier- und Artenschutz achten und auf Mineraldünger, Herbizide und Pestizide verzichten.

All dies fordern nicht nur Agrarökologen seit Langem, sondern ganz aktuell auch eine große Gruppe von Zivilgesellschaften. Im Jänner 2019 haben 56 Organisationen, darunter die wichtigsten Bio- und Naturschutzverbände, über ein Positionspapier[105] einen Appell an die deutsche Bundesregierung gerichtet. Sie solle sich mehr für die kleinstrukturierten Betriebe mit ökologischen Anbaumethoden einsetzen – mit dem Ziel, Armut, Hunger, Artensterben und Bodenzerstörung zu reduzieren und den Klimaschutz zu fördern. Nicht nur Hunderte Millionen Bauern weltweit seien betroffen, sondern wir alle.

Der Agrarökologe Kurt-Jürgen Hülsbergen an der TU München-Weihenstephan erklärt, es wäre dringend nötig, dass der konventionelle Anbau in seinen Produktionsmethoden ökologischer wird und der Biolandbau in seiner Vermarktung konventioneller, um die Marktdurchdringung zu erhöhen.[106]

Ich finde, dass manche Supermärkte schon sehr viele Bioprodukte anbieten, diese aber noch nicht ausreichend gekauft werden. Zum Teil fehlen den

Konsumenten das Bewusstsein für gesunde Ernährung und das Wissen, dass die Kosten für scheinbar billige Lebensmittel nicht geringer sind, sondern durch Externalisierung von Umweltfolgekosten nur vom Produktpreis auf die Gesellschaft verlagert werden. Für etliche Menschen ist es tatsächlich so, dass eine Umstellung auf biologische Ernährung, selbst wenn gewollt, finanziell kaum möglich ist. Daher braucht es neben Aufklärung auch einen tiefen Systemwechsel, um Nachhaltigkeit in der Landwirtschaft zu erreichen und noch viel mehr Menschen mit biologischen, leistbaren Lebensmitteln zu versorgen.

Leider können wir nicht alles im eigenen Garten oder am Balkon anbauen, was wir zum Leben brauchen. Dabei plagen uns viele Fragen: Wo soll ich kaufen und welche Produkte? Bio oder konventionell? Regional oder importiert? Im Supermarkt oder beim Bioladen um die Ecke? Wer sich gesund ernähren möchte, kauft bevorzugt biologische Lebensmittel. Die sind aber meist teuer, sagen sich viele, und kaufen sie nicht. Unverbesserliche Skeptiker halten Bio-Produkte ohnehin nur für einen Marketingschmäh. Biologischer Landbau brauche mehr Fläche und sei daher schlecht fürs Klima, schrieben einige Zeitungen vor Kurzem. Die Skeptiker fühlen sich bei solchen fraglichen Berichten bestätigt: »Ich hab's ja immer schon gewusst, das ist ein Blödsinn!«

Irren Millionen kritischer Konsumenten, wenn sie zu biologischen statt konventionellen Produkten greifen? Und irren Bauern, die von konventionell auf bio umgestiegen sind, wenn sie sagen, mehr Freude an der Arbeit zu haben und sogar besser von ihr leben zu können? Wenn ihr Boden besser und die Biodiversität auf ihren Flächen höher geworden ist? Diese Fragen verdienen auf jeden Fall einiges an Aufmerksamkeit.

Man sollte sich mit der Entstehung und Entwicklung des biologischen Landbaus befassen, bevor man sich ein Urteil über die Wahl der Lebensmittel erlaubt. Denn wir selbst bestimmen, was auf unseren Feldern wächst und wie schließlich unsere Natur aussieht. Schauen wir uns das also genauer an.

Wie alles begann

Eines gleich vorweg: Seit die Menschen vor etwa 10.000 Jahren von Jägern und Sammlern zu sesshaften Bauern wurden, war die Landwirtschaft immer biologisch. Nahrungsmittel wurden händisch angebaut und geerntet, biologische Kreisläufe so kurz wie möglich geschlossen. Lebensmittel wurde nicht

Tausende Kilometer weit verschickt oder in beheizten Glashäusern angebaut. Es gab keine Energieverschwendung. Daher war diese Landwirtschaft auch ökologisch.

Auf diese Art und Weise wird auch heute noch in vielen Teilen der Welt gearbeitet, vor allem dort, wo Subsistenz- bzw. Bedarfswirtschaft mit minimalen Investitionen betrieben wird. Das bedeutet: Anbau für die Selbstversorgung, mit einem möglichen Verkauf von überschüssigen Produkten. Die Fruchtfolgewirtschaft gibt es zum Beispiel seit dem späten 18. Jahrhundert.

Der Startschuss für die konventionelle Landwirtschaft erfolgte Anfang des 20. Jahrhunderts. Damals begann man auch, Kunstdünger auf die Felder auszubringen. Das war in breitem Ausmaß der Todesstoß für die bis dahin gesamtheitlich eingestellte Landwirtschaft.

Wir glauben heute, durch hohe Produktivität auch höchste Effizienz zu erzielen. Das ist ein verhängnisvoller Irrtum. Die energieeffizienteste Form der Landwirtschaft wurde z. B. in Österreich um etwa 1910 erreicht. Damals erntete man 9 Kalorien für jede Kalorie, die in den Anbau investiert wurde (Output:Input = 9:1). Der Einsatz von Traktor und Kunstdünger hat zwar die Flächenerträge gesteigert, aber die Effizienz verschlechtert. Heute muss zuerst eine Menge Energie investiert werden, bevor die Früchte dieses hohen Aufwands geerntet werden können ... Die Effizienz liegt bei O:I = 1:1.

Der Kunstdünger hat auch den biologischen Kreislauf zwischen Ackerbau und Mist-/Gülledüngung aus der Tierhaltung unterbrochen. Die meisten Bauern verfielen den Lockrufen der Grünen Revolution und den Verheißungen erhöhter Produktion durch den Kunstdünger. Aber nicht alle folgten diesem Trend. Einige verweigerten sich der Technisierung der Landwirtschaft und der Vermischung technischer und biologischer Kreisläufe. Für manche dieser ganzheitlich denkenden Bauern war der spirituell-anthroposophisch ausgerichtete Rudolf Steiner[107] (1861 bis 1925) ein großes Vorbild. Aus seinen Prinzipien heraus entstand Ende der 1920er-Jahre die biologisch-dynamische Landwirtschaft, die schließlich in den Demeter-Verband mündete.

Die Rückbesinnung auf die biologische Landwirtschaft war auch der Wirtschaftskrise der 1930er-Jahre und dem Zwang zur Produktivitätssteigerung geschuldet, die die Bauern in starke Abhängigkeiten von neuen Produktionsmitteln geraten ließen. Viele wollten das nicht mitmachen und ökonomisch sowie in ihren Entscheidungen unabhängig bleiben.

Die organisch-biologische Landwirtschaft entwickelte sich in den 1940er- und 1950er-Jahren aus den agrarwissenschaftlichen Methoden des Schweizers

Hans Müller und seiner Frau Maria sowie aus den Forschungen des deutschen Arztes und Mikrobiologen Hans Peter Rusch. In Österreich entstand darauf basierend 1959 die Pioniergruppe »Orbi«. In Deutschland entwickelte sich aus dieser Bewegung im Jahr 1971 der Verband »Bioland«[108], der heute mehr als 7000 Landwirte und 1000 Verarbeiter als Mitglieder zählt. Es folgten in Deutschland die Verbände »Biokreis« (1979) und Naturland (1981). In Österreich gab es zahlreiche Verbände, die unter zwei Dachverbänden liefen. Diese schlossen sich 2005 schließlich zur »Bio Austria« zusammen, die heute mit 14.000 Landwirten die größte Organisation von Biobauern in Österreich stellt.

Auf internationaler Ebene entstand 1972 die Vereinigung der ökologischen Landbaubewegungen (IFOAM, International Federation of Organic Agriculture Movements). Sie zielt auf eine Standardisierung und Vergleichbarkeit der Bioproduktion und eine weltweite Einführung einer ökologisch, ökonomisch und sozial nachhaltigen Landwirtschaft ab.

Ende der 1980er-Jahre gab es erste entsprechende EU-Förderungen, 1991 wurden erste Richtlinien für die Produktion von pflanzlichen Bio-Lebensmitteln festgelegt. Acht Jahre später wurde die biologische Tierhaltung geregelt.

Die Schaffung von Produktionsrichtlinien trug dazu bei, die Bioproduktion aus der alternativen »Schmuddelecke« herauszuholen. Ab nun sollte auch den skeptischen Konsumenten/-innen der große Unterschied zwischen biologisch und konventionell produzierten Lebensmitteln klarer werden.

Bio wächst

Durch den Zusammenschluss vieler Pionier-Landwirte entstanden größere Anbauverbände. In Deutschland sind Bioland, Demeter und Naturland die bekanntesten Verbände, im Bioland Österreich, mit etwa 23.000 Biobetrieben[109], ist es der Verein Bio Austria. Die Landwirte dieser Verbände produzieren meist für den kleinen Einzelhandel oder Biohändler. Eine große Zahl an Biobetrieben produziert aber für die Supermarktketten. Sie alle zusammen lassen den Anteil der Bioproduktion in der EU ansteigen.

EU-weit sind knapp sieben Prozent der Fläche im biologischen Anbau. Österreich ist anteilsmäßig führend, hier sind 25 Prozent der Gesamtfläche biologisch. Das Wachstum ist in der gesamten EU stetig, zwischen 2010 und 2015 hat sich die Biofläche von neun auf elf Millionen Hektar um 20 Prozent vergrößert.

Eigentlich könnte man aufgrund des starken Wachstums froh sein und dem Biolandbau eine große Zukunft attestieren. Es bleibt jedoch die Frage, ob auch die Qualitätskriterien diesem Wachstum standgehalten haben oder ob die ursprüngliche Idee, getragen von den ökologisch nachhaltig wirtschaftenden Kleinbauern, verwässert wurde. Hat die rasche Entwicklung der letzten Jahre zu jenem Ziel geführt, das sich die idealistischen Landwirte vom biologischen Landbau erhofft hatten und auch die meisten Konsumenten biologischer Lebensmittel heute noch wünschen? Das darf bezweifelt werden.

Die Kommerzialisierung von Bio

Die Pioniere unter den kleinen Biobauernhöfen und in der Vereinigung in Bioverbänden kennzeichnet vor allem eines: ihre Richtlinien gehen über die gesetzlichen Anforderungen von Bioanbau, wie z. B. der EU-Öko-Verordnung (EU-ÖV), hinaus. Die EU-ÖV erlaubt zum Beispiel Mischbetriebe[110], also parallel konventionell und biologisch geführte, während in den Verbänden der gesamte Betrieb biologisch geführt sein muss. Zum Beispiel erlauben diese Verbände weniger als die Hälfte an Lebensmittelzusatzstoffen[111], verglichen mit der EU-ÖV (47 Stoffe). Konventionelle Produktionen erlauben sogar mehr als 300 Zusatzstoffe.

Schweine bekommen in Biobetrieben ein Drittel mehr Platz und die Enthornung von Rindern wird nicht empfohlen oder ist untersagt (Demeter). Die Verbände verlangen auch, dass 50 Prozent des Tierfutters aus eigener Produktion stammen. So wird die Kreislaufwirtschaft auch innerhalb der Höfe gefördert. In der EU-ÖV ist das nur zu 20 Prozent nötig.

Allein daran sieht man schon, dass die Unterscheidung zwischen »bio« und »konventionell« nicht ausreicht und innerhalb der Bioproduktion große Unterschiede bezüglich der ethischen und ökologischen Anforderungen an die Produzenten herrschen. Das ist den wenigsten Konsumenten bewusst. Es reicht vielen, wenn sich ein Bio-Stempel auf dem Produkt befindet, auch wenn der Preis dafür beim Diskonter verdächtig niedrig ist.

Das gute Geschäft mit Bio

Biologische Lebensmittel haben sich durch den Erfolg von Reformhäusern, Naturkost- und Bioläden nach und nach des »Körndlfresser«-Images entledigt, mit dem Umsatz ging es steil bergauf. In Deutschland ist der Umsatz von 2,1 Milliarden Euro im Jahr 2000 auf über 10 Milliarden im Jahr 2017 gestiegen.[112] Ein knappes Drittel davon wurde in Naturkostläden umgesetzt,[113] weitere 60 Prozent im Lebensmitteleinzelhandel, mit einem großen Zuwachs bei den Diskontern. Der Umsatz der Biomarktkette »denn's« ist von knapp 50 Millionen Euro im Jahr 2008 auf das Siebenfache im Jahr 2016 explodiert.[114]

In Österreich wurden mit Bioprodukten 2017 immerhin über 1,8 Milliarden Euro Umsatz erzielt.[115] Gegenüber 2014 ist das ein Zuwachs von beachtlichen 37 Prozent. Der Umsatz im größten Verband, »Bio Austria«, beträgt dabei nur etwa 300 Millionen Euro. Das heißt, dass die Bauern, die für die Eigenmarken der großen Supermarktketten produzieren, dem Großhandel den größten Teil des Umsatzes bescheren. So wie es ein Kleinbauer in einer Fernsehdokumentation kürzlich treffend formulierte: »Mit der Landwirtschaft kannst du nichts verdienen, an der Landwirtschaft aber sehr wohl.«

Zwischen den Jahren 2000 und 2016 haben die EU-Konsumenten ihre Ausgaben für Biolebensmittel mehr als vervierfacht (von 13 auf über 60 Euro pro Kopf und Jahr). Hier ist besonders Deutschland hervorzuheben, es hat den zweitgrößten Biomarkt weltweit und 2017 insgesamt zehn Milliarden Euro umgesetzt. Das sind fünf Prozent des gesamten Marktanteils. In Dänemark beträgt dieser sogar zehn Prozent.

Die Pro-Kopf-Ausgaben für Biolebensmittel liegen in Österreich bei 180 Euro pro Jahr, in Deutschland bei 120 Euro. In Dänemark werden 230 Euro dafür ausgegeben. Die Umsätze verlagern sich immer mehr zu den großen Händlern. In Deutschland erzielt der Lebensmitteleinzelhandel knapp 60 Prozent des Umsatzes, in Österreich etwa drei Viertel.[116] Der Anteil des Naturkosthandels in Deutschland wird laufend geringer, er liegt bei unter 30 Prozent.

Die große Nachfrage nach biologischen Produkten kann nicht aus der europäischen Produktion gedeckt werden (Referenz: Agrar-Atlas). Dazu müssten die biospezifischen EU-Förderungen und Produktionsmengen gesteigert werden. Aus dem GAP (Gemeinsame Agrarpolitik) der EU kommen aber nur flächenbezogene Prämien.

Die Entscheidung über die tatsächliche Förderung der biologischen Landwirtschaft treffen immer noch die einzelnen Staaten. Die Zunahme an Flächen passiert daher vorwiegend über die Nachfrage der Konsumenten und die staatliche Förderung. Anscheinend haben die bewusst lebenden Konsumenten längst verstanden, was für eine nachhaltige Landwirtschaft nötig ist. Nur die EU-Agrarpolitik lebt offensichtlich noch in der Illusion der Grünen Revolution. Sie bedient lieber die Hersteller von petrochemischen Produkten, anstatt sich um eine nachhaltige Landwirtschaft und die damit einhergehende Ernährungssouveränität ihrer Mitgliedsstaaten zu kümmern. Das ist auch der Grund, warum immer mehr Klein- und Kleinstbetriebe nicht mehr von EU-Förderungen abhängig sein wollen, sondern sich ihre eigenen Absatzschienen suchen. Da sind Hofläden, der Fachhandel und lokale Organisationen wie Food-Coops gute Partner.

Die Sache mit dem guten Gewissen

Die Einführung der EU-Öko-Verordnung ermöglichte unter Einhaltung von Mindeststandards eine industrialisierte Biolandwirtschaft, die dem Handel große Umsätze beschert. Die Greenwashing-Maschinerie der Supermarktketten präsentiert grüne Almen und blühende Landschaften, um die Vermarktung anzukurbeln. Ob industrielle Biogroßbetriebe, die für die großen Supermarktketten produzieren, den Ansprüchen zur Erhaltung der Artenvielfalt und Bodengesundheit sowie besten Energieeffizienz gerecht werden, darf mehr als bezweifelt werden.

Der Konsument ist dort auch viel zu weit von den Produzenten weg. Weder die Regalbetreuer noch die Verkäufer kennen die Betriebe, von denen die Produkte stammen. Sie können den Kunden daher auch keine Auskünfte geben. Die meisten Großhandelsketten begnügen sich mit der EU-Öko-Verordnung – und die Produzenten haben aufgrund des starken Preisdrucks die Produktionsmengen hoch zu halten.

Die Sortimentserweiterung der Supermärkte erfolgt vielfach über »Feigenblattprodukte«, die auffällig beworben werden, aber wenig vom Umsatz ausmachen. So werden der grüne Smoothie in der Mini-Wegwerfglasflasche und eine Handvoll Beeren in der Plastikschale samt Bio-Siegel zu Imageträgern. Und der Kunde kauft diese Produkte »nach bestem Wissen und Gewissen«.

Will man als Konsument hingegen Betriebe fördern, die Bodengesundheit und Biodiversität pflegen, möglichst viele Produkte erzeugen, um biologische Kreisläufe zu schließen, und trotzdem gute Einkommen für ihre Mitarbeiter lukrieren, dann muss man bereit sein, mehr zu bezahlen. Und man muss dort einkaufen, wo der Handel durch kleine Gewinnspannen einen fairen Einkaufspreis für die Bauern ermöglicht.

Genau darum kümmern sich vor allem die biologischen Bauernhöfe und Familienbetriebe sowie dazu passende Vertriebs- und Handelssysteme, die regional ein- und verkaufenden Food-Coops, Bioläden und Bauernmärkte. Dort sollten wir dann auch tatsächlich einkaufen.

Ist Bio überhaupt besser?

Jüngste Berichte über den Biolandbau haben Verbraucher wieder einmal verunsichert. In vielen Medien war zu lesen, dass der Bioanbau beim Klimaschutz schlechter abschneide als die konventionelle Landwirtschaft. Dies bezog sich vor allem auf eine Studie zum höheren Flächenverbrauch des biologischen Erbsen- und Winterweizenanbaus in Schweden.[117]

Geringere Ernteerträge im Bioanbau sind nichts Neues, dennoch fühlten sich auch einige Medien bemüßigt, eine Kampagne gegen den Bioanbau zu starten. Aufmerksamkeit mit Schlagzeilen zu erreichen, ist leicht. Umfangreiche Recherche nicht …

Regionale Beispiele herauszugreifen und nur einen Faktor zu betrachten, wie die Medien dies manchmal praktizieren, wird den vielfältigen positiven Aspekten des Bioanbaus nicht annähernd gerecht. Dies hat mir auch einer der Studienautoren bestätigt, die ich dazu befragt habe. Nicht nur die Ernteerträge zählen, sondern auch die Leistungen zum Erhalt der Bodenfruchtbarkeit und die daraus resultierende CO_2-Bindung, weiterhin die Sicherung der Biodiversität auf den Feldern und im Boden sowie der Beitrag zum Gewässerschutz (durch Verzicht auf Kunstdünger, Herbizide und Pestizide).

Allein der Versuch, alle biologischen Anbaumethoden in einen Topf zu werfen – und die konventionellen in einen anderen –, entspricht der Vielfalt an Anbausystemen und Betriebsweisen bei Weitem nicht. Es gibt industrielle Betriebe und Kleinstbauernhöfe in beiden Systemen und sogar Hybridbetriebe. Je nachdem, welche Parameter wir betrachten, werden wir zu unterschiedlichen Aussagen kommen. In den folgenden Abschnitten werde ich diese einzelnen Bereiche beleuchten und ein vollständigeres Bild des biologischen Anbaus zeichnen.

Ertragsunterschiede

Aufgrund der extensiveren Bewirtschaftungsform und des Verzichts auf Kunstdünger liegen die Erträge der Biolandwirtschaft unter jenen der konventionellen. Die Unterschiede variieren mit der Feldfrucht, der Region, dem Wetter und den entsprechenden Methoden. Eine Publikation[118] in der Fachzeitschrift »Nature« im Jahr 2012 bezifferte diese mit 5 bis 34 Prozent, wobei letzterer Wert als der allgemein gültigere angenommen werden kann. Die renommierte Agrar-Universität im niederländischen Wageningen kommt im selben Jahr mit einer Auswertung von 362 Erntevergleichen weltweit auf 20 Prozent weniger.[119] Eine amerikanische Publikation, die 2015 die Daten von 115 Studien analysierte, spricht von einem fast identischen Wert.[120]

Die Erträge des Biolandbaus liegen im Mittel bei 80 Prozent des konventionellen Anbaus. Während die Erträge in Österreich bei Soja mit 91 Prozent kaum hinter dem konventionellen Anbau liegen, gehen sie bei Getreide wie Weizen oder Mais auf gut 60 Prozent zurück, bei Kartoffeln liegen sie schließlich nur noch bei der Hälfte.[121] Bei allen Sorten sind die Schwankungen der Unterschiede groß, und sie sind über die Zeit auch nicht gleich geblieben. Bei einigen Sorten gab es im konventionellen Bereich in den letzten Jahren leichte Steigerungen, während die Bioerträge annähernd konstant blieben. Bei der Kartoffel sind Letztere leicht gesunken, was zu dem großen Unterschied heute führt. In Trockengebieten nimmt der Ertrag im Bioanbau bei Weizen und Mais zu, bei Kartoffeln ab. In Feuchtgebieten verhält es sich umgekehrt.

In Deutschland ist das Verhältnis der Ertragsmengen bei Getreide noch ein wenig ungünstiger als in Österreich. Da wird im Durchschnitt bei den Biobauern nur knapp die Hälfte eingefahren.[122] Das liegt jedoch an der enormen Intensivierung des konventionellen Anbaus. Bei Freilandgemüse[123] sieht es besser aus, denn dort ernten die biologisch wirtschaftenden Landwirte 77 Prozent der konventionellen. Während es bei Erbsen nur an die 60 Prozent sind, steigt der Ertrag bei Pflanzen wie Kürbis und manchen Salaten sogar auf 90 Prozent an. Karotten und Rote Rüben liegen ebenfalls nur 20 Prozent hinter dem konventionellen Anbau. Dies ist eine weitere gute Nachricht für die Entwicklung weg vom Getreide- bzw. Futtermittelanbau hin zum Gemüsebau für den Direktverzehr.

Vor dem Hintergrund, dass in der EU 60 Prozent der Ackerfläche für Tierfuttermittel reserviert sind und in Deutschland 20 Prozent der Flächen für Energiepflanzen (Biogas und Biodiesel) verbraucht werden, ist eine Diskussion über den höheren Flächenverbrauch der Biolandwirtschaft eigentlich sarkastisch.

Dies bedeutet, dass eine Erweiterung des Biolandbaus durch eine Veränderung der Prioritäten bei den Feldfrüchten (auch im Sinne günstiger Fruchtfolgen) und unserer Ernährung möglich wäre: weniger Fleisch, dafür mehr Gemüse und Hülsenfrüchte, wie Bohnen, Erbsen, Soja und Linsen.

Durch einen nur geringfügigen Verzicht auf Fleisch und den entsprechenden Futtermittelanbau würden sofort genügend Flächen frei, um die durchschnittlichen 20 Prozent Ertragsminderung bei einer Umstellung auf Biolandwirtschaft zu kompensieren. Damit würden wir nicht nur gesünder leben, sondern auch der biologischen und ökologisch nachhaltigen Landwirtschaft unter die Arme greifen. Die Erwartungen an eine ökologische Landwirtschaft und unser Konsumwandel sind miteinander verknüpft: in der sogenannten Planetendiät, die ich in Kapitel 1 bereits beschrieben habe.

Die Ertragsunterschiede und der einhergehende Flächenverbrauch führen zu zwei grundsätzlich unterschiedlichen Überlegungen, wie Landwirtschaft stattfinden könnte: »Sharing« und »Sparing«. Unter ersterem Schlagwort versteht man das extensive Bewirtschaften von Flächen mittels biologischem Anbau mit möglichst vielen ökologischen Funktionen (Bodenschonung, Humusaufbau, Förderung der Biodiversität und des Wasserhaltevermögens).

Anhänger der »Sparing«-Methode plädieren auf intensiven, vorwiegend konventionellen Ackerbau, der auf weniger Fläche mehr hervorbringt. Die eingesparten Flächen sollen Naturlebensräumen vorbehalten bleiben. Dies scheitert an der Realität, denn ungenutzte landwirtschaftliche Flächen werden meist verbaut. Weiters sind Ökosysteme wie Wald durch Ackerflächen schlecht austauschbar. Auch ist nicht damit zu rechnen, dass der großflächige, massive Einsatz von mineralischen Düngemitteln, Herbiziden und Pestiziden einfach von angrenzenden Ausgleichsflächen neutralisiert werden kann. Bei den Flächenanteilen, die die Landwirtschaft in vielen Nationen einnimmt, ist eher zu erwarten, dass diese Ausgleichsflächen selbst massiven Schaden nehmen.

Der höhere Flächenverbrauch der Biolandwirtschaft in der oben erwähnten Studie aus Schweden wurde als Aufhänger für das reißerische Thema »Klimakiller Biolandwirtschaft« in vielen Medien missbraucht. Das Argument war, dass durch »Sparing« im konventionellen Anbau mehr Waldflächen für die Kohlenstoffspeicherung zur Verfügung stehen könnten. Das passiert aber nur theoretisch, während eine vollständigere Sicht der Biolandwirtschaft die Vorteile aufzeigt – und dass eine negative Beurteilung nicht gerechtfertigt ist.

Keine Rechnung ohne den (Land-)Wirt!

Um die Vorteile des biologischen Anbaus zu erkennen, müssen wir über den Tellerrand des höheren Flächenverbrauchs blicken. Die zahlreichen positiven Effekte des Biolandbaus betreffen vor allem den Humusgehalt im Boden, die geringere Belastung der Gewässer durch Verzicht auf synthetische Dünger, Herbizide und Pestizide und die höhere Biodiversität.

Eine der größten Vergleichsuntersuchungen zwischen biologischer und konventioneller Landwirtschaft publizierte im Jänner 2019 das deutsche Thünen-Institut: im Thünen-Report[124] wurden 528 verschiedene Studien analysiert. 58 Prozent der Studien zeigten beim Umwelt- und Ressourcenschutz Vorteile des Ökolandbaus, während in nur 14 Prozent der konventionelle Anbau besser beurteilt wurde.

Den kürzlich von mehreren Medien kritisierten Faktor der Klimawirkung möchte ich gleich anfangs erwähnen. Tatsächlich binden biologisch bewirtschaftete Böden im Durchschnitt zehn Prozent mehr organischen Kohlenstoff als konventionelle Böden und geben ein Viertel weniger Lachgas, das etwa 300 Mal so treibhauswirksam wie CO_2 ist, an die Atmosphäre ab. Das führt laut Thünen-Report – der eine wesentlich größere Breite an Feldfrüchten, Regionen und Anbaujahren als die schwedische Studie untersuchte – zu einer ähnlichen Klimawirkung von biologischem und konventionellem Anbau. Eine deutliche Besserstellung des konventionellen Anbaus ist also bei einer umfangreicheren Betrachtung nicht erkennbar.

Beim Gewässerschutz, einem Thema, das mich als ehemaligen Meeresbiologen natürlich besonders interessiert, schneidet der ökologische Landbau deutlich besser ab. Laut Thünen-Report werden etwa 28 Prozent weniger Stickstoffaustrag aus den Böden in die Gewässer verzeichnet. Auch der Verzicht auf synthetische Dünge- und Pflanzenschutzmittel trägt dazu bei.

Wie bedeutend dies ist, zeigt sich an einer Initiative in Bayern. Ausgehend von zunehmenden Problemen mit Nitratverseuchung und Rückgang von Grundwasser wurde 2008 in Unterfranken die Initiative »Grundwasserschutz durch Ökolandbau« ins Leben gerufen. Bauern wurden zum Umstieg auf Biolandwirtschaft animiert und beraten. Die Anzahl der Biobauern verdoppelte sich dadurch innerhalb von zehn Jahren.

Nicht nur das Nitrat, sondern auch die Arzneimittelbelastung aus der Tierhaltung muss unbedingt zurückgehen. Da die teure Wasseraufbereitung schlussendlich ohnehin die Verbraucher bezahlen, sind die Mehrkosten für Bioprodukte nur ein schwaches Argument. Am Ende zahlen wir die Rechnung, eben woanders. Man sollte daher die Notwendigkeit von »Reparaturen« an der Umwelt von vornherein so gering wie möglich halten. Dann bleiben die Umweltfolgen auch überschaubar.

Auch andere Faktoren schneiden beim Biolandbau besser ab. Die Bodenfruchtbarkeit ist laut Thünen-Report ebenfalls besser. Den Regenwürmern gefällt es im ökologisch bewirtschafteten Boden jedenfalls gut. Im Durchschnitt sind deren Dichten dort um knapp 80 Prozent und ihre Biomasse um über 90 Prozent höher. Die Bodenverdichtung ist im Ökolandbau um circa ein Fünftel geringer, ebenfalls ist der Boden dort weniger versauert.

Besonders interessant ist der Vergleich der Artenvielfalt – einer der Faktoren, die durch intensive Landwirtschaft dramatisch abnimmt. Hier berichtet der Thünen-Report von einer fast doppelt so hohen Ackerflora beim Ökolandbau, 61 Prozent mehr Samen im Boden und einem Fünftel vielfältigerer Feldrandvegetation. Auch sollte das Zwitschern und Summen in Biofeldern deutlich auffälliger sein. Bei den Feldvögeln, deren Zahl in den letzten Jahren besonders stark sank, war die Vielfalt um mehr als ein Drittel höher, die Artenzahl blütenbesuchender Insekten lag um ein Viertel höher.

In einer anderen, 2011 durchgeführten deutschen Metaanalyse[125] von fast 400 Studien ergaben sich in 83 Prozent der Untersuchungen höhere Biodiversitäten im ökologischen Landbau, bezogen auf das Bodenleben und die Landschaftsbewohner. Wie eine weitere Auswertung[126] von 205 Bauernhöfen in Europa und Afrika zeigte, ist die Artenvielfalt vor allem bei Pflanzen und Wildbienen auf ökologischen Äckern höher.

Aber selbst ökologische Betriebe müssen den Artenschutz aktiv durch gezielte Maßnahmen fördern. Solche Leistungen umfassen unter anderem die hohen Standards der Bioverbände, die für die biologische Tierhaltung einen hohen Eigenfutteranteil fordern. Auf der Ebene von Tierhalterbetrieben fördert das die Kreislaufwirtschaft und Erhaltung von Weiden. Halbtrockenrasen als typische Weideflächen zählen zu unseren artenreichsten Ökosystemen.[127] Nur in Regenwäldern gibt es noch mehr Arten. Aber auch nur, wenn man wesentlich größere Flächeneinheiten betrachtet, wie eine Studie eines internationalen Forscherteams aus dem Jahr 2012 gezeigt hat.

Beweidung oder die Mahd von Weiden sind wichtig, denn sie verhindern neben dem Überhandnehmen bestimmter Pflanzenarten auch die Verbuschung oder Bewaldung und damit einen Artenverlust. Wiesen fördern die Insektendiversität beträchtlich, und diese wiederum fördert die Vogel-Dichte und -Vielfalt. Von beiden Arten wissen wir, dass ihre Zahl in den vergangenen zwanzig bis dreißig Jahren erschreckend stark zurückgegangen ist. Der Biolandbau sowie ökologische Ausgleichsmaßnahmen im konventionellen Anbau können hier Abhilfe schaffen.

Auch hinsichtlich Klimawandel und Ressourceneffizienz stellt sich die ökologische Landwirtschaft vorteilhafter dar. Zehn Prozent mehr organischer Kohlenstoff, ein Viertel weniger Bodenabtrag und Lachgasemissionen, mehr als die Hälfte weniger Stickstoffverlust und eine um zehn bis zwanzig Prozent höhere Energie- und Stickstoffeffizienz[128] sprechen laut Thünen-Institut eine deutliche Sprache. Für den Klimaschutz insgesamt macht dies jedoch wenig aus, da der Biolandbau eine geringere Flächenproduktivität hat.

Für den Humusgehalt ist der Bioanbau in jedem Fall besser. Österreich verzeichnet durch den hohen Anteil an Biolandwirtschaft im Mittel einen Humusaufbau. Der Humus stieg laut Agentur für Gesundheit und Ernährungssicherheit (AGES)[129] in zwanzig Jahren im Mittel von rund 2,75 Prozent auf über 3 Prozent Gesamtanteil im Boden (abhängig von Bodentyp und Region). Beigetragen zur Zunahme um bis zu 0,3 Prozent Bodenhumusgehalt in nur zehn Jahren in der Biolandwirtschaft haben mehr Feldfutterpflanzen, weniger Maisanbau und das Einarbeiten von Stroh. Das ist insofern beachtlich, als die moderne Landwirtschaft eher zum Humusverlust neigt.

Auch in Deutschland besteht laut Thünen-Institut bei der jetzigen Betriebsweise ein Verlust des Bodenhumusgehalts.[130] Diesen führt man unter anderem auf das Fehlen des Anbaus von Gründüngern wie Luzernen und Klee, die nur noch im Bioanbau vorkommen, und auf eine fehlende ganzjährige Begrünung zurück. Auch eine bessere Verteilung der Tierhaltung und das damit verbundene behutsame Ausbringen des organischen Düngers wären nötig.

Fazit: Biologischer Landbau ist also sehr wohl umwelt- und ressourcenschonender. Vor allem, wenn er auf hohem ökologischen Niveau in bäuerlichen Betrieben erfolgt. Und diese Betriebe müssen wir fördern, wo es nur geht.

Sehr gut schneidet der Ökolandbau vor allem im Bereich Gemüseproduktion ab. Und genau dort können wir selbst auch ansetzen – und zugleich unseren Ernährungsanteil an Gemüse deutlich steigern. Es wäre sogar möglich, komplett auf Bioanbau umzustellen, entgegen der Unkenrufe der Flächenverbrauchskritiker. Unmöglich, denken Sie? Schauen wir uns das an ...

Bio 3.0

Anfang des 20. Jahrhunderts schlug die Geburtsstunde der konventionellen Landwirtschaft. Viele Bauern hielten jedoch an biologischen Kreislaufwirtschaft fest. Bis in die 1970er-Jahre war der biologische Anbau wenig standardisiert und konnte nur wenige Konsumenten erreichen. Diese Phase bezeichnet man heute als Bio 1.0. Aus den Pionieren dieser Zeit wurden Interessengemeinschaften und später die Bio-Verbände.

In den 1980er- und 1990er-Jahren wurden sukzessive allgemeine Bio-Standards geschaffen, und »Bio« boomte. Auch die Supermärkte sprangen auf den Zug auf. Mit ihren eigenen Labels wurde der Bioanbau industrialisiert. Die EU-Öko-Verordnung mit durchwegs geringeren Standards als jenen der Bio-Verbände wurde 2007 festgelegt. So konnten auch die Supermärkte massenhaft Bio-Produkte anbieten. Diese Entwicklungsphase beschreibt das Bio 2.0.

Trotz zunehmender Umsätze bei Bioprodukten werden immer mehr Konsumenten gegenüber der Industrialisierung skeptisch. Sie ziehen die kleinstrukturierte Landwirtschaft vor, die nicht nur umweltfreundliche, sondern auch gesunde Bio-Produkte vermarktet. Man kauft lieber im Hofladen oder beim kleinen Händler und kennt die Hersteller im Optimalfall sogar persönlich. Zwischen Produzenten, Händlern und Konsumenten herrscht ein großes Vertrauen. Faire Preise ermöglichen den Produzenten, mehr von ihren Umsätzen als von Förderungen zu leben. Das wiederum unterstützt die kleinen Betriebe, oft Familienunternehmen, und schafft Arbeitsplätze. Eingeschworene Kunden kann man mit Supermarkt-Biowaren nicht locken.

Ein Charakteristikum dieser Art der regionalen Versorgung ist ihre beschränkte Skalierbarkeit: Die kleinen Händler sind aufgrund ihrer Logistik und Struktur in der Betriebsgröße und Zahl an Produzenten und Konsumenten begrenzt. Gerade diese Tatsache ist es aber, die einer echten regionalen Versorgung Tür und Tor öffnet.

Um eine bessere Marktdurchdringung zu ermöglichen und gleichzeitig die biologische Produktion auf ein höchstmögliches Niveau zu bringen, wurde 2015 schließlich die Phase Bio 3.0 eingeläutet. Träger der Initiative »Bio 3.0 – Neue Wege zu mehr Bio« ist das Forschungsinstitut für biologischen Landbau (FiBL)[131]. Es hat sich zum Ziel gesetzt, die biologische Produktion endgültig aus dem Nischendasein zu holen, sie soll Basis unserer Ernährung werden. Denn inzwischen ist klar, dass die Ernährungssicherheit durch die Errungenschaften der Grünen Revolution, die unsere globalen Ökosysteme zerstören, nicht gewährleistet wird.

Zu den vom FiBL formulierten Herausforderungen zählen unter anderem: das fehlende Wachstum in der landwirtschaftlichen Ökonomie, das Potenzial für eine nachhaltige Ernährungssicherheit, Transparenz und Sicherheit für Händler und Konsumenten und eine verbesserte Kommunikation mit den Verbrauchern.[132] Ich persönlich hoffe, dass nicht auf die kleinstrukturierte Landwirtschaft vergessen wird.

In der Phase der Kommerzialisierung der Bio-Produkte und deren Etablierung in den Supermärkten ist aus meiner Sicht einiges schiefgelaufen ist. Mediale Kritik an Bio ist von vielen Konsumenten oft wohlwollend aufgenommen worden, wobei »Bio-Skandale« gerne dazu verwendet wurden, die ganze Branche zu diskreditieren. Neues löst offensichtlich immer Unbehagen aus, und wir suchen gern Argumente, um unser Verhalten nicht ändern zu müssen.

Wollen wir unsere Landwirtschaft nachhaltig gestalten – damit unsere Lebensmittelversorgung langfristig gesichert ist – und unsere natürlichen Ökosysteme nicht völlig ruinieren, werden wir umdenken müssen. So, dass der Bioanbau zur Normalität wird.

Die Rettung der Bauernhöfe und Bioläden

Man schätzt, dass 70 bis 80 Prozent der weltweiten Lebensmittel von Klein- und Kleinstproduzenten hergestellt werden. 85 Prozent der Landwirtschaften mit einer Größe von weniger als 10 Hektar befinden sich in Asien.[133] Auch in der EU gibt es noch kleinstrukturierte Betriebe. Das ändert sich aber laufend. 2003 lag die mittlere Hofgröße noch bei knapp 12 Hektar, zehn Jahre später bereits bei 16 Hektar. Im Vergleich zu den damals 175 Hektar des amerikanischen Durchschnitts haben wir Europäer also noch »echte Bauern«. In einigen Mittelmeerländern und in Osteuropa beträgt die Durchschnittsgröße der Höfe unter 10 Hektar, und auch Österreich hat mit einer mittleren Größe von 20 Hektar noch eher ein typisches Kleinbauerntum. Der durchschnittliche deutsche Betrieb ist dreimal so groß.

In Österreich sind viele Bauernhöfe noch echte Familienbetriebe, vor allem jene, die biologisch wirtschaften. In den letzten Jahrzehnten haben sehr viele Höfe, die nicht mehr rentabel waren und/oder keine Nachfolge gefunden haben, den Betrieb eingestellt. Gab es 1950 noch knapp 450.000 Landwirte in Österreich, hat sich diese Zahl bis dato auf unter 170.000 verringert.[134] EU-weit ist die Zahl der Betriebe zwischen 2003 und 2013 um mehr als ein Viertel geschrumpft. In Österreich betrug der Rückgang im selben Zeitraum knapp 20 Prozent.

Da sich die Betriebsgrößen kaum verändert haben, ging die bewirtschaftete Fläche in einem ähnlichen Ausmaß zurück. In Deutschland haben sogar 30 Prozent zugemacht. Dort hat sich die Betriebsgröße aber um 50 Prozent erhöht, sodass die Agrarfläche gleich geblieben ist.

Das Beispiel der zwei Nachbarländer zeigt das knallharte Prinzip »Wachsen oder weichen« in der EU-Landwirtschaft. Das bringt uns in ein Dilemma, denn industrielle Landwirtschaft kann nicht nachhaltig sein. Weder als Arbeitgeber noch im ökologischen Bereich.

Die UN hat 2013 einen 350-seitigen Bericht (Handels- und Umwelt-Review) über die Notwendigkeit einer ökologisch nachhaltigen Landwirtschaft veröffentlicht.[135] Dabei drängt sie auf einen Paradigmenwechsel von der »Green Revolution« zu einer »ökologischen Intensivierung«. Letztere bezieht sich auf die Förderung der Produktivität von Kleinbauern und den Ausbau eines Mosaiks von nachhaltigen Produktionssystemen mit wenig externem Input. Also das genaue Gegenteil konventioneller Monokulturen und der gegenwärtigen, anhaltenden Entwicklung.

Im Bericht wird auch betont, dass ein Wissens- und Erfahrungsaustausch zwischen Wissenschaftlern und Landwirten dringend nötig sei. Eine Effizienzsteigerung will man auch über Best-Practice-Beispiele erreichen, wie die Agenda »Bio 3.0« vorsieht.

Das erste große Hindernis für eine Agrarwende ist die industrielle Agrarlobby (allen voran die Dünger- und Spritzmittelproduzenten, gefolgt von großen Landmaschinenherstellern), die im Lauf der letzten Jahrzehnte ihre Interessen so weit in die politischen Systeme hineingetragen hat, dass Kleinbauern weltweit massiv benachteiligt werden. Das zeigt sich auch auf EU-Ebene. Die verkrusteten Strukturen der landwirtschaftlichen Förderinstrumente setzen auf das falsche Pferd.

Die Flächenförderung im Rahmen der GAP (Gemeinsame Agrarpolitik der EU) ist immer noch die stärkste Fördersäule. Obwohl die Förderungen insgesamt weniger werden sollen, wird leider vor allem an der zweiten Säule, jener für die regionale Entwicklung, gespart (Bioanbau, ökologische Nachhaltigkeit etc.). Dort soll in der nächsten Förderperiode mehr als ein Viertel des Budgets gekürzt werden, während die Flächenförderung nur um elf Prozent gekürzt werden soll. Damit gießt man weiter Öl ins Feuer, was die Kleinbauernhöfe betrifft.

Die nächste Hürde in Richtung Agrarwende ist, dass die Konsumenten jahrzehntelang auf billiges Essen konditioniert wurden und von einer Übermacht an Supermärkten sozusagen an die Regale gebunden wurden. In den Greenwashing-Strategien der Handelsketten werden uns plakativ Kühe auf der Alm und regionale Kleinbauern gezeigt. Die Realität der industriellen Bioproduktion sieht anders aus.

Für eine nachhaltige Landwirtschaft müssen wir jene Systeme fördern, die aufgrund ihrer Produktionslimits meist gar nicht an Supermärkte liefern (Getreide einmal ausgenommen). Wer aber zieht die Bremse und reißt den Wagen herum? Wir sind es! Zumindest der Teil bewusster Konsumenten, dem eine gesunde Ernährung genauso wichtig ist wie eine gesunde Umwelt und eine funktionierende Landwirtschaft. – Und mit uns die biologisch wirtschaftenden Bauern, die in den Bioverbänden organisiert sind und ihre Waren (vor allem Obst, Gemüse, Fleisch, Milch- und Bio-Fertigprodukte) entweder selbst vermarkten oder dem spezialisierten Handel weitergeben. Die Hofläden, Bauernmärkte, Bioläden, Reformhäuser, SoLaWis (Solidarische Landwirtschaft) und Food-Coops sind es, die uns mit ökologischen, gesunden Produkten versorgen. Wir müssen diese oft suchen wie eine Nadel im Heuhaufen. Wenn wir sie aber gefunden haben, stoßen wir fast immer auf Menschen mit einer überzeugenden Philosophie und einem enormen Wissen über biologische Lebensmittel und vernünftige Ernährung. Wer diese Art des Konsums einmal erlebt hat, will ohnehin nicht mehr zurück zur anonymen Massenware im Supermarktregal.

Ein klassisches Beispiel für einen solchen Kleinhandel ist unser bevorzugtes Biogeschäft im Wienerwald, das »Speiselokal«. Eine der Gründerinnen und gute Bekannte von mir, Juliana Lutz, hat mir darüber erzählt: »Vor allem bei den kleinen Bauern sind die Produktionsmethoden extrem unterschiedlich. Jeder macht sein eigenes Ding. Sehr oft wollen die Produzenten gar nicht selbst vermarkten. Für den Kundenkontakt und Führungen am Hof fehlt ihnen auch oft die Zeit.«

Somit ist es unbedingt notwendig, dass es engagierte Händler gibt, die die biologischen Produkte der Kleinbauern zu den Kunden bringen.

Und wer hilft vor allem den kleinen Bauern, ihre Produktionsweisen zu optimieren? Dazu braucht es im Sinn von »Bio 3.0« sowohl die Wissenschaft und Lehre als auch Landwirte, die erfolgreiche Betriebsweisen – Best-Practice-Beispiele – vermitteln können.

Best Practice: Niedrigenergiegemüse

Eine dieser Stützen für die Wissensvermittlung im Gemüsebau ist zum Beispiel die österreichische Versuchsanstalt Zinsenhof, eine Außenstelle der HBLFA Schönbrunn (Höhere Bundeslehr- und Forschungsanstalt für Gartenbau in Wien). Abteilungsleiter Wolfgang Palme – er schrieb auch das Vorwort zu diesem Buch – hat mir ein Interview zu seiner Arbeit gegeben. Als Wintergemüse-Spezialist beweist er mit seinen Forschungen, dass ganzjähriger Gemüsebau mit der richtigen Methode (meist kalter Folientunnel) auch im Erwerbsbereich ohne energieaufwendige Unterstützung möglich ist.

Die Gemüsebau-Versuchsanstalt am Zinsenhof in Niederösterreich. Hier forscht Wolfgang Palme unter anderem am Wintergemüse und an Low-Energy-Anbaumethoden.

Ich frage Wolfgang, ob er die konventionelle Landwirtschaft nachhaltig finde. Seine entschiedene Antwort: »Nein! Langfristig nicht. Die Landwirtschaft samt Ernährung machen gleich viel CO_2 aus wie der Verkehr. Wir haben somit eine Klimakrise, keinen -wandel! Die Dramatik wird unterschätzt. Wir erreichen unsere Existenzgrenze, und die konventionelle Landwirtschaft ist nicht skalierbar. Der größte Teil der Welt ernährt sich in Wirklichkeit aus kleinstrukturierter Landwirtschaft.«

Wir sprechen weiterhin über Tomatenproduktionen im beheizten Glashaus. Wolfgang: »Ich frage mich: Wie ist so etwas wirtschaftlich möglich und wie rechnet sich das? Wer zahlt das? Diese Kosten lassen sich ja nicht mehr externalisieren. Vielleicht ist das aber auch ein Indikator für das grundsätzliche Problem unseres Wirtschaftssystems. Es ist nie gut, den Menschen etwas wegzunehmen oder etwas schlechtzumachen. Wir arbeiten anders und zeigen Alternativen.«

Damit kommen wir zu seiner Arbeit. Wolfgang Palme erklärt: »Wir forschen seit zehn Jahren am Low-Tech-Gemüseanbau. Es war lange nicht bekannt, wie frostresistent viele Gemüse bei uns sind. Wir machen die Experimente dazu und verbreiten unsere Erkenntnisse. Es etabliert sich nun ein Micro-Farming-Netzwerk für alternative Anbaumöglichkeiten. Betriebe, die neu gründen oder umstellen, brauchen Hilfe. Dazu sind wir mit dem

Zinsenhof da. Gemüseanbau ist ein gesellschaftliches Thema. Das sind keine Spinner, die das betreiben. Auch wenn es sehr oft noch im Nebenerwerb geschieht. Man braucht wieder ein Gespür für die Arbeit, und auch die Konsumenten müssen den Mehrwert erkennen. Das Ziel des Zinsenhofes ist es, eine Ernährung durch viele kleinstrukturierte Betriebe zu erreichen.«

Ein wichtiges Ziel der Forschungen am Zinsenhof ist auch die Erhöhung der saisonalen Vielfalt. Diese Forschungsarbeit bildet einen Gegenpol zum ganzjährig gleichen Angebot an Lebensmitteln im Supermarkt, die vor allem im Winter, wenn sie nicht importiert sind, meist aus beleuchteten, beheizten Glashäusern stammen. In diesem Sinn steht die Kultivierung klassischer Wintergemüse, die im kalten Folientunnel ohne Technik wachsen, ganz vorn im Programm.

Auch an ökologischen Methoden der Saisonverlängerung von Fruchtgemüsen wie Tomaten wird geforscht. Ohne elektrische Heizung oder Beleuchtung, versteht sich. Man heizt die Folientunnel zum Beispiel mit biologischer Wärme aus Tiermist. Auch damit lassen sich schon im Mai Tomaten ernten. Es geht darum, Alternativen zum Glashauswahnsinn der Großproduzenten zu schaffen. Genau solche Betriebsweisen wie am Zinsenhof sind es, die uns eine ökologisch nachhaltige Landwirtschaft und eine gesunde Ernährung gleichzeitig bieten können.

Die Frostresistenz vieler Gemüsesorten wird grob unterschätzt. Mit der Bekanntmachung und Verbreitung entsprechender Informationen sorgt Wolfgang Palme dafür, dass sich im Handel und in vielen Privatgärten immer mehr regionale und saisonale Vielfalt findet. Das ist nicht nur im Sinn einer nachhaltigen Landwirtschaft wichtig, sondern auch für unser Wohlbefinden, für unsere Gesundheit.

Wolfgang Palme engagiert sich zudem im Hobbygärtner-Bereich. Er hat mit dem Verein »City Farm Augarten« in Wien einen tollen Erlebnis- und Lehrgarten etabliert. Auf die richtungsweisende Vereinsaktivität werde ich in Kapitel 4 genauer eingehen.

Rollen statt pflügen

Für eine Transformation der Landwirtschaft in eine ökologisch nachhaltige Betriebsweise braucht es gerade im Bioanbau, für den es viel zu wenig Forschung gibt, Best-Practice-Beispiele von Landwirten.

Eine dieser vorbildlichen biologischen Landwirtschaften im Bereich Ackerbau ist jene von Alfred Grand in Absdorf bei Tulln, Niederösterreich. Alfred hat nicht nur eine große Landwirtschaft mit 90 Hektar Anbaufläche, sondern betreibt auch eine Biokompostieranlage inklusive Wurmkompostierung. Wir beide haben eine Kooperation aufgebaut zur Herstellung einer eigenen Vertikalbeeterde, mit dem Ziel, auch im urbanen Hobbyanbau biologische Kreisläufe zu schließen. Daher kommt Alfred – nach einem langen Interview, das ich mit ihm geführt habe – in der Folge noch an mehreren anderen Stellen in diesem Buch zu Wort. Hier soll nun einmal seine Landwirtschaft thematisiert werden.

Der Grand-Hof ist seit 400 Jahren in Familienbesitz. Alfred hat ihn bereits gemeinsam mit seinem Vater bewirtschaftet. Bodenschonend zu arbeiten, sei immer ein wichtiges Thema gewesen, versichert er mir: »Vor 25 Jahren kam der Pflug weg, dann der Untergrundlockerer. Die Verdichtung wurde nach einiger Zeit zum Problem. Logisch wäre es gewesen, wieder mehr Bodenbearbeitung zu machen. Ich ging aber den anderen Weg, den zu ›noch weniger‹, verwendete einen leichteren Traktor und arbeitete mit manuellem Reifendruckmanagement. Heute bearbeite ich den Boden nur noch drei bis fünf Zentimeter tief.«

2006 stellte Alfred Grand von konventionell auf Biolandwirtschaft um. Ich frage ihn nach dem Grund dafür. Seine Antwort lautet: »Am meisten hat mich die Spritzerei gestört. Es ging eigentlich von meiner Frau aus. Sie hat sich, als sie schwanger war, immer beschwert, dass die Pflanzenschutzgeräte zu Hause ausgewaschen wurden. Da habe ich darüber nachgedacht, wie sehr wir uns selbst vergiften ... Dieser Gedanke wurde so stark, dass es vom Bioanbau kein Zurück mehr gab. Der Anfang war sehr schwer, wir hatten ja vor allem von Zuckerrüben gelebt. ›Die Rübe zahlt alles‹, hat man damals gesagt. Und Bioanbau für die Rübe gab es nicht. Ich habe daher auf Luzernen, Weizen, Mais, Hanf, Soja und Wickroggen im Fruchtwechsel umgestellt. So etwas ist eine große Umstellung und dauert ein paar Jahre. Es braucht neue Lösungen, und es braucht Zeit, bis man reif ist für Bio.«

Im Gespräch mit Alfred ist mir auch die Frage nach der Bodenbearbeitung wichtig, denn den Biobauern wird durch den Verzicht auf Glyphosat immer zu intensive Bodenbearbeitung vorgeworfen. In der konventionellen, konservierenden Bodenbearbeitung wird zwischen den Hauptkulturen das Beikraut mit einem Herbizid weggespritzt, bald darauf wird wieder gesät. Viele in Österreich und Europa hingegen spritzen und pflügen gleich darauf, erzählt mir Alfred.

Daher wäre das Glyphosat bei uns relativ leicht zu verbieten. In Amerika und Australien arbeiten 80 bis 90 Prozent der Landwirte konservierend mit Glyphosat.

Die Biobauern müssen den Boden intensiver bearbeiten und länger offen halten, um das Beikrautproblem in den Griff zu bekommen. Alfred Grand hat die Lösung parat: »Für mich war Bodenbearbeitung bei Bio ein No-Go. Daher bin ich über die sozialen Medien in die Community für konservierende Bodenbearbeitung eingestiegen. Da wurde ich als Biobauer gleich einmal beschimpft, weil man ja so viel Bodenbearbeitung macht. Das hat mich schockiert, denn bei uns wurde man als Biobauer eher geheiligt. Dann habe ich weiter nach biologischen, pfluglosen Methoden gesucht und bin schließlich auf das Rodale-Institut in den USA gestoßen. Die waren bereit, mich zu unterstützen. 2006 habe ich die ersten Versuche mit der Roller-Crimper-Methode gemacht: Im Herbst wird eine Winterbegrünung angelegt, die im Frühjahr dann während der Blüte nur mit Gewicht umgerollt wird. In diese dicke Mulchschicht von etwa zwölf Zentimetern kommt dann die neue Frucht. Die Mulchschicht puffert auch den Traktor, sodass es keine Bodenverdichtung gibt. Das braucht aber den richtigen Fruchtwechsel und viel Erfahrung mit der Methode. Manche haben das kurz probiert und wieder aufgegeben. Für den Biobauern ist systemisches Denken und Geduld erforderlich. Dann funktioniert das auch.«

Bei der Frage nach der Düngung wird es noch einmal interessant für mich. Biolandwirt Alfred Grand: »Dünger bringe ich seit 13 Jahren keine mehr auf die Felder. Das passiert allein über den Fruchtwechsel. Ich setze viele Hülsenfrüchte an. Sie fördern die Bestäuber und sind sehr gute Nahrungsmittel. Das Protein daraus hat einen viel besseren ökologischen Fußabdruck als Fleisch. Hülsenfrüchte düngen die Felder durch ihre Wurzelsymbionten mit Stickstoff aus der Luft. Mein Phosphorspeicher im Boden reicht ohnehin für hundert Jahre. Man muss nur den Fruchtwechsel gut planen, sodass von den Nährstoffen nichts ins Wasser kommt. Denn dann fehlt das im Boden und führt in der Umwelt zu Problemen. Ich habe auf meinen Flächen höchste Werte bei der Nährstoffverfügbarkeit, und sie verlieren diese auch nicht.« Hülsenfrüchte helfen zum Beispiel also den Bauern, eine biologische Lebensmittelproduktion zu erzielen. Hülsenfrüchte sind auch genau die Lebensmittel, die laut »Planetendiät« in unserer Ernährung fehlen.

Das alles verdeutlicht mir, wie systemisch verantwortungsvolle Biobauern denken und wie sehr gesunde Ernährung mit einer funktionierenden Landwirtschaft zusammenhängt. Und: Es wäre ziemlich sinnlos, sich »falsch« zu ernähren, gleichzeitig aber eine bessere Landwirtschaft zu fordern. Das eine bedingt das andere.

Wie fest Alfred Grand von der Ökologie seines Betriebs überzeugt ist, zeigt sich auch bei der Tierhaltung. »Beweidung ist sehr wichtig. Wir essen zwar viel zu viel Fleisch, aber wir brauchen die Weiden allein schon wegen der Biodiversität. Auf den Weiden gibt es am meisten Insekten und Vögel. Und Mist und Gülle brauchen wir dann im Gemüsebau. Da reicht Fruchtwechsel nicht.« Tierhaltung um der Artenvielfalt wegen? Das klingt angesichts der Mast- und Massentierhaltung ja fast ironisch. Alfred zeigt auf allen Ebenen, wie es gehen kann. »Emotional wird es bei mir, wenn ich meine Blühstreifen oder Windschutzhecken besuche. Wenn man neben den vielen Bestäubern auch Feldlerchen und Rebhühner beobachten kann.«

Es gibt darüber hinaus viele ökologische Forschungsprojekte mit Alfred Grand sowie internationale Kooperationen mit den USA und Holland. Neben dem Bodenschutz ist ihm auch das Thema Agroforst wichtig. Er hat Windschutzhecken in seine Flächen integriert, und seit Kurzem gibt es eine Versuchsfläche für den Biogemüseanbau. »Das wird Teil unseres Forschungsbauernhofs. Kreislaufschließung mit Kompostierung und Gemüseanbau«, erzählt Alfred.

Der Roller-Crimper von Alfred Grand im Einsatz auf seinen Biofeldern. Im Hintergrund die artenreichen Windschutzhecken gegen Erosion und zur Erhöhung der Artenvielfalt.

Auf seinem Hof kommen auch viele Schulen zu Besuch. Damit lernen die jungen Menschen schon früh, worauf es bei einer nachhaltigen Landwirtschaft ankommt und wie sie diese durch ihr Konsumverhalten unterstützen können. Laut Alfred könnten wir weit mehr Menschen ernähren, auch mit rein biologischer Landwirtschaft. Wir müssten nur die um sich greifende Verschwendung und den Fleischkonsum reduzieren, sagt er.

Am Ende unseres Gesprächs komme ich zur Ökonomie-Frage, ob Biolandwirtschaft ein besseres Geschäft als das konventionelle sei. Darauf Alfred: »Da gibt es einen Unterschied zwischen einem Codex- und einem Bio-Austria-Betrieb (Codex-Betriebe sind EU-Bio-Betriebe, die keinem Bioverband angehören, Anm.). Heute ist der finanzielle Anreiz höher. Da ist die Ideologie eine andere, weil man leichter Geld machen kann. Die Codex-Betriebe steigen leichter um, denn man kann statt Mineraldünger einfach Biodünger kaufen und als Biobetrieb weitermachen. Als Bio-Austria-Betrieb hast du aber eine Mindestfruchtfolge mit hohem Leguminosenanteil und darfst nur bestimmte, geprüfte Dünger einsetzen. Die Düngemenge muss an die Fruchtfolge angepasst werden. Da sind genaue Richtlinien einzuhalten. Was bei der Umstellung passiert, ist, dass die Landwirte durch Schulungen mit neuen Methoden in Berührung kommen und auch einen Sinneswandel mitmachen. Als Biobetrieb bekomme ich durchschnittlich das Doppelte für meine Produkte. Im Vergleich dazu zahlt sich bei den konventionellen Betrieben der Dünger- und Spritzmitteleinkauf nicht aus. Dort wird das immer zum Nullsummenspiel. Der Mehrertrag wird durch die Mehrkosten aufgefressen. Verdienen tun nur die Hersteller der Mittel.«

Rentabel ist das System der konventionellen Landwirtschaft also nicht über den Verkauf der Produkte, sondern nur über die Agrarförderung. Wie sieht das mit den unterschiedlichen Preisen von biologischen und konventionellen Lebensmitteln eigentlich aus? Sind die überhaupt fair?

Kostenwahrheit

Wer nicht direkt beim Bauern oder im kleinen Handel kauft, fährt zum Supermarkt. Und kauft Lebensmittel, die oft Hunderte oder Tausende Kilometer weit gereist sind. Dennoch sind sie billiger als jene vom lokalen Bauern. Die konventionellen Lebensmittel sind grundsätzlich immer billiger als die Bioprodukte, obwohl sie umweltschädlicher sind. Das ist das Absurde an der Sache.

Wir haben bei den Lebensmittelpreisen keinerlei Kostenwahrheit. Die Summe aller Kosten ist eine Konstante, lautet eine meiner Thesen. »Kosten« ist in meiner Definition ein ökologischer Begriff, »Preis« ein ökonomischer. Wir zahlen beides, den Preis aber nur unmittelbar beim Kauf eines Produkts.

Die Kosten sind trotzdem zu bezahlen, meistens zeitlich oder/und räumlich versetzt – wenn auch bei der industrialisierten Produktion weder der unverhältnismäßige Energieeinsatz, die Umweltfolgekosten der Gewässerverschmutzung und -überdüngung, die Auswirkungen auf den Klimawandel noch der Verlust der Biodiversität im Lebensmittelpreis eingerechnet sind. Ein Beispiel: Das in Deutschland erzeugte Schnitzel, das mit brasilianischer Soja gefüttert wurde, erzeugt an beiden Orten Kosten, die sich nicht mit dem Preis im Regal decken. Die Differenz zwischen Kosten und Preis, auch als Kostenwahrheit bekannt, ist schwer zu berechnen. In letzter Zeit gab es erste Versuche dazu.

Eine im Herbst 2018 veröffentlichte Studie von Tobias Gaugler von der Universität Augsburg zeigte auf, dass eine beträchtliche Verteuerung der Lebensmittel die Folge ist, wenn man die Faktoren Stickstoffdüngung, Treibhausgase und Energieerzeugung einrechnet.[136] Wie zu erwarten, ist der nötige Preisaufschlag bei Bioprodukten deutlich geringer. Dies unterstützt meine These der konstanten Kosten.

Am extremsten wäre der Aufschlag bei den billigen konventionellen Fleischprodukten, hier müsste der Erzeugerpreis verdreifacht werden. Bei Biofleisch wäre eine Erhöhung um nur 82 Prozent nötig. Bei konventionellen Milchprodukten wäre eine Verdoppelung fällig, bei biologischen gerade einmal eine Erhöhung um ein Drittel. Bei pflanzlichen Produkten müsste der Erzeugerpreis um 28 bzw. 6 Prozent angehoben werden.

Auf den Ladenpreis würde diese Erhöhung durch Anstieg des Produktpreises bei gleich bleibenden externen Kosten deutlich geringer durchschlagen. Konventionelles Fleisch würde für den Kunden um ungefähr die Hälfte teurer, das biologische um nur 18 Prozent. Der Preis für pflanzliche Biokost wäre jener, den wir derzeit schon bezahlen.

Die Studienautoren um Tobias Gaugler betonen, dass die Kosten für Antibiotikaresistenzen in der Umwelt und die Auswirkungen von Pestiziden da noch gar nicht berücksichtigt seien. Es ist also klar, dass vor allem die Kosten für konventionelle Produkte noch immer unterschätzt sind.

Eine Schätzung des »Sustainable Food Trust« in England kommt auf eine Verdoppelung der Lebensmittelpreise bei Internalisierung der externen Kosten.[137] Zu den jährlichen Lebensmittelausgaben von 120 Milliarden Euro käme demnach derselbe Betrag noch einmal für die Umwelt- und Gesundheitsfolgen dazu. Erstere verursachten etwa die Hälfte der zusätzlichen Kosten, Letztere weitere 37 Prozent.

Die UN schätzt, dass die weltweiten externen Umwelt- und Sozialkosten von Lebensmittelabfall etwa 1600 Milliarden US-Dollar betragen.[138] Auf die gesamte Nahrungsmittelproduktion hochgerechnet, wären das 2100 Milliarden an ökologischen und 2700 Milliarden US-Dollar an sozialen Folgekosten.[139]

Damit ist klar, wie weit die Regalpreise von der Realität der ökologischen Kosten unserer Lebensmittel entfernt liegen. So kann niemand mehr sagen, dass biologische Lebensmittel zu viel kosten, auch wenn ihr Preis nach wie vor höher ist. Auf die Agrarpolitik der EU übertragen, heißt das vor allem eines: die Herstellung billiger und umweltschädigender Lebensmittel wird subventioniert. Die Kosten dafür bezahlen wir alle. Über Umweltsteuern und unsere Krankenversicherungen. Das müsste nicht sein!

Alles bio?

Wenn konventionelle Lebensmittel also nur billiger sind, weil sie besser subventioniert und ihre Umweltfolgekosten externalisiert werden, stellt sich die Frage, ob eine Umstellung auf reine Bioproduktion nicht nur Sinn machen würde, sondern für eine nachhaltige Entwicklung unumgänglich wäre. Aber geht das überhaupt, vor allem, wenn Bioanbau mehr Fläche benötigt? Was auf nationaler Ebene in Österreich geschehen müsste, damit wir komplett auf biologischen Landbau umstellen könnten, haben Thomas Lindenthal und Martin Schlatzer vom Forschungsinstitut für biologischen Landbau (FiBL) 2018 in einer Studie berechnet.[140]

Man ging davon aus, dass die biologische Landwirtschaft im Pflanzenbau etwa ein Drittel weniger produziert, während in der Tierhaltung nur zehn Prozent weniger produziert werden. Derzeit deckt die Landwirtschaft in Österreich etwa 160 Prozent der Bedarfsmenge. Bei Umstellung auf reinen Biobetrieb wären dies nicht mehr ganz 100 Prozent. Allerdings wird hier ein extrem hoher Anteil von 50 Prozent der Ackerfläche für den Tierfuttermittelanbau verwendet.

Würden wir den Fleischkonsum um lächerliche zehn Prozent reduzieren – und dadurch Fläche für den Anbau direkt verzehrter Lebensmittel frei –, wäre eine hundertprozentige Biolandwirtschaft möglich. Die Empfehlungen für eine gesunde Ernährung liegen sogar bei einer Fleischreduktion um mindestens zwei Drittel.

Alternativ dazu würde eine 25-prozentige Verringerung der Lebensmittelabfälle denselben Effekt erzielen. Bei einer Reduktion der Abfälle um 50 Prozent und der tierischen Ernährung um 25 Prozent (immer noch wesentlich mehr als empfohlen) würde die Versorgung in Österreich selbst noch im Jahr 2080 bei geschätzten zehn Millionen Einwohnern gesichert sein.

Ähnliche Ergebnisse gibt es auf europäischer Ebene. Erst im September 2018 hat eine französische Forschergruppe[141] erklärt, dass eine Reduktion von Fleisch und Zucker nicht nur viele chronische Krankheiten eliminierte, sondern auch unsere landwirtschaftlichen Narben heilen könnte. Mehr Obst und Gemüse in unserer Ernährung wären notwendig. Genau die Lebensmittel, die wir selbst so wunderbar einfach vor unserer Tür erzeugen können.

Die Forscher haben berechnet, dass Europa gänzlich mit Biolebensmitteln versorgt werden könnte, wenn wir insgesamt weniger essen (keine Sorge, niemand wird hungern müssen, es geht um nur etwa sieben Prozent weniger Konsum), Fleisch und Milchprodukte um die Hälfte reduzieren und dafür doppelt so viel Obst und Gemüse sowie mehr pflanzliches Protein (z. B. Hülsenfrüchte) zu uns nehmen würden. Der angenehme Nebeneffekt wäre eine um fast die Hälfte reduzierte Menge an landwirtschaftlichen Treibhausgasen. Klimaschutz also inklusive.

Das alternative Szenario – Umstellen auf Bio-Landwirtschaft ohne Ernährungsumstellung – würde zu einer starken Flächenzunahme führen, vorwiegend durch Waldrodungen samt Aufheizung unserer Atmosphäre. Wieder einmal sind wir Konsumenten gefordert!

Wie eine 2017 veröffentlichte Modellrechnung[142] ergeben hat, wäre die globale Ernährung aus ökologischer Landwirtschaft für die nächsten Jahrzehnte gesichert, wenn man Lebensmittelverschwendung und Fleischkonsum auf ein Drittel minimieren würde. Der höhere Flächenverbrauch würde durch den geringeren Tierfuttermittelanbau kompensiert, dafür würden Nitratverseuchung und Pestizideinträge nicht mehr stattfinden. Biologische Kreisläufe wären auch wieder besser zu schließen.

Wollen wir also die Welt retten, wie es in den sozialen Medien oft gefordert wird, müssen wir unsere Ernährung umstellen! Weniger Fleisch, weniger Abfall. Beim regionalen Händler einkaufen und möglichst viel selbst anbauen, denn im Eigengarten ist der Abfall gleich null.

Wären wir als Konsumenten bereit, gesünder zu leben, erhielten wir im Gegenzug auch eine Landwirtschaft, die ökologisch nachhaltig ist. Eine ökologische Lebensmittelproduktion ist für mich das ultimative Beispiel für unsere tiefe und untrennbare Einbettung in die Natur, die wir durch keine Technologie aufheben können.

Öko = bio, saisonal, regional und gesund

Sehr oft wird der biologische Landbau auch als ökologisch bezeichnet. Ist das gerechtfertigt? Unter »biologisch« versteht man die Einbeziehung alles Lebendigen, während die Ökologie auch die Wechselwirkung der Lebewesen mit ihrer belebten und unbelebten Umwelt betrachtet. Das schließt auch den Energieaufwand mit ein. »Ökologisch« bedeutet somit auch, mit möglichst wenig Energie hergestellt, unter Berücksichtigung aller Produktions- und Verwertungsschritte. Mit dem Flugzeug eingeflogene Biowaren kann man daher nicht als ökologisch bezeichnen. Sie mögen zwar in ihrem Ursprungsland biologisch produziert und zertifiziert worden sein, aber durch den enormen Energieverbrauch auf dem Weg zum Konsumenten verlieren sie ihre ökologische Bedeutung. In der Berechnung von Ökobilanzen spielt das eine Rolle, es verschlechtert diese beträchtlich.

Biologische Ernährung allein bringt uns noch nicht aus der Misere, dass wir viel zu viel Energie in unsere Lebensmittelproduktion und -versorgung investieren. Die Bioproduktion ist im Mittel nur um etwa 20 Prozent energieeffizienter als die konventionelle. Bio allein reicht nicht! Mit einer ökologischen Lebensweise eng in Beziehung steht unser Speiseplan. Wir essen dreimal mehr Fleisch, als für uns gesund wäre. Das erhöht auch unseren landwirtschaftlichen Ressourcenverbrauch gewaltig. Wer glaubt, dass er nachhaltig oder gar gesund lebt, wenn er sich täglich ein Bioweiderind-Steak vom Diskonter gönnt, der irrt.

Aus bestimmten Gründen geben die Hersteller von Biowaren nur die Einsparungswerte von Wasser, CO_2 und die Verbesserung der Biodiversität und regionalen Wertschöpfung gegenüber konventionellen Waren an, nicht aber die absoluten. Denn Bio-Rindfleisch verbraucht immer noch etwa zehn Mal mehr Energie als konventionell produziertes Gemüse. Die allgemeinen Ernährungsempfehlungen (siehe »Planetendiät«) gelten also auch für die Menschen, die sich biologisch ernähren.

In Österreich könnten wir allein durch einen nur geringen Fleischverzicht völlig auf biologische Landwirtschaft umstellen. Dadurch würden der Humusgehalt im Boden und die Biodiversität auf den Ackerflächen ansteigen, ein Viertel der Treibhausgasemissionen würden eingespart (Referenz: Schlatzer & Lindenthal). Die Abhängigkeit von Futtermittelimporten und Kunstdünger würde wegfallen, die Versorgungssicherheit wäre langfristig gewährt.

Für eine gute Nachhaltigkeitsbilanz unserer Ernährung sollten wir also mehrere Dinge beachten: die Produktionsmethoden, wann und wo wir welches Essen kaufen und woher es kommt. Das offensichtlich Richtige mag uns manchmal in die Irre führen. Recht locker sitzt die Geldbörse bei uns Verbrauchern, wenn das Wörtchen »regional« ins Spiel kommt. Dabei ist jedoch Vorsicht geboten, denn regional erzeugt heißt noch lange nicht energieeffizient produziert. Regional gilt auch für Lebensmittel aus beheizten, beleuchteten Glashäusern. Diese haben eine deutlich schlechtere Klimabilanz, wie wir wissen.

Regional konsumieren bedeutet im Sinne einer ökologischen Ernährung, auch saisonale Produkte zu konsumieren. Die Angst, man müsste sich in den gemäßigten Zonen im Winter nur von Sauerkraut und Rüben ernähren, ist völlig unberechtigt, wie ich später noch darlegen werde. Es gibt eine große Vielfalt an gesunden Lebensmitteln, die bei uns auch im Winter ohne technischen Aufwand erzeugt werden können.

Wir haben uns Tausende von Jahren saisonal ernährt, vom Jäger und Sammler bis weit hinein in das 20. Jahrhundert. Bis das Überangebot im Supermarkt und weltweit verschiffte und per Flugzeug importierte Waren dafür gesorgt haben, dass die Regalbestückung 365 Tage im Jahr gleich aussieht.

Wer seine Lebensmittel im regionalen Biomarkt, Hofladen und in der Direktvermarktung kauft, bekommt meist Produkte, die der Supermarkt gar nicht handelt. Kleine Händler haben es leichter, frische, nur kurz haltbare und unverpackte Lebensmittel anzubieten. Dadurch kann man das Nahrungsspektrum erweitern und zugleich Müll einsparen. Wir bezahlen ihre Leistungen mit einem fairen Preis und halten dadurch die Betriebe am Laufen. Mit all diesen Maßnahmen tragen wir selbst zu mehr Diversität bei. Nicht nur auf den Feldern, sondern auch in den Betriebsweisen und in Handelsstrategien.

Was man in puncto Ökobilanz nicht vergessen sollte, sind die Einkaufswege, die Verpackung und die Zubereitung der Nahrung. Das beste Biogemüse verliert seinen Wert schnell, wenn wir weit fahren müssen, um es zu erwerben. Glas und Metallkonserven verbrauchen sehr viel Energie in der Herstellung.

Wird das Essen dann noch gekocht, statt roh gegessen, oder eingefroren, steigt der Energieaufwand. In dieser Hinsicht ist der Eigengarten natürlich nicht zu übertreffen. Da lassen sich die frisch geerntete, biologische Erdbeere und der bunte Wintersalat gleich doppelt und guten Gewissens genießen.

Gesund leben und die Welt retten

Ob Biolebensmittel gesünder sind, wird schon lange diskutiert. Das ist schwer festzustellen, da es keine einfachen experimentellen Untersuchungen zu solchen Fragen geben kann. Es verdichten sich aber die Hinweise auf gesundheitsfördernde Aspekte. Verschiedene Analysen zeigen vor allem deutlich geringere Pestizidbelastungen: 85 Untersuchungen der Stiftung Warentest über acht Jahre zeigten bei 75 Prozent der Biolebensmittel keine Belastungen.[143] Bei konventionellen war dies nur 16 Prozent. Dies könnte sich laut einer aktuellen Studie französischer Wissenschaftler auch auf das Krebsrisiko auswirken.[144] Dazu wurden knapp 70.000 Franzosen zu ihrem Biolebensmittelkonsum befragt und über sieben Jahre hinweg beobachtet. Bei den Gruppen mit dem geringsten Bio-Anteil war das Krebsrisiko gegenüber jenen mit dem höchsten Bio-Anteil um 25 Prozent höher. Das Risiko senkte sich mit zunehmendem Bio-Anteil.

Beim Nährstoffgehalt und den Pflanzeninhaltsstoffen findet man keine deutlichen Unterschiede zwischen biologischen und konventionellen Nahrungsmitteln. Das liegt vermutlich auch daran, dass die Vielfalt (alte Nutzpflanzensorten) kaum im Handel vertreten ist. Dazu haben wir aber ja dann unseren eigenen Garten! Wer bereits einen Garten, den Balkon oder die Terrasse bewirtschaftet, weiß um diese Qualität.

Selbstversorgergärten in einer Gesellschaft, in der Essen reichlich verfügbar ist, sind tatsächlich bemerkenswert. Wir können uns den »Luxus« erlauben, über unsere Lebens- und Ernährungsweise nachzudenken. Das tun bereits immer mehr Menschen, und es braucht eine starke Mehrheit, um eine Abkehr von der industriellen Landwirtschaft zu bewirken.

Ein radikaler Wechsel einiger weniger Menschen bringt in Summe wenig, obwohl das über angeregte Diskussionen schnell einmal in die gesellschaftliche Mitte vordringt und diese dadurch in Bewegung kommt. Ein eindrucksvolles Beispiel ist der Veganismus. Vor zehn Jahren noch verlacht, ist diese rein pflanzliche Ernährungsweise als starker Kontrast zur völlig pervertierten Fleischproduktion längst in der Mitte der Gesellschaft angekommen.

In Deutschland leben mittlerweile 1,6 Prozent der Menschen vegan und weitere acht Prozent vegetarisch.[145] Vor zehn Jahren betrug der Anteil an Veganern noch 0,1 Prozent. Österreich hat vergleichbare Werte. Dazu kommen 28 Prozent Flexitarier (zu denen ich mich selbst zähle), die nur zeitweise fleischlos und nur sehr ausgewähltes Fleisch essen.

In der Lebensmittelherstellung sind vegane Produkte der einzige Sektor mit exponentiellem Wachstum. Sogar im wahrsten Sinn des Wortes eingefleischte Traditionsbetriebe aus der Wurst- und Fleischproduktion bieten zusätzlich »vegane« Produkte an.

Aber keine Sorge. Wir müssen uns nun nicht alle nur vegan ernähren, nicht einmal vegetarisch. Zumindest nicht, um auf die Eigenversorgung mit Biolebensmitteln zu kommen. Würden wir den empfohlenen Zielwert von etwa 400 Gramm Fleisch pro Person und Woche erreichen, den offenbar ein Drittel der Bevölkerung längst unterschreitet, wäre der Fleischverbrauch um etwa 60 Prozent geringer. Kaufen wir dann noch beim lokalen Bauern ein, der seine Tiere auf der Weide hält, tragen wir auch zur regionalen ökologischen und ökonomischen Wertschöpfung bei.

Meine Familie und ich praktizieren dies seit einigen Jahren so. Es gibt bei uns ein- bis zweimal pro Woche Fleisch als Hauptspeise und sehr selten Wurst und Schinken. Wir essen somit pro Person etwa 500 g Fleisch in der Woche. Alle Waren sind biologisch, und der größte Teil kommt von kleinen, uns bekannten Produzenten.

Bei großen Supermarktketten kaufen wir fast gar nicht mehr ein, auch nicht in Bio-Supermärkten. Im kleinen Supermarkt erstehen wir nur wenige Waren, die regionale Hersteller nicht produzieren. Grundnahrungsmittel und Frischwaren bekommen wir von einem kleinen Bioprodukte-Händler (der Verein mit dem appetitanregenden Namen »Speiselokal«). Fleisch und Eier beziehen wir von einem befreundeten Biobauern. Zur Ergänzung bauen wir selbst viele Raritäten und Frischgemüse (Blattsalate, Kräuter, Wintersalate und Pflückgemüse) in den Vertikalgärten rund um unser Haus an, ganzjährig. Es geht uns sehr gut damit. Wir versuchen laufend, noch mehr pflanzliche Kost in unseren Speiseplan zu integrieren und weniger Tierisches zu essen.

Umstellungen dauern. Man probiert, verwirft und versucht Neues. Mir macht das Experimentieren Spaß! Ein Geheimrezept für ein schmackhaftes und gleichzeitig gesundes Leben wird man ohnehin nicht finden. Auch alle Ernährungsempfehlungen sind nur Richtlinien. So unterschiedlich wir in unserer Genetik und unserem Charakter sind, ist individuell ist auch unsere

Ernährung. Für die einen mag vegan oder vegetarisch die beste Wahl sein, für die anderen ein hoher Fleischkonsum.

Wofür immer wir uns entscheiden – wir können uns den Konsequenzen nicht entziehen, den Auswirkungen auf andere. Verantwortung lässt sich nicht delegieren. Unsere Entscheidungen formen die Welt, in der wir gemeinsam leben. Schlussendlich muss jeder für sich entscheiden, wie er sich ernährt und welche Form der Landwirtschaft er damit unterstützt ... Um glücklich zu leben, sollten wir uns immer fragen, was wir wirklich brauchen, und nicht, was wir wollen. Dazu müssen wir einige Bilder in unserem Kopf korrigieren. Zum Beispiel jenes vom stets vollen Regal und perfekt aussehenden Lebensmitteln.

Die Grenzen der regionalen Versorgung

Viele Konsumenten haben heute dieses Bild eines idealen Regalprodukts im Kopf: glatt, glänzend, makellose Oberfläche. Dieses Image bleibt auch oft, wenn man im Bioladen oder in der Food-Coop einkauft. Das »Ernüchternde«: die Produkte dort schauen oft anders aus. Die Karotten sind nicht orange, kerzengerade und glatt, sondern purpurn, zerknautscht und vielleicht noch etwas erdig. Die Gurken sind krumm und warzig. Keine gleicht der anderen. In meinem Garten ist das auch so. In Ihrem vermutlich auch.

Warum sehen die Stücke nicht so aus wie im Großhandel? Alternative Produktionsformen schauen eben auf Nachhaltigkeit und Sortenvielfalt, weniger auf eine vollkommene Hülle oder möglichst lange Haltbarkeiten für Transport, Lagerung und Ausstellung. Sie halten sich nicht an EU-Normierungen, die riesige Mengen an Ausschuss verursachen. Diesen Unterschied müssen wir erst einmal begreifen. Die wahre Qualität erkennt man nicht an Äußerlichkeiten, das gilt nicht nur für Lebensmittel.

In Anbetracht der steigenden Bevölkerungszahlen und Verdichtung durch Urbanisierung bleibt die Vorstellung von flächendeckender, kostengünstiger Versorgung mit frischen Biolebensmitteln zumindest kurzfristig ein romantischer Wunsch. Dieses Vorhaben wäre mit der aktuellen, auf industrialisierten Anbau und zentralisierte Verteilung ausgerichteten Logistik nicht machbar.

Wie es der Agrarwissenschaftler Kurt-Jürgen Hülsbergen formulierte, müsste auch der Bioanbau in seiner Vermarktung kommerzieller werden, um eine höhere Marktdurchdringung zu erreichen. Das zeigt sich derzeit auch in einer überproportionalen Umsatzsteigerung der Supermärkte gegenüber dem spezialisierten Handel. Wir Menschen sind zu bequem ... Eine Versorgung mit frischen Nahrungsmitteln von regionalen Kleinbauern über den Kleinhandel oder Gemüsemärkte wird daher zumindest mittelfristig einer kleinen, ernährungsbewussten Bevölkerungsgruppe vorbehalten bleiben. Das kann und wird sich in den nächsten Jahren hoffentlich ändern.

Dazu müssen wir alle die Nachfrage nach saisonaler, echter regionaler Bioware erhöhen. Die Angebote werden dem folgen. Die Bio- und Kleinbauern, die direkt oder über den Fachhandel vermarkten, produzieren sehr oft auch interessante Nischenprodukte wie Gemüse- und Getreide-Raritäten, um sich vom Supermarkt abzuheben. Aber auch die Kleinbauern können nur eine begrenzte Vielfalt herstellen, und nicht jede Ware ist frisch und unverpackt leicht an den Kunden bringen.

Wir selbst können diese Grenzen der regionalen Versorgung sprengen. Jeder kann das selbst bei sich zu Hause versuchen und Gemüse, Kräuter und Obst anbauen. Es lohnt sich. Nur Mut! Im Eigengarten oder auf anderen privaten oder zur Verfügung gestellten öffentlichen Flächen. Auch im urbanen Raum: auf Balkonen und Terrassen durch vertikales Gärtnern, auch unmittelbar am Gebäude.

Millionen von Menschen haben bereits begonnen, das umzusetzen. Der Entwicklung dieses Mega-Trends – Urban Gardening – möchte ich die verbleibenden Seiten meines Buchs widmen. Die umfangreichen Vorteile von Selbstversorgung, grünen Häusern und Städten und vor allem des ökologischen, vertikalen Anbaus werde ich dabei anschaulich erläutern.

Kapitel 4

SELBSTVERSORGUNG

Die Geschichte der Selbstversorgung

Was versteht man unter Selbst- oder Eigenversorgung genau? In den meisten Fällen bringt man diese Begriffe mit Unabhängigkeit in Verbindung, zum Beispiel unabhängig sein von der industriellen Energieproduktion durch Photovoltaik- oder Kleinwindkraftanlagen. Selbstversorgung in der Ernährung bedeutet den eigenen Anbau von Lebensmitteln, aber auch das Jagen und Sammeln, was wir ja bis heute noch nicht ganz aufgegeben haben. Tauscht man eigene Produkte auch noch mit anderen, entsteht daraus eine Subsistenzwirtschaft (Selbsterhaltungswirtschaft).

In den frühen Zeiten der Jäger und Sammler und auch lange nach dem Übergang zum Ackerbau war die Selbstversorgung immer stark ausgeprägt. Zeit und Alltag wurden zum Großteil für die Beschaffung von Nahrungsmitteln aufgewendet. In vielen nicht industrialisierten Ländern ist dies heute noch so. Vielfach sind die Menschen aufgrund fehlender Einkommensarbeit und gering entwickelter Märkte und Vertriebswege gezwungen, ihre eigenen Lebensmittel anzubauen. Ähnlich verhält es sich auch in gut entwickelten Ländern, in denen der Anbau von Nahrungsmitteln nicht durch Einkommensarbeit in der Industrie oder im Dienstleistungsbereich verdrängt wurde. Ein Beispiel dafür ist Russland mit seinen bekannten »Datscha«-Gärten, die ich anschließend noch im Detail besprechen werde.

Der Anteil der landwirtschaftlichen Bevölkerung beträgt in vielen Ländern Afrikas und Südostasiens heute noch über 40 Prozent.[146] Viele sind Selbstversorger und versorgen auch eine kleine Zahl anderer Menschen mit, ähnlich wie bei uns vor noch gut 100 Jahren. In Deutschland[147] und Österreich (Referenz: Fridolin Krausmann, BOKU Wien) waren Ende des 19. Jahrhunderts auch noch etwa vier von zehn Menschen als Bauern tätig.

In den Industrieländern wurde die Selbstversorgung weitgehend durch Erwerbsarbeit verdrängt. Die Zahl der Bauern nimmt hier weiterhin ab und die Produktionsmenge pro Betrieb und Flächeneinheit zu. So sind heute in Deutschland und Österreich nur noch zwei bzw. vier Prozent der Bevölkerung landwirtschaftlich tätig.

Trotz zunehmender Industrialisierung und Zentralisierung der Lebensmittelherstellung ist die Idee der Selbstversorgung nie ganz verschwunden. Das Konzept der Autarkie führt gerade heute wieder zu lebhaften Diskussionen und durch die zunehmende Urbanisierung zu einem regelrechten Kampf um die städtischen Freiräume. Auch die steigende Verarmung in vielen Städten hat das Thema Selbstversorgung wieder aktuell werden lassen. Vor allem in den USA hat sich eine lebhafte Bewegung des »Urban Farming« gebildet, die in den letzten zehn Jahren zu einer internationalen gesellschaftlichen Bewegung geführt hat. In vielen Industrieländern sind die Motive aber andere, weniger zwanghafte.

Zum einen ist es die Skepsis gegenüber den Methoden und Lebensmittelqualitäten der industriellen Produktion. Zum anderen der Wunsch nach einer vielfältigeren und ausgewogenen Ernährung sowie nach einer engen Verbindung zur Natur durch Gartenarbeit. Die eindrucksvolle gesundheitliche Wirkung von Grünräumen auf Kinder und Erwachsene und die Bedeutung eigener Lebensmittel habe ich ja bereits ausführlich besprochen.

Ich gehe davon aus, dass Sie bereits einen eigenen Garten haben oder sich einen zulegen möchten. Dabei stellt sich für viele die Frage: Wie komme ich zu einer echten Selbstversorgung? Eine umfangreiche oder ausschließliche Selbstversorgung ist nur selten möglich. Dazu bräuchte man für den vegetarischen Anteil allein 100 bis 200 m² Anbaufläche pro Person. Welche unglaubliche Produktivität aber gerade der kleinstrukturierte Gemüsebau hervorbringt, möchte ich anhand einiger Beispiele zeigen.

Leistungsfähiger Gartenbau

Die ökonomische Notwendigkeit der Selbstversorgung ist nicht der erste und einzige Grund, dass diese zu einem so weitreichenden Trend in den Industrieländern wurde. Viele bewusste Konsumenten sehen darin die Möglichkeit, vom Angebot der Lebensmittelketten unabhängig zu werden. Sie haben mehr Vertrauen in die Qualität der eigenen Tomaten, Erdbeeren und Gurken von Balkon oder Terrasse. Das führte auch dazu, dass das Gärtnern in der Stadt, »Urban Gardening«, längst in der gehobenen Mittelschicht angekommen ist.

Selbstversorgung hat das Arme-Leute-Image abgestreift und ist zu einer Lifestyle-Tätigkeit geworden. Selbst wenn es nur ein paar Küchenkräuter auf der Penthouse-Terrasse sind. Die Menschen fühlen sich in ihrem Garten wohl, wie klein er auch ist, und freuen sich über ihre eigenen Lebensmittel.

Das Erlebnis bzw. das Abenteuer »Garten« hat eine vielschichtige Bedeutung. Während man sich in den westlichen Industrieländern nach wie vor auf das eine oder andere Beet im Garten oder an der Hausmauer beschränkt, hat der Garten in anderen Ländern eine tiefer gehende, soziokulturelle Dimension. Ein treffendes Beispiel dafür sind die russischen Datscha-Gärten.

Datscha – der russische Weg

In den vergangenen hundert Jahren wurde die Lebensmittelproduktion in unseren Breiten stark industrialisiert, wie eingehend beschreiben. In Russland blieb sie hingegen vermehrt in den Händen der Selbstversorger und Kleinbauern. Tatsächlich hatte dort ein umgekehrter Trend stattgefunden: Anfang der 1990er-Jahre waren zwei Drittel der Erzeuger Landwirtschaftsbetriebe, ein Drittel waren Selbstversorger, und Kleinbauern gab es kaum. 2016 war der Anteil der Kleinbauern schon auf 12 Prozent gestiegen, und gemeinsam mit 34 Prozent Selbstversorgern machten diese fast die Hälfte der in der Landwirtschaft tätigen Betriebe aus. Dabei ist die Intensivierung auch bei den Großbetrieben sehr bescheiden.

Der Einsatz von Düngemitteln in ganz Russland ist etwas geringer als jener in Deutschland, obwohl die Anbaufläche vier- bis fünfmal so groß ist. Die verschiedenen Produktionen stehen nicht so sehr in Konkurrenz zueinander, da die Großbetriebe hauptsächlich auf einige Feldfrüchte wie Zuckerrüben und Sonnenblumen sowie tierische Produkte spezialisiert sind.

Im Gegensatz dazu ist die Kartoffel-, Gemüse- und Obstproduktion fast ausschließlich (80 Prozent und mehr) in der Selbstversorgung und bei den Kleinbauern verankert. Auch die Hälfte der Milch und des Fleisches werden in der Selbstversorgung erzeugt.

Die russischen Selbstversorgergärten werden »Datschas« genannt. Es handelt sich um kleine Gärten, die im Mittel im urbanen Raum 600 m^2 und im ländlichen 2500 m^2 groß sind und mit denen sich die Familien weitgehend selbst versorgen.[148] So produzieren etwa 30 Millionen Haushalte die Hälfte aller Lebensmittel in Russland, benutzen dafür aber nur sechs Prozent der Ackerfläche. Diese Datscha-Kultur zeichnet sich durch eine enorme Produktivität aus, auch indem sie Lebensmittel für den Direktverzehr anbaut. Im Durchschnitt werden 20 verschiedene Gemüse- und Obstsorten in diesen Mini-Waldgärten kultiviert. Obstbäume und Gemüsegarten teilen sich hier den Platz.

Umfragen unter 1500 Datscha-Besitzern haben ergeben, dass 95 Prozent ihre Gärten voll in Betrieb haben – quer durch verschiedene Gesellschaftsschichten. Darin zeigt sich die wichtige soziale und kulturelle Dimension der Datschas. Das hat auch damit zu tun, dass in Russland der Besitz von Land als Grundrecht angesehen wird und als Möglichkeit, selbstbestimmt zu leben.

Auch ökonomisch betrachtet sind Datschas mehr als beachtlich. So erzeugen die Hausgärtner jährlich Lebensmittel im Wert von etwa zehn Milliarden Euro. Auf einer Fläche von sieben Millionen Hektar, die etwa der halben deutschen Agrarfläche entspricht. Ein Vergleich mit dem anderen Extrem, den amerikanischen Rasenflächen in Gärten: Dort wurden noch vor einigen Jahren für die Pflege von 14 Millionen Hektar Rasenfläche jährlich über 20 Milliarden Euro ausgegeben[149] ... Dass sich dieses Bild seit einiger Zeit wandelt, werde ich weiter unten in der Geschichte vom kalifornischen Stadtbauernhof aufzeigen.

Der mitteleuropäische Haus- und Balkongärtner gerät angesichts der effektiven russischen Anbaumethoden auf kleinem Raum vermutlich ins Schwärmen. Dabei ist anzumerken, dass es sich bei den Datschas nicht nur um freiwillige Entscheidungen oder ein Hobby, sondern im Fall der armen Bevölkerung um überlebensnotwendige Aktivitäten handelt, die oft mit schwerer Arbeit verbunden sind. Das musste auch einer meiner wissenschaftlichen Kollegen während eines Forschungsaufenthalts in Sibirien erst gesagt bekommen, als er sich in Anbetracht der Üppigkeit in einem Datscha-Glashaus zur Gratulation an den Besitzer hinreißen ließ. Der Mann war zum Erstaunen meines Kollegen leicht verärgert und erklärte: »Wir machen das nicht zum Spaß, wir machen das, um zu überleben. Wir hätten auch gerne genug Geld, um unser Essen zu kaufen. Haben wir aber nicht.«

Das zeigt, dass wir die Selbstversorgung gerne romantisieren und dabei vergessen, dass eine umfangreiche, ernst gemeinte Selbstversorgung ein Fulltime-Job ist. Dies sollte uns aber keinesfalls davon abhalten, möglichst intensiv begrünte Terrassen und Balkone anzulegen, um für ein gesundes Umfeld und frische Nahrungsmittel zu sorgen. Heute hilft uns ja auch die Technik weiter, um bei den aufwendigen Arbeiten Zeit zu sparen.

Datschas bei uns

In unserer technisierten Welt haben viele Menschen den Bezug zur Natur offensichtlich weitgehend verloren. Manche Eigengärten – vielleicht gut gemeint – gleichen leblosen Wüsten. Die Facebook-Plattform »Gärten des Grauens« demonstriert diese Entwicklung seit geraumer Zeit und veröffentlicht Fotos von anonymen Zusendern, versehen mit sarkastischen Texten. Der Zustand vieler dieser mit Unkrautvlies und Schotter bedeckten ehemaligen Grünflächen ist ein ökologisches Desaster. Meist werden sie noch mit Glyphosat behandelt, um alles wirklich tot zu halten und jedes Unkräutlein im Keim zu ersticken.

Ein weitgehend von Natur befreiter Vorgarten, mit Schotter und Steinplatten versiegelt, mit fatalen Folgen für Klima und Artenvielfalt.

Eigengärten liegen immer auch in einem größeren ökologischen Verbund mit den umgebenden Kultur- und Naturflächen. Versiegelte oder geschotterte Oberflächen haben daher lokale, aber auch regionale Auswirkungen auf Biodiversität und Mikroklima.

Andererseits sehen wir gerade unter den Stadtbewohnern einen starken Trend, vernachlässigte Grünflächen wieder aufleben zu lassen und eigene Gärten zu gestalten. Oder es werden dort mit viel Liebe Gärten etabliert, wo vorher kein Grün zu sehen war.

Eine Entwicklung, die mir persönlich besonders gut gefällt, ist das Bemühen vieler Menschen, neben naturnaher Gartengestaltung auch einen möglichst hohen Grad an Eigenversorgung im privaten Bereich zu erzielen. Dabei scheuen sich manche nicht, sündhaft teuren Baugrund zu opfern. Er wird nicht bebaut, sondern als Gemüsegarten verwendet.

Ähnlich wie in Russland haben auch bei uns viele Städter einen von ihrem Wohnort entfernt gelegenen Garten. Ein solches Beispiel ist die Wienerwald-Datscha eines meiner Studienkollegen namens Lukas. Seine Datscha liegt gleich bei uns um die Ecke, und mein Freund hat mir seine Gartengeschichte erzählt.

Lukas wohnt im 30 Kilometer entfernten Wien. In seiner Datscha, sie ist 2000 m² groß, baut er auf einer Fläche von 100 m² ganzjährig Gemüse an. »Ich betreibe den Garten nun seit einigen Jahren. Teilweise wird er automatisiert bewässert, denn ich kann nur ein- bis zweimal pro Woche in den Garten kommen. Ich baue möglichst sortenreich an. Der Ertrag spielt noch nicht so eine große Rolle. Ich bin auch noch nicht so effektiv, aber über den Sommer reicht der Garten, um meine vierköpfige Familie mit frischem Blatt- und Fruchtgemüse zu versorgen. Auch der Bedarf an Kräutern wird gedeckt.«

Lukas hat wie ich Biologie studiert, danach ist er in die Bodenbiologie abgebogen. Dort hat er eine Diplomarbeit über Regenwürmer und eine Dissertation über Herbizide verfasst. Beides hat ihm gezeigt, dass nur die Biolandwirtschaft eine echte Option ist.

Für Lukas zählt auch die Verarbeitung. Er hat sich auf die Fermentation spezialisiert, die, wie wir wissen, vor allem für das Darmmikrobiom vorteilhaft ist. Zu diesem Thema tauscht er sich rege mit seiner Frau aus, die beruflich im Bereich Probiotika tätig ist.

Ich frage ihn, ob er bei seinen Anbaumethoden Vorbilder hat. Er meint: »Meine Arbeit lehnt sich sehr an jene des Kanadiers Jean-Martin Fortier oder des Engländers Charles Dowding und deren händische Methoden an. Ohne Umgraben des Bodens.« Lukas ist da noch am Optimieren.

Arbeitszeiten bzw. den Aufwand für seinen Garten traut er sich nicht auszurechnen. Derzeit ist ihm die Diversität im Anbau wichtiger als die Produktivität. Lukas' Ziel ist es, die Gärtner- und Anbauarbeit einmal beruflich zu betreiben. Ich frage ihn, wie es zum Wunsch nach dem Berufswechsel kam. Lukas erklärt: »Es gab zwar landwirtschaftliche Hintergründe in der Familie, aber der klassische Bauer, der Schweine züchtet oder den ganzen Tag am Traktor sitzt, wollte ich nie werden. Der Gartenbau hat mich aber gereizt.«

Lukas plant tatsächlich seinen Beruf in der IT-Branche aufzugeben und in die Landwirtschaft zu gehen. In meinem Umfeld sehe ich das inzwischen häufig. Ich sage daher gern, dass die Gemüsebauern von morgen vermutlich nicht aus der Landwirtschaftsschule kommen oder einen klassischen Hof übernommen haben, sondern aus ganz anderen Bereichen und Branchen hierher wechseln. Besonders erfreulich: ihr gemeinsames Ziel ist die biologische Landwirtschaft mit Direktvermarktung.

Ein Datscha-Garten im Wienerwald, zur Selbstversorgung einer Familie und einiger ihrer Bekannten.

Ein weiterer wunderbarer Garten ist jener von Juliana Lutz, die ebenfalls nicht weit entfernt von mir wohnt. Sie hat einige Jahre im Bereich soziale Ökologie geforscht und sich auch mit der Ökobilanz von Lebensmittelproduktionen und Handelssystemen beschäftigt.

Um selbst Hand anzulegen und unser Ernährungssystem zu verbessern, hat sie mit Partnerinnen vor acht Jahren das Biogeschäft »Speiselokal« gegründet, das uns hier im Wienerwald mit großartigen heimischen Biolebensmitteln versorgt (siehe dazu auch Kapitel 3, »Bio 3.0«).

Juliana baut trotz vieler Lieferanten selbst intensiv auf mehreren 100 m² Obst und Gemüse an. »Das Angebot der Biobauern hat für mich immer noch nicht die Vielfalt, die eine gesunde Ernährung braucht«, sagt sie. »Ich backe auch das Brot selber, weil ich Einkorn am liebsten mag. Und Einkornbrot gibt es im Handel nicht.«

Juliana wurde schon als Kleinkind auf gesunde Lebensmittel eingestellt: »Meine Oma hat schon sehr viel auf einen eigenen Garten gehalten, und vitale Ernährung war ihr immer wichtig!« So wurde Juliana das in die Wiege gelegt, was für die Einkäufer im Supermarkt Welten entfernt erscheint: der Sinn für gesunde, frische und »kostenlose« biologische Lebensmittel.

In ihrem Garten baut sie im Sommer eine bunte Vielfalt an. Sie konzentriert sich auf schwer erhältliche oder nicht käufliche Gemüse wie Yacon oder violette Sorten von Kartoffeln und Karotten. »Diese Sorten schmecken nicht nur anders, sondern wegen der schönen Farbe mögen sie auch die Kinder lieber«, verrät sie mir einen ihrer vielen Garten- und Kochtricks.

Für den Winter wird Lagergemüse, wie Kürbisse, kultiviert und vieles eingekocht. Juliana ernährt sich und ihre Familie zum großen Teil mit Selbstangebautem. Dazu zählen auch Hülsenfrüchte, wie sie in der »Planetendiät« empfohlen werden (siehe Kapitel 1, »Essen gut, alles gut«). Da ist Juliana Profi, und ich habe mich kürzlich beraten lassen, damit mehr Bohnen, Erbsen und Linsen auf unseren Tisch kommen. Hummus selbst machen und verschiedene Bohnengerichte waren das Thema.

»Zeit braucht der Garten aber schon viel«, erzählt Juliana. Neben der gewerblichen Tätigkeit im »Speiselokal« ist sie mit der Versorgung ihrer Familie mit Lebensmitteln aus dem eigenen Garten stark ausgelastet. Sie hat ihr Leben der Erzeugung und auch der Vermittlung gesunder Lebensmittel gewidmet. Juliana hat ein umfangreiches Wissen und viele gute Rezepte auf Lager, die jedes Gespräch mit ihr besonders spannend machen. Bei manchen Sorten erzeugt sie Überschüsse, die sie dann verkauft. Dadurch kommen meine Familie und ich in den Genuss so spezieller Produkte wie den griechischen Bergtee. Juliana skizziert mit ihrem Garten das traditionelle Selbstversorgersystem mit teilweiser Subsistenz. In den westlichen Industrieländern steht diese Form des Anbaus seit vielen Jahrzehnten im Hintergrund. Jetzt flammt sie wieder auf, auch im urbanen Raum.

Einer der bekanntesten »Stadtbauernhöfe«, die nach diesem Prinzip wirtschaften, befindet sich im südlichen Kalifornien. Es ist der Betrieb der Familie Dervaes. Ich habe den Leiter des weltbekannten »Urban Homestead« per Skype interviewt.

Stadtbauernhof: »Urban Homestead«

Ein bemerkenswertes Beispiel einer intensiv bewirtschafteten urbanen Minifarm bietet die Familie Dervaes in Pasadena, Kalifornien. Der Vater, Jules Dervaes, kam aus einer Farmerfamilie. Schon seit Generationen stellten sie Landwirte. 1985 zog Jules mit seinen zwei Töchtern Anais und Jordanne und seinem Sohn Justin jedoch von seiner 40.000 m² großen Farm in ein Haus mitten in der Stadt Pasadena, mit 800 m² Grund, umgeben von eintönigem Rasen. Die Landwirtschaft war und ist aber ihr Leben. Die wollten sie auch in der Stadt nicht aufgeben. Justin, den ich per Skype interviewe, erklärt mir: »Mein Vater hat seine Arbeit als ›Widerstand‹ bezeichnet. Eigenversorgung bedeutete für ihn Unabhängigkeit, Freiheit sowie Widerstand gegen das vorherrschende System.«

Die Familie begann in Pasadena sukzessive mit dem Umbau des klassischen amerikanischen Grundstücks. Vater Jules war Imker und hielt auch in der Stadt Bienen. Ende der 1980er-Jahre wurde er zum Vegetarier, denn die Regenwaldzerstörung zugunsten der Weidehaltung ging ihm gegen den Strich. Der Umbau der Rasenwüste zur hochproduktiven Farm ging voran: Im Vorgarten wurden Flächen mit Wildblumen und Beete für Gemüse und Kräuter angelegt. In den 1990er-Jahren legte die Produktivität der Farm ständig zu. Seit 2003 produziert die Farm im Durchschnitt drei Tonnen Gemüse pro Jahr, und das auf einem 800 m² großen Grundstück, auf knapp 400 m² Anbaufläche – das sind fast zehn Kilogramm pro Quadratmeter. Die Farm zeichnet sich durch eine enorme Vielfalt aus. Sohn Justin erzählt mir: »Wir bauen zwischen 300 und 400 verschiedene Sorten an, mit der bio-intensiven Methode im manuellen Anbau. Dabei wird das Gemüse auf organisch gedüngten Beeten sehr dicht gesetzt.«

Die städtische Farm in Pasadena produziert 100 Mal effektiver als die industrielle Landwirtschaft. Dazu kommt, dass die Produktion ausschließlich biologisch, ohne Pestizide oder Kunstdünger, erfolgt. Es wird nicht umgegraben, sondern, wie in vielen biologischen Betrieben, mit Mulch gearbeitet. Die Farm versorgt die Familie mit über 90 Prozent der pflanzlichen Lebensmittel und mehr als drei Viertel aller Lebensmittel.

60 Prozent des Flächenertrags dienen der Selbstversorgung, 30 Prozent werden verkauft, zehn Prozent sind Tierfutter. Letzteres ist hauptsächlich Futter für die Hühner, die die Familie mit 2000 Eiern pro Jahr versorgen.

»Die Farm erwirtschaftet abseits der weitgehenden Eigenversorgung der Familie noch etwa 18.000 Euro pro Jahr durch den Verkauf von Produkten, der über eine CSA (Community Supported Agriculture = solidarische Landwirtschaft, Anm.) erfolgt, die gemeinsam mit Partnern betrieben wird. Pro Woche werden etwa 35 bis 45 Gemüsekisten an die insgesamt 70 CSA-Mitglieder verkauft«, ergänzt Justin.

»In den letzten zwanzig Jahren gab es viele Veränderungen. Wir haben die Anbaumethoden weiterentwickelt, vor allem in Richtung bio-intensiv, um den kleinen Raum optimal zu nutzen. Auch der vertikale Raum wird verwendet. Kürbisse werden zum Beispiel hochgezogen, statt sich am Boden auszubreiten. Auch die Produkte und Kunden haben sich laufend verändert. Die Schule nebenan bekommt auch frisches Obst und Gemüse. Und auch das Klima ist im Lauf der Jahre anders geworden«, wie mir Justin erklärt.

Eine wirklich große Herausforderung sei die Wasserknappheit. Es sollte im Durchschnitt in ihrer Region etwa 500 Liter pro m^2 im Jahr regnen. Seit mehr als zehn Jahren herrscht in Kalifornien aber Dürre. Es fällt nur noch ein Viertel des üblichen Niederschlags, und der meist zur falschen Zeit. Da helfen auch keine Speichertanks, da insgesamt zu wenig Regen fällt. Die Familie muss zur Bewässerung der Farm städtisches Wasser kaufen. Die völlige Unabhängigkeit ist also vor allem in Anbetracht der Klimaerwärmung nicht möglich. Das scheint die Familie ein wenig zu belasten. Auch die heißen Sommer mit bis zu über 40 Grad Celsius Lufttemperatur und 65 Grad im Gewächshaus machen den Anbau nicht leicht. Die Obstbäume setzen oft keine mehr Früchte an.

Von ihrer Überzeugung des biologischen Anbaus lässt sich die Familie aber nicht abbringen. Die kleine Farm ermöglicht eine außergewöhnliche Anpassungsfähigkeit und Innovation, die für große industrielle Landwirtschaftsbetriebe undenkbar wäre. Die ökologische Vielfalt und der Anbau von einjährigen Pflanzen helfen totale Ausfälle zu vermeiden.

Der berühmte Stadtbauernhof der Familie Dervaes in Pasadena, Kalifornien. Ein Beweis für die unglaubliche Leistungsfähigkeit des kleinräumigen, biointensiven Gemüsebaus.

Um die Arbeit zu erleichtern, wurden Bewässerungssysteme installiert, die Pflanzen werden immer wieder dem veränderten Klima angepasst. So verändert sich die Farm laufend, bleibt aber immer in einem optimalen Bereich der Produktivität – ökologisch, mit hoher Artenvielfalt und ohne aufwendige technische Hilfsmittel. Das ist und bleibt die Vision der Familie. Vater Jules ist 2016 gestorben. Der Geist seiner Freiheitsliebe und Unabhängigkeit durch Selbstversorgung lebt zweifellos in seinen Kindern weiter, wie mir in dem knapp einstündigen Interview mit Justin und Anais klar wurde.

Auf meine Frage nach dem Arbeitsaufwand erzählt mir Justin: »An manchen Tagen arbeite ich bis zu 20 Stunden, vor allem im saisonalen Übergang, wenn Beete geräumt werden müssen, um sie neu zu bepflanzen. Für mich ist das aber keine belastende Arbeit.« Das ist die Antwort eines Menschen, der seine Berufung gefunden hat.

Die Familie bemüht sich intensiv, ihre Form von nachhaltiger Landwirtschaft anderen Menschen nahezubringen. Auf ihrer Website *www.urbanhomestead.org* gibt es umfangreiche Informationen, ein eigener Blog und sogar ein eigener Radio-Podcast sind verfügbar. Darum kümmert sich vor allem Schwester Anais.

Justin und seine Schwestern sind sehr engagiert und möchten die Welt mit dem Beispiel ihrer Farm ein gutes Stück besser machen. Sie zeigen sehr anschaulich, wie verantwortungsvolle Selbstversorgung durch effektive ökologische Bewirtschaftung auch in der Stadt auf kleinstem Privatbesitz funktionieren kann. Sie beweisen, dass eine umfangreiche landwirtschaftliche Produktivität bei gleichzeitig minimalem Energieaufwand mitten in der Stadt möglich ist.

Würde ich in ihrer Stadt leben, wäre ich nicht nur ihr vertrauensvoller Kunde, sondern würde mein Grundstück ebenso bewirtschaften. »Das tun bei uns auch immer mehr Leute«, berichtet Justin Dervaes. »Die meisten machen das nebenberuflich, und immer mehr ersetzen zumindest ihren Rasen durch Gemüsebeete.« Damit sorgen die Menschen dafür, dass aus eintönigen Rasenflächen produktive, artenreiche Systeme entstehen. Und Vielfalt ist enorm wichtig, wie wir wissen.

Erhalt der Vielfalt

Als Gartenbesitzer haben wir nicht nur die Verantwortung, sondern auch die Chance, in diesem Stückchen Natur, das wir besitzen oder mieten, möglichst ökologisch zu handeln und das Problem des Artensterbens zu mildern. Unabhängig von der ökologischen Vielfalt, ist auch eine Ernährungsvielfalt für unsere Gesundheit entscheidend. In einem ökologisch wirkungsvollen Garten, egal ob um das Haus, auf der Terrasse oder einem Balkon, ist beides vereint.

Die heutige Ernährung auf Basis des Großhandels ist so verarmt, dass ein Großteil unserer Bevölkerung regelrecht als »unterernährt« bezeichnet werden kann. Nicht in Hinsicht auf die Kalorienmenge, da haben wir mehr als genug, sondern auf die Nährstoffe. Wenn wir überhaupt etwas Frisches essen, dann ist das meist Gemüse und Obst aus einer sehr geringen Sortenauswahl. Um das zu verbessern, gibt es kleine, spezialisierte Bauern und Händler und nicht zuletzt unseren eigenen Garten.

Weltweit sind etwa 7000 verschiedene Kulturpflanzen bekannt. Im großen Stil angebaut werden nur wenige 100, und im Großhandel finden sich schließlich nur wenige Dutzend. Es geht dabei nicht nur um die Abwechslung in unserem Essen, sondern auch um die Erhaltung der genetischen Vielfalt. Die Sorten, die nicht angebaut werden, gehen uns mittel- und langfristig verloren. Ironischerweise führt bei Kulturarten, im Gegensatz zu Wildarten, der umfangreiche Konsum einer bestimmten Art oder Sorte (= Zuchtvariante einer bestimmten Art) zu ihrer sicheren Erhaltung. Die industrielle Landwirtschaft betrachtet die Pflanzen nur vonseiten der Rentabilität. Im Fall des Klimawandels und der notwenigen Anpassungen sind alte, weniger überzüchtete Sorten sehr wichtig. Sie können Ernährungssicherheit gewährleisten, indem wir bei Bedarf auf deren genetische Vielfalt zurückgreifen können.

Wie in Kapitel 1 beschrieben, beginnt zum Beispiel die Mikrobiomforschung sich gerade erst für die Bakterienvielfalt auf Wildgemüse- und Wildkräutersorten zu interessieren, da diese ganz spezielle Mikrobiome beherbergen. Hier gibt es noch viel Potenzial – wir dürfen auf einige Überraschungen gespannt sein.

Man kann Saatgut nur bedingt konservieren. Viele Sorten spielen da nicht mit. Am besten erhält man Saatgut durch regelmäßigen Anbau. Ein reines Konservieren ist nicht immer die beste Methode, denn auch ältere Sorten sollten sich durch Vermehrung an geänderte Bedingungen anpassen. Es sind also möglichst viele Sorten – und Konsumenten – für die Erhaltung nötig. Dies passiert am besten, indem man sie kultiviert und weiterentwickelt. Wie komme ich nun aber als Gartenbesitzer zu dieser Vielfalt oder wie kann ich gar Sortenerhalter werden?

In Österreich haben wir den sehr erfolgreichen Verein »Arche Noah«, dem die Sicherung der Kulturpflanzenvielfalt ein großes Anliegen ist. 1989 gegründet, hat der Verein heute sage und schreibe 17.000 Mitglieder und Förderer.[150] Die Arche Noah, die auch einen großen Schaugarten in Schiltern bei Langenlois in Niederösterreich betreibt, bietet nicht nur umfangreiche Informationen, Bücher und Schulungen, sondern organisiert auch große Pflanzenmärkte, auf denen man ungewöhnliche Sorten kaufen kann. In Workshops wird auch die Saatgutvermehrung gelehrt, sodass man als Hobbygärtner die Kompetenz zur Pflanzenzucht erwerben kann. In einem Samenarchiv mit 5500 verschiedenen Sorten wird eine große Vielfalt erhalten.

Weiterhin ist der Verein mithilfe von Biobetrieben bestrebt, Sorten für den Handel und für gewerbliche Anwendungen weiterzuentwickeln. Ganz nach dem Motto: »Aufessen, was wir retten wollen!« sucht der Verein laufend Unterstützer – als Samenarchivgärtner oder Sortenbegleiter, die Sorten entweder für ein Jahr kultivieren oder bestimmte Obstsorten langjährig weiter vermehren.

Die Mitglieder der Arche Noah geben sich mit dem Informieren, Konservieren und Entwickeln nicht zufrieden. Sie sind seit einiger Zeit auch politisch aktiv und mobilisieren gegen die zunehmenden Bedrohungen der

Saatgutpatentierung durch Konzerne. Der jüngste Erfolg ist das Zurückziehen eines Patents auf Tomaten durch Syngenta. Es gab einen Masseneinspruch von 65.000 Bürgern, eingebracht von 32 Organisationen, darunter die Arche Noah. Bereits 2018 war ein Brokkoli-Patent vom global tätigen Pharmaunternehmen Bayer widerrufen worden, nachdem der Verein mithilfe vieler Menschen und anderer Organisationen interveniert hatte. Erfolgreich war auch der Aufruf, in der neuen EU-Bio-Verordnung den Landwirten die eigene Saatgutentwicklung und -produktion zu ermöglichen, um im Bioanbau das Saatgutangebot zu verbessern. Die Arbeit der Arche Noah ist also einer der Eckpfeiler zur Erhaltung einer Sortenvielfalt, die für unsere Ernährungssicherheit von fundamentaler Bedeutung ist.

Das deutsche Pendant zur Arche Noah ist der Verein »VERN« (Verein zur Erhaltung und Rekultivierung von Nutzpflanzen) mit Sitz in Greiffenberg, Brandenburg. 1996 gegründet, kümmert sich auch dieser Verein um die Archivierung, Erhaltung und Vermehrung von etwa 2000 Nutzpflanzensorten. Informationsveranstaltungen, Demonstrations- und Vermehrungsgärten, Öffentlichkeitsarbeit und Saatgutabgabe für nicht-kommerzielle Zwecke stehen auf der Agenda. Es gibt auch einen wunderbaren Online-Katalog für seltene Kulturpflanzen, der kostenlos heruntergeladen werden kann (www.vern.de/katalog). Wie die Arche Noah beteiligt sich auch der deutsche Verein an politischen Initiativen, die die Erhaltung der Vielfalt schützen.

Viele andere Engagierte sorgen dafür, dass uns diese Vielfalt das ganze Jahr über zur Verfügung steht. Daher soll hier in der Folge die saisonale Vielfalt als eigenes Thema behandelt werden.

Saisonale Vielfalt

Als einer dieser engagierten Erhalter saisonaler Vielfalt muss unbedingt Gemüsebauprofi Wolfgang Palme angeführt werden. Er ist Abteilungsleiter der landwirtschaftlichen Versuchsanstalt am Zinsenhof in Niederösterreich (siehe Kapitel 3, »Bio 3.0«). Sein großes Wissen wird auch Hobbygärtnern zuteil. Er hat den Verein »City Farm Augarten« mitten in Wien gegründet, der Veranstaltungen zu den Themen »Urban Gardening« und »Wintergemüseanbau« anbietet. Das ganze Jahr über gibt es Seminare und Workshops für Menschen jeden Alters, mit einem besonderen Fokus auf Kinder, Familien und Schulen.

Wolfgangs Erkenntnisse im Bereich des ganzjährigen Gemüseanbaus werden nicht nur am Zinsenhof an Profis weitergegeben, sondern in der City Farm auch an Anfänger und Hobby-Stadtgärtner. Ich habe ihn zur Motivation für den eigenen Anbau gefragt. Seine Antwort dazu: »Ich denke, es ist die Sehnsucht, die Pflanzen und Erde wieder zwischen den Fingern zu haben. Das Erlebnis im Garten. Die Wertigkeit der Lebensmittel wird dabei wieder höher. Die Leute nennen viele Gründe, in Wirklichkeit scheint es aber das Emotionale zu sein. Am einfachsten funktioniert es mit den Kindern, am besten im Volksschulalter. Da sind sie voll begeisterungsfähig, und alles andere wird ausgeblendet. Die Kinder bilden dann auch die Eltern weiter. Im Garten verhalten sich die Kinder auch anders, als vielen Lehrer/-innen bewusst ist. Das zeigt auch, wie sehr sich die Kinder durch die Gartenarbeit angesprochen fühlen.«

In der City Farm bringt Wolfgang den Menschen die Bedeutung von Wintergemüse und saisonaler Vielfalt näher. Er ist auch Buchautor und stellt in seinem Werk »Frisches Gemüse im Winter ernten« an die 80 Gemüsesorten vor. – Wenn schon die kalte Jahreszeit allein so viel Vielfalt bringen kann, was ist dann über alle Saisonen hinweg möglich? Wir sind durch die jahrzehntelange Gewöhnung an Supermarkteinkäufe auf nur ein gutes Dutzend Gemüsesorten konditioniert. Das lässt sich im eigenen Garten ohne Weiteres auf ein Vielfaches erhöhen! Vor allem auch durch den Winteranbau.

Sie fragen sich nun wahrscheinlich, wie man zu all diesen Raritäten kommt, vor allem wenn man als Anfänger oder aus Zeitgründen nicht als Samengärtner tätig sein kann. Zum Glück gibt es engagierte Pflanzenzüchter, die den Handel und auch die Endkunden mit entsprechender Ware versorgen. Einen dieser Pflanzenzüchter kenne ich persönlich gut, er beliefert mich für meinen Selbstversorgergarten und meine vertikalen Schaugärten. Er ist ein echter Idealist und hat mir auch ein Interview zu seiner Arbeit gegeben.

Der Vielfaltszüchter

Franz Mogg hat 1995 bei Herzogenburg in Niederösterreich eine Landwirtschaft übernommen und anfangs im Nebenerwerb geführt. Sein grundlegender Gedanke war die Selbstversorgung. Fünf Jahre nach der Übernahme hat er auf Bioproduktion umgestellt, kommerziell. Auf acht Hektar hat er verschiedene Gemüsesorten angebaut. Hauptsächlich manuell, wie er mir erzählt: »Wir hatten sehr viel Handarbeit. Es lässt sich, wenn du so viel Vielfalt hast, sehr schlecht mechanisieren. Die Kosten stehen nicht dafür. Die Vielfalt brauchen wir aber, denn ohne sie gehen wir unter. Es ist leider aber so, dass das finanziell nicht mehr getragen wird. Wenn ich mir heute die kleinen Betriebe anschaue, so wie meiner, die kämpfen alle. Um gut davon leben zu können, hätten wir den doppelten Preis verlangen müssen.«

Ein Jahr lang hat Franz Mogg auch den Großhandel mit Sellerie, Brokkoli, Salat und anderem Gemüse beliefert. Gleichzeitig wurde er Vollerwerbsbetrieb. Das hat sich nach kurzer Zeit aber als nicht lukrativ herausgestellt. »Vielfalt und Großhandel, das geht überhaupt nicht. Man müsste sich auf ein oder zwei Kulturen spezialisieren und das fünf bis zehn Jahre machen. Zehn Jahre gehen sich aber wahrscheinlich nicht aus, denn da werden die Flächen vorher kaputt. Da muss man Direktvermarktung machen.«

Begonnen hat er selbst die Direktvermarktung mit Abo-Kisten und Hauszustellung. Aufgrund der aufwendigen Logistik stellte er schließlich auf eine solidarische Landwirtschaft um, wobei sich die Kunden ihr Gemüse bei Stationen abholen.

Ich kenne Franz Mogg eigentlich über seinen Jungpflanzenverkauf. Anfangs hat er nur für den Eigenbedarf Jungpflanzen produziert. Dann stieg die Nachfrage und er konnte die Vielfalt an Gemüse nur durch eigene Zucht erhöhen. Franz erzählt: »Raritäten waren nicht gang und gäbe. Verstärkt bin ich damit erst in Berührung gekommen, als wir für die Arche Noah ab 2010 die Pflanzen produziert haben.«

Franz hat die Produktion fertiger Gemüse inzwischen zugunsten der Jungpflanzenproduktion aufgegeben. »Wir machen die Hälfte der Jungpflanzen für Pflanzenmärkte, die andere meist für kleine Landwirte.« Das zeigt sehr schön, dass sich immer mehr kleine Bauern und deren Kunden um Vielfalt bemühen und sich immer mehr Menschen auch selbst versorgen wollen.

Der Biohof Mogg nahe St. Pölten erzeugt standardmäßig Jungpflanzen von etwa 200 verschiedenen Gemüsesorten, darunter alleine 40 Sorten Tomaten, eine Spezialität von Franz. Bei größeren Bestellungen gibt's auf Anfrage auch ungewöhnliche Raritäten.

Franz ist sehr erfinderisch und will Gemüsebauern bei Problemen helfen, die er früher selbst hatte. »Ich versuche seit einigen Jahren auch Alternativen für kleine Betriebe zu entwickeln, damit deren Produktivität steigt. Konkret betrifft es das Auspflanzen. Ich bin jetzt dabei, für die händischen Auspflanzgeräte eigene Pflanzketten zu machen – damit man nicht stundenlang mit diesen Arbeiten beschäftigt ist.« Franz Mogg ist von Vielfalt überzeugt. Er widmet sein Leben der Versorgung von Landwirten und Selbstversorgern mit Lebensmittelvielfalt. Vielfalt gibt es auch beim Wildgemüse, das im Handel kaum zu finden ist. Ein absoluter Kenner dieser Materie ist der in Norwegen nahe dem Polarkreis lebende Stephen Barstow, den ich ebenfalls interviewt habe.

Der »Extreme Salad Man«

Stephen Barstow stammt aus England und lebt seit vierzig Jahren in Norwegen am 60. nördlichen Breitengrad. Er ist Selbstversorger und baut in seinem Garten eine enorme Sortenvielfalt an. International ist er inzwischen sehr bekannt, ich lernte ihn bei einem Vortrag in Wien kennen. Stephen ist Physiker und Ingenieur und hatte als Ozeanograf in Norwegen Arbeit bekommen. Er isst kein Fleisch, aber viel Gemüse, Milchprodukte und Fisch.

Als Gemüseliebhaber hatte es der Auswanderer schwer in Norwegen. Die Supermärkte boten in den 1980er-Jahren nur eine Handvoll Gemüsesorten. Stephen Barstow erzählt: »Salat, Karotten und Zwiebeln gab es. Nun gibt es 30 bis 40 Gemüsesorten. Aber auch nur die, die es überall gibt. Spargel kommt aus China und Peru, vieles andere aus holländischen Glashäusern, kaum Gemüse aus Norwegen. Dabei haben wir hier ein wunderbares Klima für Gemüse. Aber eben nicht für die Sorten, die die Supermärkte haben.« So begann er sein eigenes Gemüse anzubauen.

»Ich arbeite mit einer lokalen Sammlergruppe zusammen. Ich selbst hatte nicht immer die Zeit, das Wildgemüse zu sammeln. Also habe ich angefangen, es zu kultivieren. Ich habe mehrere 1000 Wildgemüse und -kräuter aus aller Welt getestet und kultiviere nun an die 2000 verschiedenen Sorten in meinem Garten«, versetzt er mich per Skype in Staunen.

Stephen ist für Mischsalate mit mehreren 100 Wildgemüse, -kräutern und -blumen bekannt. Das hat ihm den Namen »Extreme Salad Man« eingebracht. Die wichtigsten Pflanzen stellt er in seinem Buch »In 80 Pflanzen um die Welt« vor.

Stephen Barstow praktiziert einzigartige Anbau- und Verwertungsmethoden für Gemüse. »Der einzige Dünger, den ich seit dreißig Jahren nutze, ist Seetang. Der ist sehr mineralreich, und das fehlt uns heute am meisten. Mein Garten hat nur zwanzig Zentimeter Boden, direkt über Felsen. Das schieferartige Gestein (Phyllit) ist auch sehr mineralreich. Eine Zeitung hat mich deshalb als den möglicherweise mineralreichsten Norweger bezeichnet«, sagt er und lacht.

Zu den Anbaubedingungen in Norwegen meint er: »Die Vegetationszeit ist von April bis Oktober. Wir haben eigentlich gute Bedingungen für den Gemüse- und Obstanbau. Eben nicht für jene Sorten, die es im Supermarkt gibt, sondern für die ohnehin gesünderen Wildgemüse. In unserem Sommer gibt es keine Spätfröste, da die Tage so lang sind. Daher wächst unser Obst sicherer als zum Beispiel in England. Im langen Winter können wir jedoch draußen kaum etwas anbauen. Selbst die Kohlgemüse würden den Winter nicht überleben. Daher wird viel eingelagert. Somit esse ich auch im Winter frisches Gemüse. Ich friere nicht ein und fermentiere auch nicht. Ich habe verschiedene Lagermethoden entwickelt und nutze dazu meinen frostsicheren Keller. Die einjährigen und manche mehrjährigen Gemüse, wie Kohlarten, bringe ich in den dunklen, kalten Keller. Sie werden in erdgefüllten Kisten gelagert und zum täglichen Bedarf geerntet. Dadurch bleichen die Gemüse und schmecken auch besser. Die mehrjährigen Gemüse hole ich dann im März zum Vortreiben ins Haus und pflanze sie später wieder aus.«

Stephen baut vorwiegend mehrjährige Pflanzen an. Viele dieser Wildgemüse blühen auch sehr schön, zum Beispiel die verschiedenen Zwiebelsorten. Stephen isst gerne Funkien (Herzblattlilien, Familie der Spargelgewächse), die die wenigsten als Nutzpflanzen kennen. Er nennt solche Pflanzen »Edimentals«, eine Wortschöpfung aus »edible« (essbar) und »ornamentals« (Zierpflanzen). Auch eingeschleppte Arten (Neophyten) werden verspeist.

Stephen berichtet: »Viele Neophyten sind sehr gute Lebensmittel. Die Angst vor invasiven Arten ist oft übertrieben, zum Beispiel beim Japanischen Staudenknöterich. Den gibt es überall – und man bekämpft ihn hier bei uns mit Glyphosat. Ich halte ihn für eines der gesündesten Lebensmittel auf der Welt. Er ist sehr reich an Antioxidantien. Die Bienen lieben ihn auch, da er spät blüht. In Japan wird er extra für die Imkerei angesetzt. Wir haben halt zu viel Platz, wo sich die Pflanze ausbreiten kann. Er hat die gleiche Funktion wie Beikraut. Es verschließt die Wunden, die wir dem Boden zufügen, indem wir ihn offen lassen.«

Für Wildgemüse-Anfänger empfiehlt er Nesseln. Die wachsen so gut wie überall. Sie sind sehr gesund und haben auch viele wichtige ökologische Funktionen.

Stephen Barstow, der »Extreme Salad Man«, hat vermutlich eine der gesündesten Ernährungsweisen, die ein Mensch haben kann. Und sein ökologischer Fußabdruck ist ein Bruchteil von dem der meisten Industrielandbewohner.

Nicht alle von uns können oder wollen wie Stephen essen. Ein bisschen mehr Mut und Abwechslung in unseren Gärten würde uns allerdings sehr guttun. Wie bereits erwähnt: Dazu braucht es nicht einmal einen großen Garten. Der Bioanbau funktioniert auch in der Stadt. Mit Gründächern und vertikalen Gärten an der Wand von Gebäuden und Balkonen können auch in den Städten große und kleine Flächen begrünt werden.

Viele Pflanzen wie Wildkräuter und -blumen haben einen doppelten Nutzen, wie auch Stephen Barstow betont. Sie dienen den Bestäubern (Bienen, Wespen, Schmetterlinge, Käfer etc.) und bringen Vielfalt in unsere Ernährung. Somit können auch Stadtbewohner ganz erheblich zur Selbstversorgung und Biodiversität beitragen. Bereits Millionen von Menschen betreiben diesen Trend, das städtische Garteln bzw. Gärtnern oder Urban Gardening, wie es international genannt wird.

Der einzigartige Vielfaltsgarten des »Extreme Salad Man« Stephen Barstow in Norwegen. 2000 Gemüsesorten auf 2000 m², am 60. nördlichen Breitengrad.

Warum Urban Gardening?

Warum ist gerade der kleinstrukturierte Anbau von Obst und Gemüse in den Städten in den vergangenen Jahren so populär geworden, stünden doch im ländlichen Bereich entsprechende Grünflächen viel leichter zur Verfügung? Dass Grünraum vor allem in der Stadt psychologisch wichtig ist, habe ich bereits ausgeführt. Das hängt mit unserer evolutionären Veranlagung und unserem intuitiven Wunsch nach einem gesunden, natürlichen Leben zusammen.

Um zu verstehen, warum die urbanen Grünflächen heute zum Anbau von Nahrungsmitteln genutzt werden, muss man das Thema auch historisch betrachten. Tatsächlich ist der städtische Gartenbau nichts Neues, sondern eine sehr alte Tradition, er gehörte schon immer zur Stadtentwicklung.

Die urbane Landwirtschaft stellt eigentlich eine Kontroverse dar, die historisch gewachsen ist und viele Widersprüche und Diskussionen in der städtischen Raumplanung verursacht. Ackerland ist – aus urbaner Sicht – nichts anderes als noch zu erschließendes Bauland. Umgekehrt stellt die Stadt für die Landwirtschaft keine ernst zu nehmende produktive Fläche dar. Das war nicht immer so.

Städte wurden in den letzten Jahrhunderten noch nicht so stark verdichtet angelegt wie heute und Transportmittel waren vor dem 20. Jahrhundert ineffektiv und selten. Daher war es nur logisch, sich auch im urbanen Umfeld vor allem mit leicht verderblichen Lebensmitteln selbst zu versorgen. Während die besser haltbaren und billigeren Lebensmittel aus größeren Distanzen vom Stadtrand oder aus ländlichen Räumen angeliefert wurden, dienten die teuren Flächen in der Stadt dem Anbau exklusiverer Lebensmittel.

In den meisten Städten gab und gibt es der Landwirtschaft zugeordnete Flächen. Berühmt waren zum Beispiel die Stadtgärten von Paris aus dem 19. Jahrhundert, wo auf rund 15 Prozent der Stadtfläche von mehr als 8500 Gärtnern Obst und Gemüse angebaut wurden. Damals und auch zur Zeit der Weltkriege wurde dem Gartenbau in der Stadt eine große Bedeutung zugesprochen. Die prägende Idee einer »Gartenstadt« stammt vom britischen Stadtplaner Ebenezer Howard (1850–1928), der das ideale Stadtbild als »eine Stadt im Garten« formulierte, statt »einem Garten in der Stadt«.[151] Die Idee von Gartenstädten führte zum Beispiel in den 1920er- und 1930er-Jahren in Wien zu Wohnbauten mit ausgeprägtem Gartencharakter.

Die Dezentralisierung der Lebensmittelerzeugung wurde Anfang des 20. Jahrhunderts als Element der Versorgungssicherheit gesehen. Für den deutschen Landschaftsarchitekten und Autor Leberecht Migge[152] waren zu dieser Zeit Kleingärten als Selbstversorgereinheiten wichtige Strukturelemente von Städten, was er mit Büchern wie »Jedermann Selbstversorger!« oder »Der soziale Garten« zum Ausdruck brachte.

Selbstversorgung in der Stadt war also schon immer bedeutend. Stadtentwickler der 1920er-Jahre empfahlen die Bewirtschaftung von mehreren hundert Quadratmetern pro Familienmitglied, um die Selbstversorgung mit Gemüse, Obst und Fleisch (Kleinvieh, vor allem Hühner) zu gewährleisten. Dies sollte auch einer Arbeiterfamilie in der Nebentätigkeit möglich sein, und die Grundversorgung der Bevölkerung sollte durch eigene gärtnerische Arbeit gewährleistet werden.

Vor allem im Zweiten Weltkrieg wurde der Eigenanbau in den Städten stark betrieben. Das diente der Erhöhung der Versorgungssicherheit in dieser schweren Krisenzeit. Während beider Weltkriege gab es politisch gestützte Selbstversorgungsinitiativen in Nordamerika, England, aber auch Deutschland, die sogenannten »Victory Gardens«. Sie wurden als entscheidend für die Aufrechterhaltung der Moral und der Lebensmittelqualität und somit für eine erfolgreiche Kriegsführung angesehen. Sogar in einigen Zeichentrickfilmen der 1940er-Jahre wurden sie thematisiert und propagiert. Durch Cartoons, z. B. eine Erbsenschoten-Kanone, wurden Selbstversorgergärten mit erfolgreicher Kriegsführung verbunden. In europäischen Städten wie Berlin wurden solche Gärten – neben den bestehenden – in Hinterhöfen, Stadtparks und auf anderen verfügbaren Flächen angelegt.

Eine besondere historische Bedeutung haben auch die Schrebergärten. Namensgebend, wenngleich nicht deren Erfinder war der deutsche Orthopäde Daniel Gottlob Moritz Schreber[153]. Erst nach seinem Tod entstand 1869 tatsächlich der erste »Schrebergarten« in Leipzig. Durchgesetzt haben sich diese grünen Inseln erst im 20. Jahrhundert, und sie verbreiteten sich auch erfolgreich in Österreich.

Meist sind die Schrebergärten als Vereine organisiert. Sie blieben über das gesamte vorige Jahrhundert als bedeutende kleinstrukturierte Siedlungskultur in vielen europäischen Städten erhalten und werden immer häufiger zum Lebensmittelpunkt ihrer Pächter. In Europa gibt es etwa drei Millionen Mitglieder in Schrebergartenvereinen, wobei der Schwerpunkt in Deutschland[154] und Polen liegt, mit je fast einer Million Mitgliedern.

Die Schrebergartenkultur bietet vielen Menschen eine Möglichkeit, ihr Bedürfnis nach Selbstversorgung und Autonomie auszuleben. Die Nachfrage, vor allem unter Jungfamilien, übersteigt längst das Angebot. Für neue Flächen in städtischen Zentren fehlt der Platz, auch die exorbitanten Grundstückspreise lassen keinen Spielraum mehr. Daher kommt es in den Pachtlisten der meisten Städte zu langen Wartezeiten. In Berlin zum Beispiel warten Jungfamilien drei bis vier Jahre auf eine der heiß begehrten Parzellen in den rund 70.000 Schrebergärten.[155]

Die essbare Stadt

Da bei Schrebergärten die Nachfrage das Angebot bei Weitem übersteigt, haben sich in den letzten Jahren nebenher zahlreiche Garteninitiativen gebildet. Vor allem in kleineren Städten wurden diese Initiativen auch politisch unterstützt. So etablierten sich im öffentlichen Raum unter anderem Gemeinschaftsgärten mit dem Ziel der »essbaren Stadt«.

Wie so oft kam der Trend auch hier aus dem englischen Sprachraum. Im Jahr 2006 startete der Engländer Rob Hopkins[156] die Initiative der »Transition Towns« (»Städte im Wandel«). Das Ziel war und ist, nachhaltige, energieeffiziente, möglichst von fossilen Energien befreite Kreisläufe und lokale Versorgungstrukturen (wieder) aufzubauen. Die Bewegung hat sich mittlerweile international ausgebreitet.

Ein berühmtes Vorzeigebeispiel ist die essbare Stadt Todmorden, eine 15.000-Einwohner-Stadt im Nordwesten Englands. Im gesamten Stadtgebiet wurden Gemüse-, Kräuter- und Obstgärten angelegt, deren Ertrag für jedermann frei verfügbar ist. Dazu kommen Kochkurse, Führungen und viele andere soziale Aktivitäten. Es geht um Nachhaltigkeit, Ökologie, eine bessere Selbstversorgung und die Stärkung der Gemeinschaft. Diesem Beispiel sind weltweit bereits viele Kommunen gefolgt, das Transition-Towns-Netzwerk ist groß.

Der Wikipedia-Eintrag »Essbare Stadt« listet alleine 113 deutsche Städte auf und bezieht sich dabei auf 141 Quellen. Als bekanntes Beispiel sei hier Andernach genannt. Die am Rhein liegende 30.000-Einwohner-Stadt wurde für ihre 2010 gestartete Initiative »Pflücken erlaubt statt betreten verboten« mehrfach ausgezeichnet. Öffentliche Parks wurden in Anbauflächen umgewandelt, damit verbunden waren verschiedene soziale Initiativen.

Hierbei hat sich auch gezeigt, dass die Umwandlung von Zier- zu Nutzgärten einen wesentlichen ökonomischen Vorteil hat: Unabhängig von der Produktivität haben sich die Pflegekosten der Flächen auf ein Zehntel reduziert. Und durch die partizipative Gestaltung der Gärten, zu der alle Bürger eingeladen sind, sind Sabotage oder Diebstahl kaum ein Thema. Dieser soziale Aspekt ist vermutlich ein Hauptgrund dafür, dass solche Initiativen eher in kleinen Städten erfolgreich sind.

In Großstädten gibt es ähnliche Initiativen und Vereine. In Wien sei hier der 2007 gegründete Verein »Gartenpolylog« genannt, der sich für mehr öffentliche und nutzbare Grünflächen einsetzt. Der Verein sieht urbane Gärten als Teil eines gesellschaftlichen Wandels, er will grüne Räume der Begegnung und Vielfalt schaffen.

In manchen Fällen haben sich größere Städte nicht immer freiwillig und aus dem Wohlstand heraus in Richtung Selbstversorgung begeben. Zum Beispiel Detroit, einst Vorzeigestadt der amerikanischen Autoindustrie. Nach deren Niedergang in den letzten sechzig Jahren hat die Stadt die Hälfte ihrer Bevölkerung eingebüßt. Die verbliebenen Bewohner haben – auch wegen der hohen Arbeitslosigkeit von 50 Prozent – auf den frei gewordenen Fabrikarealen angefangen, Landwirtschaft zu betreiben. Viele Flächen wurden in Ackerland umgewandelt und in einem einzigen Jahr bis zu 900 Selbstversorgergärten gegründet, private wie gemeinnützige. Die Gärten geben wieder Hoffnung, Beschäftigung und Ernährungssicherheit – ein Vorzeigebeispiel für urbane Lösungen nach wirtschaftlichen Krisen.

In ökonomisch funktionierenden Städten ist freier Platz Mangelware Nummer eins. Alle Freiflächen sind hart umkämpft und das Anlegen von Gärten wird zum schwierigen Unterfangen. In solchen Städten, die auch in Mitteleuropa dominieren, beschränken sich die Gärten vorwiegend auf das private Umfeld. Genau dies ist jener urbane Bereich, den ich selbst mit der Entwicklung von vertikalen Anbausystemen besonders unterstütze.

Privates Grün

In Großstädten wird aus Kostengründen meist auf zentrale Verdichtung und parallel dazu auf gut erreichbare Naherholungsgebiete gesetzt. Diese Erholungsräume sind dann aber doch nicht gleich »vor der Haustür«. Auch die Wartezeiten für Schrebergärten sind lang, und öffentliche Flächen werden nicht ausreichend für gärtnerische Arbeiten freigegeben. So bleibt als einziger – und einfachster – Weg, das Gewünschte innerhalb des eigenen Umfelds zu verwirklichen.

Bei Jungfamilien sind die Reihenhaussiedlungen mit Eigengarten am Stadtrand sehr beliebt. Ein Fokus liegt aber auch auf der Grüngestaltung des privaten Territoriums: Freiflächen wie Balkone, (Dach-)Terrassen und Loggien, wenn auch noch so klein, werden erfindungsreich genutzt und wandeln sich zu neuen Naherholungsräumen. Sie können auch als Ergänzung zu den Stadterholungsgebieten gesehen werden.

Ein grüner Balkon oder eine bepflanzte Terrasse lassen sich gut zur spontanen Entspannung nach der Arbeit nutzen. Im Sessel oder Liegestuhl den Bienen und Hummeln beim Bestäubern der Erdbeeren zusehen, am Lavendel riechen oder bei Sonnenuntergang für das Abendessen einen frischen Salat ernten – das hat Qualität.

Für Kinder bietet der nahe oder direkt am Haus platzierte eigene Garten besonders spannende Betätigungsfelder, vor allem wenn gepflanzt wird oder die eigenen Erdbeeren und Cocktailtomaten direkt verspeist werden können. Auch die grünen Gemüse schmecken so manchem Kind besser, wenn es sie selbst pflanzt und erntet. Und wie wenig Fläche für ein echtes Gartenerlebnis tatsächlich nötig ist, werden wir in den folgenden Kapiteln sehen.

Klein- und Kleinstgärten

Das suburbane Paradies von Jungfamilien ist das Reihenhaus. Man hat seine eigenen vier Wände und einen Balkon, Terrasse oder Garten. Die Erdgeschosse haben meist einen kleinen Garten, üblicherweise um die 50 bis 200 Quadratmeter. Der Schrebergarten des 21. Jahrhunderts befindet sich also direkt am eigenen Heim, nur wenige Schritte vom Wohnzimmer entfernt.

Für eine Familie mit zwei oder drei Kindern kommen diese kleinen Gärten schnell an ihre Kapazitätsgrenzen. Neben dem 4-Meter-Trampolin, dem Spielplatz und der Sitz- und Grillecke wird es plötzlich eng. Man will ja schließlich auch noch ein wenig Freiraum für das Federball- oder Tischtennisspielen. Und ja, das Wichtigste – aus meiner Sicht – muss auch noch Platz finden: die Anbaufläche für das eigene Gemüse.

Die Lösung für derartige Platzprobleme lautet vertikales Gärtnern. Einen Teil meiner Vertikalbeetsysteme habe ich sogar speziell dafür entwickelt, Abtrennungen zwischen Reihenhausgärten zu schaffen.

In stärker verdichteten Stadtteilen und hohen Gebäuden gibt es, wenn überhaupt, nur noch Terrassen oder Balkone als Freiflächen. Diese erfreuen sich zunehmender Beliebtheit, wie sich im aktuellen Wohnbau zeigt. Dem privaten Stadtgärtner, der auf wenigen Quadratmetern eine grüne Oase inklusive Kräutern, Salaten und anderem Gemüse schaffen möchte, sei effektive Planung geraten. Vertikalbeete kommen gerade auf solchen kleinen Räumen voll zur Entfaltung.

Ein Königreich für einen Balkon

Stadtbewohner sind meist gezwungen, ihr Leben auf engen Räumen zu organisieren. Der gesundheitliche Aspekt einer natürlichen, grünen Umgebung spielt hier eine umso größere Rolle. Je intensiver der Kontakt des Menschen zu einer grünen Umwelt, desto besser sein Gesundheitszustand. Balkone und Terrassen in der Stadt erleben in diesem Sinn eine Renaissance. Den Mehrwert – und die höhere Zahlungsbereitschaft für Immobilien mit Außenflächen – hat man auch in der Bauwirtschaft erkannt. Vor allem im gehobenen Wohnbau sind Balkone, Terrassen und begrünbare Flachdächer inzwischen Pflicht, sie werden meist schnell in Grünzonen verwandelt. Pflanztröge auf dem Geländer und den Fensterbänken, Blumentöpfe und Vertikalbeete bestimmen das Bild. Der beschränkte Raum, vor allem auf Balkonen, hat den Gartentrend sehr stark in Richtung vertikalen Anbau geführt.

Ich selbst verfolge mit meinen Vertikalbeeten vor allem die Vision einer stärkeren Nutzung von Außenflächen für den biologischen Lebensmittelanbau, basierend auf Sonnenlicht und Erdsubstraten. Immer mehr Leute aller Alters- und Einkommensstufen, vor allem aber Jungfamilien und Menschen mit hohem Ernährungsbewusstsein können dem etwas abgewinnen. Sie schaffen sich damit ein nahe liegendes, essbares Paradies, das ohne Auto oder öffentlichen Verkehr erreichbar ist. Von der kleinsten Fläche, dem Fensterbrett, bis hin zu großzügigen Dachterrassen werden mit erstaunlichem Erfinderreichtum wahre Oasen geschaffen. Der Effekt des verbesserten städtischen Mikroklimas durch intensive Begrünung wird als angenehmer Nebeneffekt willkommen geheißen.

Viele Menschen wollen sich einfach und rasch ihr Stück Natur in ihren Lebensraum holen. Die Gestaltung spielt eine große Rolle. Mag der Raum auch begrenzt sein, die Gestaltungsmöglichkeiten sind unbegrenzt. Das beweist

Entwurf eines voll begrünten und essbaren Balkons durch den Einsatz von Vertikalbeeten. Die große Gartenfläche auf kleiner Grundfläche kann im Sommer und Winter genutzt werden.

unter anderem Birgit Schattling aus Berlin. Sie betreibt mit großem Erfolg die Internetplattform »Bio-Balkon«, eine Website und Facebookgruppe. Für sie ist klar, dass biologisches Gärtnern auf kleinem Raum längst zu einem neuen Lebensstil in der Großstadt geworden ist. Birgit war so nett, mir ein Interview zu ihrer grünen Oase, die inmitten einer Betonfassade angesiedelt ist, zu geben.

Der Bio-Balkon

Der grüne Balkon ist die Keimzelle einer nachhaltigen Stadtentwicklung. Eine besondere Geschichte schreibt Birgit Schattling, Gründerin von *www.bio-balkon.de*. Ihrer Geschichte möchte ich ein paar Seiten widmen, da Birgit das lebt, was ein wichtiger Teil meiner Vision für die Städte der Zukunft ist. Sie zeigt uns, wie viel Biodiversität auf engstem Raum möglich ist und wie eine Stadt den Themen gesunde Ernährung, Erhöhung der Vielfalt und auch dem Klimawandel begegnen könnte.

Birgit lebt in einer Wohnung im 6. Stock im Zentrum Berlins. Sie hat zwei kleine Balkone, einen mit vier, den anderen mit fünf Quadratmetern. Neun Quadratmeter! »Was soll da schon möglich sein?«, werden Sie sich fragen. Vieles, sehr vieles, wie Birgit beweist. Essbares in Hülle und Fülle, Wildbienen und Schmetterlinge, sogar nistende Vögel und Eichhörnchen gibt es dort. Und ein eigenes, angenehmes Mikroklima, vor allem im heißen Sommer, und so viele Tiere, dass es manchmal schon zu Problemen kommt, wie mir Birgit im Interview erzählt.

Was ist ihre Motivation für diesen derart intensiv begrünten Balkon? »Ich habe meinen Balkon vor allem, um Essen anzubauen. Unbelastetes, saisonales und regionales Gemüse sowie Obst und Kräuter in Bioqualität. Das heißt chemiefrei angebaut, mit organischem Dünger, torffreier Erde und möglichst biologische und samenfeste Sorten. Auch Säulenäpfel und rote Beeren habe ich. Ich vermehre auch selbst. Grünkohl, Radieschen und Asia-Salat zum Beispiel. Seit dem letzten Jahr kultiviere ich auch Wintergemüse. Grünkohl, Feldsalat, Mangold, Hirschhornwegerich, Löffelkraut, Asia-Salate und Winterpostelein (Tellerkraut, Anm.) sind in den Kästen. Es geht mir nicht um große Erträge, sondern um die Vielfalt. Da gehören auch Wildgemüse und -kräuter wie Brennnesseln und Löwenzahn dazu. Ich züchte auch Sprossen und Keimlinge.«

Birgit ernährt sich äußerst gesund und erzählt mir auch von der Verbesserung ihres Gesundheitszustands: »Ich baue viel Grün für meine Smoothies an. Am Anfang habe ich die noch mit Obst gemacht, inzwischen fast nur noch mit Gemüse. Da kommen auch immer Wildgemüse rein, da die Nährstoffdichte dort höher ist. Ich mache das seit drei Jahren. Nun habe ich keine Migräne und Gelenkbeschwerden mehr, dafür mehr Energie, ich brauche weniger Schlaf und bin trotzdem viel leistungsfähiger.« Was gesunde Ernährung alles zustande bringen kann, denke ich mir voll Bewunderung für ihre Erfolge.

Der Biobalkon von Birgit ist auch ökologisch sehr wertvoll. Er ist ein Eldorado für kleine Tiere. »Vor allem für die Insekten und Wildbienen. Diese bestäuben auch die Gemüsepflanzen. Es ist auch im Winter sehr grün. Vögel und Eichhörnchen kommen oft zu uns. Vor allem in die Naschecke mit Aroniabeere, Felsenbirne, Brombeere und Bienenbaum. Im Winter werden sie eigens gefüttert. Sonst ernähren sie sich auch von den Samen der vielen Pflanzen.

Mein Sohn mag das auch sehr gerne. Wenn die Balkontür geöffnet wird, kommen ganz viele Naturgeräusche vom Balkon herein. Die habe ich dann auch am Arbeitsplatz. Der Balkon ist vor einem großen Fenster. Das ersetzt den Fernseher für meinen Sohn und mich. So lernt mein Sohn auch besser die ökologischen Zusammenhänge kennen. Mitten in der Stadt vom Wohnzimmer einen Blick in die Natur zu haben, ist toll.«

Birgit kompostiert auch. Sie verwendet Rasenschnitt aus der Wohnanlage zum Mulchen und hat eine Wurmkiste, mit der sie Biomüll wieder in wertvolle Erde für ihre Balkonbeete umwandelt. Außer ein bisschen Hornspäne wird kein Dünger zugekauft.

Der Balkon hat ein eigenes Mikroklima, wie sie mir erzählt: »Baumspinat, Inkagurke, Säulenäpfel und Sonnenblume machen schon vorne an der Brüstung Schatten. Im Sommer 2018 konnte ich auch zu Mittag draußen sitzen, während es auf vielen anderen Balkonen zu heiß war. Mir haben viele Balkonbesitzer berichtet, dass durch die Hitze auf weniger grünen Balkonen viele Pflanzen nicht überlebt haben.« Das zeigt auch, wie intensiv eine Begrünung sein muss, damit sich ein Mikroklima ergibt, das die Pflanzen selbst schützt. Birgit hat also auf ihrem Minibalkon erfolgreich ein natürliches Ökosystem nachgebaut. Und erntet im wahrsten Sinn des Worts die Früchte ihrer Bemühungen.

Seit dem Vorjahr besitzt sie auch ein Vertikalbeet. Dieses steht auf ihrem zweiten Balkon, der mit nur 70 Zentimetern extrem schmal ist. Dennoch kann sie Gemüse an der Wand anbauen und noch davorstehen.

Ich frage sie nach ihrer Erfahrung mit dem vertikalen Gärtnern: »Sehr gut«, antwortet sie, »die Raumausnutzung ist optimal und es macht einen sehr ordentlichen Eindruck. Ich kann da noch mehr Wildkräuter anbauen. Die brauche ich für meine Smoothies. Ich möchte darin vor allem kleinere Wintergemüse anbauen, damit es auch aufgeräumt aussieht. Am Balkon ist auch die Anbausaison länger.«

Birgit plant, noch mehr vertikale Gärten zu installieren, um die grüne Oberfläche weiter zu erhöhen und mehr auf ihrer kleinen Balkonfläche unterzubringen.

Am Schluss des Interviews frage ich Birgit nach ihrer Vision. Es geht um ihre Tätigkeit als Balkongartenbotschafterin, über die sie sehr aktiv für grüne Balkone wirbt und auch Online-Kongresse mit Tausenden Teilnehmern/-innen veranstaltet. Sie erklärt: »Ich möchte mehr grüne, bunte, lebendige Balkone in unseren Städten! Meine Vision ist, dass mehr Menschen ihre Balkone nutzen. Naturnah, zur Selbstversorgung und als Wohlfühloase.«

Das sehe ich auch so. Mehr grüne Balkone bedeuten grünere Häuser. Und mehr grüne Häuser bedeuten schließlich grünere Städte. Und warum sollten diese nicht auch essbar sein? Aus Birgits und auch aus meiner Erfahrung spricht nichts dagegen. Also, worauf warten wir noch?

Einsatz eines Vertikalbeets auf einem Balkon in Berlin.
Trotz extrem beengter Raumverhältnisse ist umfangreicher Anbau möglich.

Kapitel 5

ESSBARE HÄUSER, GRÜNE STÄDTE

Vom »Green Building« zur »Green City«

Green Building (oder grünes Bauen) ist heute in aller Munde. Schlägt man diesen Begriff im Internet nach, findet man meist die Erklärung, dass bei derartigen Bauprojekten die Maximierung der Ressourceneffizienz (Energieaufwand, Wasserverbrauch, Materialaufwand) im Vordergrund steht. Mit der echten Begrünung solcher Gebäude hat dies also nicht unmittelbar zu tun.

In den letzten Jahren hat – aufgrund des Klimawandels – die biologische Begrünung von Stadtgebäuden an Bedeutung gewonnen. In diesem Kontext verstehe ich heute unter »Green Building« ebenfalls die größtmögliche Begrünung der Außenhülle eines Gebäudes. Dies kann jedoch nur im Einklang mit der technischen und ökonomischen Sinnhaftigkeit solcher Begrünungsvorhaben erfolgen. Außergewöhnlich hohe Bau- und Betriebskosten bei gleichzeitig geringen ökologischen Funktionen widersprechen dem Green-Building-Code.

Warum sind Städte nicht deutlich grüner? Die stark voranschreitende Urbanisierung und die damit einhergehende Nachfrage nach Wohnraum fordern eine zusätzliche Verdichtung in der Verbauung und erhöhen die Konkurrenz mit grünen Freiflächen. Der Städtebau steht also vor der Herausforderung, der Klimaerwärmung mit einer nachhaltigen und gleichzeitig leistbaren und ökologisch möglichst funktionellen Bauweise zu begegnen. Auch in Europa ist man sich dieser Situation bewusst und überlegt, wie man in bestehende und neue Häuser mehr grüne Oberflächen integrieren kann.

Der Umsetzungsprozess ist eher träge. Unsere Baukultur der vergangenen Jahrzehnte hat grüne Elemente wenig berücksichtigt. Grünraum wurde im

Intensiv begrüntes Dach mit großer Artenvielfalt.
Von einem ökologischen Garten fast nicht zu unterscheiden.

Sinne der weiteren Verdichtung eher verdrängt und in der Planung stiefmütterlich behandelt. Stark steigende Immobilienpreise machen das verständlich, und weitere Verdichtungen werden erfolgen. Umso mehr scheint es nötig, dass die Häuser selbst wieder Träger von naturnahen Oberflächen werden. Das wäre in vielerlei Hinsicht auch gesünder für die Stadtbewohner, wie wir inzwischen wissen. Entsprechende Normen wurden und werden noch geschaffen, die Umstellung braucht Zeit. Und das, obwohl Gebäudebegrünungen, vor allem Gründächer, keine neuzeitliche Erfindung sind, wie wir gleich sehen werden. Sie befinden sich eher in einem Dornröschenschlaf.

Grüne Häuser: Nichts Neues aus dem Westen

»Grüne Städte« sind keine neue Idee irgendwelcher Politiker oder der von der Klimaerwärmung geplagten Großstädte westlicher Industrieländer. Sie sind schon so alt wie die urbane Baukultur selbst. Wie aus Überlieferungen bekannt, wurden im Vorderen Orient schon vor über 3000 Jahren Dach- und Terrassenbegrünungen angelegt. Die hängenden Gärten der Semiramis, eine aufwendige Gartenanlage in Babylon um 600 v. Chr., zählten zu den sieben Weltwundern der Antike. Grüne Flachdächer hatten auch die Römer. Vermutlich haben hohe Grundstückspreise den Garten in luftiger Höhe attraktiv gemacht – eine Analogie zur heutigen Zeit. Die Römer betrieben auf dem Dach sogar Fischzucht. In Nordeuropa werden Gründächer seit mehr als tausend Jahren wegen ihrer Isolierwirkung geschätzt.

Im Mittelalter waren gebäudenahe Gärten[157] vor allem als hängende Gärten im Orient verbreitet. In Europa waren sie zu dieser Zeit kaum bekannt. In der Renaissance wurde die Idee antiker Gärten von Italien aus wiederbelebt. Vor allem reiche Bürger wie die Medicis fanden großen Gefallen daran. In der Spätrenaissance, am Ende des 16. Jahrhunderts, waren die hängenden Gärten sehr beliebte Elemente bei der gehobenen Bevölkerungsschicht, und selbst die Herrscher liebten es, in »grünen Palästen« zu wohnen. In den darauffolgenden hundert Jahren breitete sich dieser Gartentrend über ganz Europa aus. Im Barock und Rokoko wurden aufwendige Dachgärten gebaut, die wegen ihrer hohen Konstruktionskosten aber nur den Herrscherhäusern vorbehalten waren.

Gärten an Gebäuden waren über lange Zeit der Menschheitsgeschichte also eher ein Zeichen des gehobenen Lebensstils. Man könnte fast meinen, Grün sei die dominierende Farbe von Hochkulturen. Dagegen mutet heute die zunehmende Überschotterung, Flächenversiegelung und Vergrauung ehemaliger Grünflächen wie ein zivilisatorisches Armutszeugnis an.

In den letzten hundert Jahren spielten Mitteleuropa und der deutschsprachige Raum allerdings eine große Rolle bei der Wiederentdeckung und Weiterentwicklung von Dachgärten. In Berlin gab es Anfang des 20. Jahrhunderts begrünte Dächer in der Ausführung von Holzzementdächern, einer in der Mitte des 19. Jahrhunderts entwickelten Technik.

In der ersten Hälfte des 20. Jahrhunderts entwickelte sich die Dachbegrünung auch in Frankreich stärker, vor allem angetrieben durch den Architekten und Künstler Le Corbusier. Dieser schätzte die Nutzung von Dächern als Gärten und besonders die Rückgewinnung von verbauter Fläche als Naturlebensraum. Ein Thema, das auch heute aufgrund der systematischen und dramatischen Versiegelungsgeschwindigkeit wieder dringend auf den Tisch gehört.

Bis in die 1970er-Jahre wurden in Mitteleuropa intensive Gründächer (Substratschichten mit mehr als 25 cm Dicke, entsprechend hohe Baukosten) vor allem auf Tiefgaragen und anderen flächigen Verbauungen installiert. Für breitere Anwendungen waren diese zu teuer.

1982 wurde in Deutschland ein neuer Maßstab gesetzt, indem die FLL (Forschungsgesellschaft für Landschaftsentwicklung und Landschaftsbau e. V.) Richtlinien für den Bau und die Bepflanzung von Gründächern herausgab. Zu dieser Zeit entstanden auch technisch ausgereifte Dachabdichtungssysteme, die der weiteren Begrünung den Weg ebneten. 1990 erfolgte durch die FLL schließlich eine Darstellung des Stands der Technik für intensive und extensive Gründächer.

Die extensive, kostengünstigere Begrünungstechnik ermöglichte die breite Anwendung von Dachbegrünungen. Dabei werden dünnere Substratschichten und einfachere, trockenheitsresistente Pflanzen wie Fetthennen (Dickblattgewächse der Gattung Sedum) verwendet. Die Baukosten sind dadurch stark reduziert. Diese Dächer sind für eine Nutzung aber meist zu unattraktiv.

Gründächer sind heute auf beide Arten, intensiv und extensiv, als Standard etabliert. Vor dem Hintergrund der höheren Widerstandskraft grüner Städte gegen die Folgen des Klimawandels ist das auch äußerst sinnvoll.

Die multifunktionale Gebäudebegrünung

Gebäudebegrünungen haben viele Vorteile, die über lange Zeit in unserer Baukultur auch sehr geschätzt wurden. In der Nachkriegszeit gerieten sie offenbar in Vergessenheit, denn das Bauwesen war auf billige Zweckbauten ausgerichtet. Im Licht der steigenden Bevölkerungszahlen und Nachverdichtung der Siedlungsräume inklusive Oberflächenversiegelung und Naturraumzerstörung werden sie heute wieder aktuell. Ein weiterer Grund ist die rapide Klimaerwärmung, die nicht nur den verdichteten Großstädten massive Probleme bereitet. Gründächer bieten da viele Verbesserungen, sowohl auf Objekt- als auch auf gesellschaftlicher Ebene. Soziale Aspekte wie Naturnähe und Erholung spielen speziell auf naturnah geplanten intensiven Gründächern eine bedeutende Rolle.

Ökonomische Aspekte schließen den Starkregenschutz und die Erhöhung des Immobilienwerts sowie die längere Lebensdauer des Dachs mit ein. Dazu kommen niedrigere Energie- und Infrastrukturkosten (Abwasser).

Vor allem aber ergeben sich eine Vielzahl ökologischer Vorteile. Für die Menschen bedeutet Gebäudebegrünung eine Reduktion von Lärm und Luftverschmutzung, ein besseres Mikroklima und einen Ort der CO_2-Speicherung. Der Klimaeffekt tritt vor allem im Sommer zutage – im Zuge der Klimaerwärmung wird der verringerte Kühlaufwand wichtiger als die Dämmung im Winter.

Für Fauna und Flora bedeuten Gründächer und -fassaden mehr Lebensraum und Nahrung. Das erhöht wiederum die Biodiversität. Auf den Gründächern wird auch urbanes Imkern immer beliebter. Bienenzüchter schaffen es in Städten mit vielen Blühpflanzen auf den Dächern sogar zu großartiger

Honigqualität. Und weil in der Stadt von Insektiziden meist keine Spur ist, entsteht die paradoxe Situation, dass es den Stadt-Bienen vielfach schon besser geht als jenen im ländlichen Raum.

Klar ist, dass die tiefgründigen Böden der teureren Intensivgründächer die größte Nutzungs- und Artenvielfalt ermöglichen. Aber auch extensive Dachbegrünungen können wichtige ökologische Funktionen wie Regenwasserpufferung, Dämmung, Klimaverbesserung und eine Erhöhung der Biodiversität erfüllen.

Die biologische Sonnenlichtnutzung auf Dächern lässt sich sehr gut mit der technischen Nutzung der Sonnenenergie, wie Photovoltaik oder solarer Warmwasserbereitung, kombinieren. Photovoltaik(PV)-Anlagen können den Pflanzen Schatten spenden und profitieren ihrerseits von der kühleren Umgebungstemperatur, die Gründächer erzeugen. Auch auf von Menschen genutzten Dächern kann die Kombination von Solarenergie und Gründach viele Funktionen erfüllen. Die Universität für Bodenkultur in Wien hat etwa den »PV-Dachgarten« entwickelt. Dabei werden PV-Module auf Pergolen montiert und darunter Grünflächen und Sitzgelegenheiten platziert. Auch ich habe ein Design für Pergolen mit integrierten Vertikalbeeten entworfen, das auf Terrassen oder Flachdächern zum Einsatz kommt. Der Dachgarten der Zukunft erzeugt also zugleich Strom und Lebensmittel.

Grün ist cool

Es gibt, wie wir gesehen haben, genügend Argumente dafür, versiegelte Grünflächen durch Gebäudebegrünung zurückzugewinnen. Die vertikale Gebäudehülle eröffnet, zusätzlich zum Dach, sogar die Möglichkeit, die grüne Oberfläche größer als die eigentlich verbaute Fläche werden zu lassen. Das bedarf natürlich einer konsequenten und ökologischen Planung und der Bereitschaft zu höheren Investitionskosten.

Um die klimatischen Funktionen von urbanen Begrünungen zu verstehen, müssen wir zuerst die Faktoren beleuchten, die das Stadtklima beeinflussen. Sonneneinstrahlung, Wind und Niederschläge bestimmen Temperatur und Feuchte in der Stadt, die wiederum für unser Wohlgefühl maßgeblich sind. Nicht viele Menschen in unserer Klimazone vertragen hohe Temperaturen und hohe Luftfeuchtigkeit, vor allem nicht gleichzeitig. Wenn man im August kurz nach der Dusche gleich wieder nass geschwitzt ist, wird der Wunsch nach dem Verlassen der Stadt rasch laut.

Was ist also zu tun, damit wir uns auch im heißesten Sommer in der Stadt bzw. in der Stadtwohnung wohlfühlen? Die Antwort ist ganz einfach: kühlen, die Umsetzung aber nicht immer leicht. Klimaanlagen sind Stromfresser und Kaltluftduschen mit geöffneten Kühlschranktüren ein lustiger, aber sinnloser Spaß.

Die langfristig bessere Lösung sind ökologische, klimarelevante Bauweisen. Die Sonne erhitzt verbaute bzw. versiegelte Flächen, und diese speichern Wärme hervorragend. Das führt dazu, dass es in der Stadt tagsüber sehr heiß wird und nachts kaum abkühlt.

Begrünte Oberflächen wirken im Gegensatz dazu aus mehreren Gründen kühlend. Einerseits absorbieren die Pflanzen Sonnenlicht für die Fotosynthese, andererseits reflektieren sie auch Licht. Pflanzen speichern auch keine Wärme, ihre unmittelbare Umgebungstemperatur entspricht im Wesentlichen der Lufttemperatur.

Sind die Pflanzen auch noch in rundum offenem Boden gepflanzt, so können diese Böden Niederschlagswasser speichern. Die Verdunstung von Wasser direkt aus dem Boden (Evaporation) oder über die Pflanzen (Transpiration) entzieht der Umgebung schließlich Wärme und kühlt diese ab.

Eine begrünte Fassade kann zum Beispiel die vertikale Gebäudeoberfläche um 8 bis 24 °C (abhängig von der Farbe der unbegrünten Vergleichsfassade) abkühlen. Die Energieersparnis solcher Fassaden ist beachtlich. Eine 850 m^2 große Grünfassade kann 75 Klimageräte mit drei Kilowatt Leistung und acht Stunden täglicher Betriebsdauer ersetzen, was zu einer Tagesersparnis von 1800 Kilowattstunden führt.[158]

Wenn das Grün fehlt, können heiße Sommertemperaturen sehr unangenehm werden. Die Luft in den Straßenzügen zwischen hohen Gebäuden kann rasch 40 °C erreichen, betonierte Flachdächer können sogar bis zu 70 °C heiß werden.[159] Werden Dach und Fassade begrünt, kann die Luft im Dachbereich auf 30 °C abgekühlt werden. Dies führt auch am Boden zu einer fühlbaren Abkühlung um etwa 13 °C.

Im Hinblick auf die Klimaprognosen für die nächsten Jahre werden ökologische Stadtplanung und intensive Begrünungsmaßnahmen von Immobilien zu einem absoluten Muss. Nur so lassen sich dicht verbaute Stadtteile am besten abkühlen. In Wien wurde zum Beispiel eine massive Zunahme an Hitzetagen (Tageshöchstwert > 30 °C) seit den 1950er-Jahren beobachtet.[160] Die Anzahl stieg von im Mittel 8 auf etwa 30 heiße Tage pro Jahr. Die Sommertage (Tageshöchstwert > 25 °C) nahmen um das Doppelte zu, von unter 40 auf über 80. Gleichzeitig sind die Frosttage (Tagestiefstwert < 0 °C) von über 80 auf unter 60 gefallen. Setzt sich dieser Trend fort, sind in Wien schon um das Jahr 2030 im Mittel 110 Sommertage und 40 Hitzetage zu erwarten.

Der deutsche Wetterdienst schätzt auch für Düsseldorf, das 2017 einen sehr heißen Sommer erlebte, dass sich zwischen 2021 und 2050 die Zahl der Hitzetage verdoppeln bis verdreifachen werde.[161] Begrünungen sollen Abhilfe schaffen.

Wenn es ums Bauen geht, sollten wir also nicht nur an kalte Winter und die entsprechende Dämmung denken. Wir werden auch eine Bauweise und Stadtplanung brauchen, die uns angenehm über längere, heißere Sommer bringt.

Die Erfahrungen der letzten Jahrzehnte helfen uns dabei wenig, wir müssen neu denken. Der Klimawandel ist real, die Anpassung wird zur Überlebensfrage. Multifunktionale, ökologische Lösungen wie Grünflächen zwischen, auf und an Gebäuden sind eine wichtige Maßnahme.

In Sachen Klimaerwärmung sind aber nicht nur hohe Temperaturen ein Problem, sondern auch Niederschläge, die zunehmend ungleich verteilt sind. Auch hier können uns naturnah gebaute, grüne Städte helfen.

Die Anzahl der Hitzetage (mehr als 30 °C) in Wien. Die Linie zeigt die zu erwartende Steigerung bis zum Jahr 2030, sie entspricht einer Verfünffachung innerhalb von etwa fünfzig Jahren.

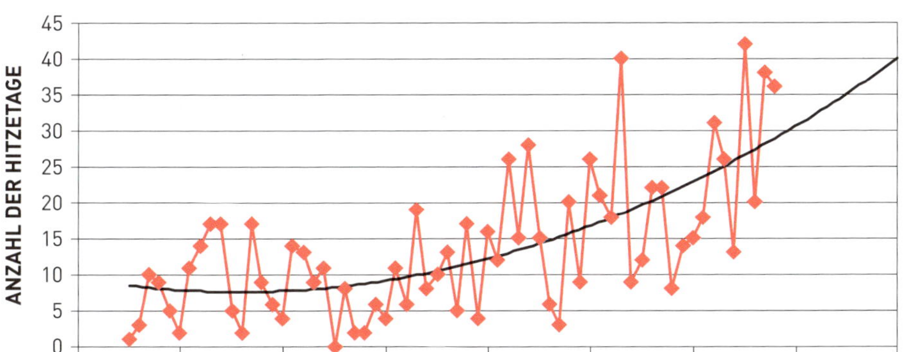

Regenwasserspeicherung

Begrünungen helfen auch, die immer unregelmäßiger verteilten und häufig als Starkregen auftretenden Niederschläge zu puffern. Wenn der Regen auf versiegelte Flächen fällt, gesammelt und abgeleitet wird, führt dies immer öfter zu Kanalüberlastungen und Überschwemmungen. Wasserspeicherung ist auf glatten Beton-, Ziegel- oder Blechdächern nicht möglich. Begrünte

Flächen – am Boden, auf oder an Gebäuden – können dieses Problem lösen. Als klassisches Beispiel gelten Gründächer. Diese haben nämlich, je nachdem ob extensiv (dünne Substratlage ab 10 cm Dicke mit speziellen, kleinen, trockenheitsliebenden Pflanzen) oder intensiv (dicke Substratlage ab 25 cm, große Pflanzenvielfalt, bis hin zu Bäumen) begrünt, den weiteren Vorteil, dass sie Starkregen gut puffern, also nur verzögert oder gar nicht an die Kanalisation abgeben.

Im Zuge der Klimaerwärmung fallen in vielen Gebieten nicht nur mehr Niederschläge, sie treten auch in stärkeren Intensitäten auf. Eine typische Region für solche Starkregen ist der Süden Österreichs. In Kärnten fielen Ende Oktober 2018 mancherorts in nur drei Tagen fast 600 Liter Regen pro Quadratmeter. Solche Mengen könnte auch das beste Gründach nicht mehr aufnehmen. Jedoch gibt es Dachbegrünungen, die mit einem Wasserspeichervermögen von mindestens 140 Litern/m² aufwarten. Das entspricht der Tageslitermenge eines Starkregens. Das Dach eines größeren Wohnhauses kann hier also mehrere 10.000 Liter Wasser vom Kanal fernhalten.

Starkregen im Hochsommer werden sehr oft von sonnigen, heißen Tagen begleitet. An diesen Tagen können begrünte Häuser ihre Oberflächen wieder trocknen und auch zur Vermeidung von Hitzeinseln beitragen – durch Verdunstung. Gründächer sind also ein wichtiger Baustein einer ökologischen Lösung, wenn es um die Anpassung von Städten an ein zunehmend heißes und instabiles Klima geht.

Auch Fassaden- und Wandbegrünungen erfüllen diese Funktionen. Die Substrate und Pflanzen in vertikalen Gärten sind gute Wasserspeicher. Da in Städten die Fassadenfläche etwa zwei- bis dreimal höher als die verbaute Fläche ist, bietet diese ein großes Potenzial. Vertikale Begrünungen, vor allem wenn dicht bewachsen, schützen sich selbst weitgehend vor Niederschlägen und brauchen daher auch an nassen Tagen Bewässerung.

Die von mir entwickelten erdbasierten Systeme und die entsprechenden Pflanzsubstrate (Biokomposterde mit Agrar-Perlit gemischt) sind sehr wasserspeicherfähig (ca. 20 Liter/m²) und können auch an Regentagen zusätzliches Wasser aufnehmen. Das heißt, dass diese ebenfalls Dachabflusswässer aufnehmen können, bevor sie in den Kanal geleitet werden. Außerdem ist Regenwasser in reiner Qualität für die Pflanzen die beste Form der Bewässerung.

Daher ist mein Wunsch an die Architektur eine integrierte Planung von Regenwassermanagement und vertikaler Gebäudebegrünung. Und diese Art der Begrünung kann uns sogar biologisch ernähren.

Das Haus wird Teil urbaner Natur

Um Stadtgebäude zu begrünen, ist es das Naheliegendste, die Dächer zu begrünen. Dies würde auch teilweise den erheblichen ökologischen Schaden durch Versiegelung wieder aufheben. Derzeit sind nicht annähernd ausreichende Dachbegrünungen vorhanden. Genaue Zahlen zu bereits installierten Gründachflächen gibt es nur wenige. Die Europäische Föderation der Bauwerksbegrünungsverbände (EFB) hat 2015 einige Schätzwerte für Gründachflächen herausgegeben.[162] Demnach ist Deutschland weltweit führend mit 86 km² installiertem Gründach und einem Zuwachs von etwa zehn Prozent jährlich. In Großbritannien und Österreich finden sich gerade einmal um die 4 km² mit 0,2 bis 0,5 km² Zuwachs jährlich.

Die Potenziale sind hoch, ebenso wie die Ambitionen mancher Stadtregierungen. In London ist aus Sicht der Stadtverwaltung die Installation von Gründächern ausdrücklich erwünscht. Andere Länder und Städte gehen noch weiter. In San Francisco wurde 2017 ein Gesetz erlassen, wonach bestimmte Neubauten 15 bis 30 Prozent ihrer Dachfläche begrünen und/oder mit Solaranlagen ausstatten müssen.[163] Die Nutzung der Sonnenenergie, technisch oder biologisch, wird also zur Vorschrift. Als Planungshilfe gibt es Best-Practice-Beispiele und einen Leitfaden. Ende 2016 wurden in mehr als 25 Städten in den USA Dachbegrünungen unterstützt.

Deutschland, das Land der Gründächer, wie man sage könnte, fördert diese vielerorts. In Osnabrück werden alle neuen Gewerbedächer begrünt und die Abwassergebühren für begrünte Häuser halbiert. Die Stadt konnte bereits Ende 2013 etwa 100.000 m² Gründach vorweisen.[164]

Bremen hat ganz aktuell einen Gesetzesentwurf[165] zur verpflichtenden, zumindest extensiven Begrünung von Flach- und Pultdächern mit mehr als 100 m² Größe und einer Neigung bis 15 Grad vorgelegt. Gründach-Anlagen fördert die Stadt schon seit 1994.[166]

Für höhere Stadtgebäude hätte die Begrünung der Fassaden – wegen der größeren Flächen – mehr Potenzial als die Dachbegrünung. Die Hindernisse dabei: komplexe technische Anforderungen und hohe Kosten bei der Errichtung und Erhaltung, die üblicherweise die Hausbewohner zu tragen haben. Die Akzeptanz solcher Grünflächen ist auch dadurch geringer, da sie die Bewohner im Normalfall nicht nutzen können. Die Verbände der Bauwerksbegrünungen sind um eine umfangreiche Information und um Richtlinien für Dach- und Fassadenbegrünungen bemüht.

Das kürzlich in Wien gegründete Innovationslabor »GrünStattGrau« wird seinem Namen gerecht und bringt Entscheidungsträger, Unternehmen und Kunden zusammen, um Stadtbegrünungen zu forcieren. Es geht um eine bessere Lebensqualität in den Städten der Zukunft. Zwar liegen Dach- und Vertikalbegrünungen im Trend, es sind aber noch etliche Vorbehalte und Hürden aus dem Weg zu räumen.

Wie ökologische Architektur aussehen kann, hat schon früh der österreichische Künstler und Architekt Friedensreich Hundertwasser aufgezeigt. Er liebte nicht nur Asymmetrie, Buntheit und organische Formen, sondern suchte auch immer den ökologischen Zugang zum Bauen. Zu seinen bekanntesten grünen Bauwerken zählt die Therme Blumau im Südosten der Steiermark. Dieser Bau wirkt, als hätte man nicht ein Gebäude begrünt, sondern ein Stück Natur mit einem riesigen Spaten angehoben und ein Haus unten eingeschoben. Auch weitere Bauten des Künstlers kennzeichnen sich durch Bäume auf Dächern, grüne Fassaden, Erker und Terrassen. Besonders stechen auch das Wohn- und Geschäftshaus »Grüne Zitadelle« in Magdeburg und das »Hundertwasserhaus« in Wien hervor. Viele Flachdachebenen, flächendeckendes Grün und sogar große Bäume zieren diese Gebäude. Solche Häuser haben relativ hohe Errichtungskosten.

Grüne Gebäude, auch künstlerisch weniger anspruchsvolle, sind derzeit in Europa noch eher auf Einzelprojekte beschränkt als auf ganze Stadtteilplanungen. Die EU hat dazu aber schon entsprechende Rahmenprogramme installiert. »Nature-based Solutions« heißt das Schlagwort dazu, es bezieht sich vor allem auf den modernen Städtebau, der eindeutig grüner werden muss.

Grüne Dächer und Fassaden heben den Mehrwert von Gebäuden, schaffen ein angenehmes Stadtmikroklima, bringen biologische Nahrungsmittel hervor und können, abhängig von der Bepflanzung, zu einer starken Erhöhung der Biodiversität führen. Je mehr Grünraum uns umgibt, desto höher der gesundheitliche Status der Bewohner, wie ich in Kapitel 1 beschrieben habe. Das sollte aus meiner Sicht das Leitmotiv der Stadtplanung und oberste Priorität der Stadtbewohner sein. Der Klimawandel wird sich überproportional stark auf die verdichteten Siedlungsräume auswirken. Dafür müssen Vorkehrungen getroffen werden. Der Kauf von Klimaanlagen wird diese Probleme nicht lösen.

Neubauprojekte in Asien und arabischen Ländern sind da zum Teil weit ambitionierter. Dort denkt man nicht über die Begrünung einzelner Gebäude oder Bezirke nach, sondern will ganze Städte nach dem Muster von Garten-

Die Grüne Zitadelle von Magdeburg, eines der Meisterwerke des österreichischen Künstlers und Architekten Friedensreich Hundertwasser. Er schuf zahlreiche begrünte Gebäude.

städten bauen. Dazu braucht es nicht nur visionäre Stadtplaner und Bauträger, sondern auch besondere Architekten. Einer der ganz Großen ist zweifellos der italienische Stararchitekt Stefano Boeri, der sich vor allem der Installation von Bäumen an hohen Gebäuden verschrieben hat. So plant, erforscht und errichtet er in verschiedenen Ländern Wohnhäuser und Städte als »vertikale Wälder«. Aus vielen dieser Utopien werden dann wirkliche Gebäude und Stadtteile.

Ich hoffe dabei, dass die Stadtbewohner nicht nur von den Bäumen angetan sind, sondern auch die Vorteile multifunktionaler, vertikaler Anbausysteme erkennen. Denn diese sind als echte Gärten für die Lebensmittelproduktion und für eine höhere Diversität ebenfalls auf Balkonen und Terrassen installierbar und ermöglichen auf diese Art und Weise eine Gebäudebegrünung.

Mit meinem Unternehmen »HerBios« konzentriere ich mich mit der Idee von vertikalen Gärten auf Balkone und Terrassen. Dort sind die Grünräume direkt im Besitz der Hausbewohner, was ihnen nicht nur die Pflichten, sondern auch die Rechte einräumt, über diese selbst zu bestimmen und diese zu nutzen. Wird dies von vielen Menschen umgesetzt, erreichen wir auch so das Ziel von grünen Häusern und Städten.

HerBios: Meine Vision von grünen Städten

Gebäudebegrünung und vertikaler Anbau sind erst seit einigen Jahren mein Hauptbetätigungsfeld. Zwischen 1998 und 2012 habe ich als Meeresbiologe an der Universität Wien und Graz geforscht und gelehrt. Nebenbei haben mich die Themen biologische Landwirtschaft und Permakultur immer interessiert. 2011 begann ich mit vertikalem Gärtnern als Hobby. Dass dieses Interesse einmal zu Lösungen für Urban-Gardening-Systeme, mit dem Nebeneffekt der Gebäudebegrünung, führen würde, habe ich mir damals nicht gedacht. Für mich war es am Anfang nur die simple Lösung eines kleinen, aktuellen Problems.

Wir wohnten im Westen Wiens in einem Reihenhaus mit einem langen, schmalen Garten mit circa 200 m². Ich wollte Gemüse anbauen, hatte aber aufgrund der vorgegebenen Grundstücksgestaltung mit verlegten Platten, einem Hang und vielen Bäumen und Schatten zu wenig Platz. Ich wollte meinen Gemüsegarten unbedingt in Hausnähe haben. Die naheliegende Lösung war, das Gemüse in vielen einzelnen Töpfen anzupflanzen. Das fand ich aber schon immer unpraktisch. Also habe ich mir ein Design überlegt, wie ein überdimensionaler »Topf« sehr viele Pflanzen aufnehmen kann. Gleichzeitig sollte dieser hoch sein, viel Erde fassen und einen möglichst natürlichen Boden haben. Mit offener, gut durchlüfteter Struktur und gutem Kontakt zum Mutterboden, um sich optimal mit diesem auszutauschen. Das Baumaterial wollte ich möglichst natürlich halten, also plante ich mit Holz.

Am Design tüftelte ich eine Zeit lang. Schlussendlich kam ich auf eine Quaderform mit seitlichen, schrägen Einschüben, die vier vertikale Anbauflächen erzeugt und die Fläche oben ebenfalls zur Verfügung stellt: ein Quader mit fünf Anbauflächen. Der »HerBios«-Prototyp war geboren.

Das nach außen offene Design der Konstruktion machte das Anpflanzen sehr einfach. Auch Aussaat in Reihen direkt in die Erde war möglich. Der durchgehende Erdkörper ließ mich auch das Wasser an den Kern des Erdkörpers bringen. Das machte ich mittels zentraler Wassersäulen aus Kunststoff, die durch seitliche Bohrungen das oben eingefüllte Wasser über die ganze Vertikale im Inneren verteilten. Diese Art des Gießens ergab, dass es innen feuchter war als außen und das Wurzelwachstum Richtung Substratmitte angeregt wurde. Damit wurde die Erde schließlich optimal durchwurzelt.

Den Prototyp baute ich aus Fichte. Ich nahm billigste Ware aus dem Baumarkt. Ich brauchte mehrere Tage, um dieses Ding aus vielen kleinen Einzelteilen zusammenzuschustern. Die Verwendung von Fichtenholz rief die Skeptiker auf den Plan. Eine Haltbarkeit von ein bis zwei Jahren wurde mir von selbst ernannten Holzexperten aus der Umgebung attestiert. Das war im Frühling 2011. Der Prototyp steht heute, fast acht Jahre später, noch im selben Garten. Und er ist nicht kaputt. Wie so oft wurde auch hier dem Baustoff Holz zu wenig Vertrauen geschenkt.

Der 2011 entstandene Prototyp meines ersten Vertikalbeets. Er bildete die Grundlage für die Systeme von HerBios. Damals noch aus Fichtenholz gebaut, demonstriert er auch acht Jahre später die gute Haltbarkeit von Holz bei optimalem Design.

Inzwischen hat sich gezeigt, dass das Design auch hinsichtlich Haltbarkeit sehr gut gelungen war. Die Langlebigkeit war damals aber noch gar kein so wichtiges Thema für mich. Ich freute mich über das ansprechende Design, den passenden Platz für die Gemüsepflanzen und zugleich die sehr geringe Fläche, die dieses System verbrauchte.

Das quaderförmige Design erzeugt durch Selbstbeschattung verschiedene Klimazonen. So war ich gezwungen, möglichst verschiedene Pflanzen einzusetzen – systembedingtes Verlangen nach Diversität. Das gefiel mir und ich verwendete das Vertikalsystem etwa drei Jahre, bis wir aus Wien wegzogen und ich den Prototyp unserem Nachmieter überließ. Die Wandlung vom Meeresbiologen zum Gemüsegärtner dauerte dann noch ein wenig, ich möchte dies hier erzählen.

Vom Meersalat zum Pflücksalat

2013 sind meine Familie und ich aus dem Westen Wiens in den Wienerwald gezogen und haben ein biogenes Wohnhaus errichtet. Ich nenne es bewusst »biogen«: Wir haben weder für die Konstruktion noch für die Dämmung mineralische Materialien verwendet. Unser Haus ist ein Holzständerbau mit Strohballendämmung – Holz aus dem Waldviertel und Stroh aus dem Wienerwald.

In Kombination mit Lehmputz (ebenfalls aus Niederösterreich) ergibt das ein herrliches Wohnklima, eine positive Klimabilanz, und man ist frei von Sorgen beim Rückbau. Das heißt, unser Sohn wird einmal keinen Sondermüll erben.

Der Hausbau und die ökologische Gestaltung unseres Grundstücks (Naturwiese und -hecke, Regenwassersammlung, Gartenteich) hat mich mit vielen Menschen aus dem Bereich ökologische Nachhaltigkeit zusammengebracht. Ich machte mir immer mehr Gedanken um Stoff- und Energiekreisläufe. In meiner aktiven Zeit als Meeresbiologe hatte ich vor allem mit Korallenriff-Fischen zu tun, streifte aber auch immer wieder das Thema Meeresverschmutzung, nicht zuletzt aufgrund meiner Freundschaft zum Kollegen Michael Stachowitsch, der bereits seit den 1970er-Jahren an diesem Thema arbeitet.

Die Verbindung zwischen Landwirtschaft und Meeresverschmutzung wird besonders bei der Überdüngung der Gewässer direkt ersichtlich. Der Meersalat (Ulva lactuca, eine Grünalge) als typische Pflanze an Meeresküsten – tritt gehäuft auf, wenn das Meer zu viele Nährstoffe erhält – wurde für mich zum Symbol eines Problems, das nicht auf Meeresebene gelöst werden kann, sondern lange davor entschärft werden muss.

Nach Recherchen zu diesem Thema erkannte ich, dass Stickstoff- und Phosphorüberdüngung zu den ganz großen Aufgaben der Menschheit zählen, die am dringendsten gelöst werden müssen. Meeres- und Wasserschutz beginnt bereits bei der Landwirtschaft, nicht erst an den Küsten oder am Meer selbst. Als mir das bewusst wurde, war mein weiterer Weg klar. Ich wollte nicht mehr in die Grundlagenforschung der Meeresbiologie zurück, sondern mithelfen, Lösungen für eine ökologische Nahrungsmittelproduktion zu erarbeiten.

Zu dieser Zeit, als ich mich immer mehr für ökologische Nachhaltigkeit zu interessieren begann und auch Urban Gardening als Trend aufkam, habe ich beschlossen, die Idee meines Vertikalbeets wieder aufzugreifen und gewerblich weiterzuentwickeln. 2015 entstand meine Firma »HerBios« als Einzelunternehmen. Auch mein persönliches Interesse am Vertikalanbau war hoch. Das Design meiner Vertikalbeete hatte ich zwischen 2011 und 2015 weiterentwickelt, erst dann waren die ersten Modelle marktreif. Die grundsätzliche Idee von fünf Anbauflächen mit verschiedenen Klimazonen blieb bestehen.

Das Interesse am neuen Anbausystem war hoch und es zeigte sich, dass die Multifunktionalität der Vertikalbeete bei den Kunden besonders beliebt war. Es kamen schnell Anfragen zu den Beeten als Ersatz von Thujenhecken, als Sichtschutz, zur Abgrenzung von Terrassen und Balkonen. Ich habe daher die Modelle schnell weiterentwickelt und immer mehr auf die Kundenwünsche abgestimmt.

Die Entwicklung der Vertikalbeete

Nachdem ich mit den ersten Vertikalbeeten aus Holz im Jahr 2016 in den Verkauf gegangen war, entwickelte sich die Produktpalette rasch weiter. Vor allem Leute aus der Stadt sahen in der Raumersparnis durch die Vertikalbeete ein großes Potenzial. Schnell kamen weitere Fragen zu Wandverkleidungen, Sicht- und Schallschutz und auch zu baulichen Trennungen.

Die hölzerne Konstruktion war für manche dieser Anwendungen zu klobig, und so ergab sich schließlich eine Fertigung aus Metall. Dazu kam eine Einladung zu einer Entwicklungspartnerschaft von der Firma Forster, einem großen Metallproduzenten in Niederösterreich, gelegen.

Ich traf mich mit dem Geschäftsführer und einem seiner technischen Leiter. Das erste Gespräch war voll Inspiration und spannender Ideen. Wir überlegten, wie wir das Holzdesign auf Metall übertragen könnten, ohne den Anspruch der Pflanzen in den Hintergrund zu stellen. Ich machte einige Vorschläge, die schlussendlich dazu führten, dass ich mit einem Lärmschutzwandmodul, wie sie entlang von Autobahnen eingesetzt werden, nach Hause fuhr.

Das Modul war ein Quader aus weißem Aluminium mit ca. 0,5 m² Fläche und 12 cm Tiefe. Ein paar Schnitte mit der Flex, und schon hatte ich die ersten ausklappbaren Pflanztassen. Ein Spengler schnitt mir ein paar Abschlussecken und vernietete diese. Ich füllte das Modul mit Erde, setzte ein paar Pflanzen ein und schickte Fotos an die Firma Forster. Das Teil sah zwar noch etwas eigenartig aus, aber der Geschäftsführer war begeistert. Rasch ging der erste Prototyp in die Planung, über die Laserschnittanlage zur Kantung und stand kurz darauf bei mir im Garten.

Schallschutzmodul für Autobahnen: Der Prototyp für die Metallvariante der Vertikalbeete, der sich in der Entwicklung noch völlig veränderte.

Das Modell hatte allerdings immer noch viele Eigenschaften des ursprünglichen Schallschutzmoduls. Eine davon störte mich besonders: die weitgehend geschlossenen Oberflächen. Die nächsten Entwicklungsrunden drehten sich also um die technische Vereinfachung: Minimierung des Konstruktionsmaterials und Erhöhung der offenen Erdoberfläche waren das Ziel. Jeder Millimeter sollte zugunsten der Pflanzen ausfallen!

Diese Weiterentwicklung endete in den aktuellen Modulen, die alle statischen Anforderungen erfüllen, aber hinsichtlich einer maximalen Zahl von Pflanzplätzen optimiert wurden. Wir produzieren diese Module nun in Edelstahl. Vor allem, um im Bereich der gebäudeintegrierten Anwendungen dauerhafte Lösungen zu haben.

Mein Lieblingsmaterial Holz spielt noch immer eine große Rolle. Wir kombinieren in manchen Serien massives Lärchenholz mit Edelstahl, was sehr gut ankommt. So lassen sich die Materialien an die Bauweise und Vorlieben der Gartenbesitzer anpassen.

Nicht nur die Vielfalt an Modellen und Materialkombinationen, sondern vor allem auch die Vielfalt an Einsatzmöglichkeiten, die weit über die Idee des bloßen vertikalen Anbaus hinausgehen, machen Vertikalbeete so interessant: Der Grundstein zur Entwicklung essbarer Häuser war gelegt.

Essbare Häuser?

Essbares Haus – komischer Ausdruck, oder? Unsere Konditionierung durch Gebrüder-Grimm-Märchen führt dazu, dass viele beim Begriff »Essbares Haus«, den ich gerne verwende, sofort an Lebkuchen denken. Warum denkt keiner an Salat, Erdbeeren und Wintergemüse, wenn wir über Gebäudehüllen reden?

Als ich meine Firma gründete, hatte ich mit frei stehenden Vertikalbeeten begonnen, die als Ersatz für die ineffizienten Hochbeete gedacht waren. Es waren schließlich meine Kunden, die mich auf die Idee brachten, räumlich noch effektivere Systeme zu entwickeln. Gefragt waren vor allem Wandverkleidungen, Sichtschutz zum Nachbarn, zur Straße oder auch für das Balkongitter. So entstanden nach und nach Systeme, die sehr leicht und gut auf Stadtgebäuden und deren Balkonen und Terrassen Platz fanden.

Die Rufe nach Gebäudebegrünungen werden auch aufgrund des Klimawandels und der heißeren Sommer immer lauter. Ich finde, dass man die

3D-Visualisierung der Möglichkeiten von Vertikalbeeten im Bereich urbaner Stadtgebäude (am Beispiel eines Objekts der Firma Strobl Bau-Holzbau, Steiermark). Ziel ist eine Gebäudebegrünung durch grüne Balkon- und Terrassengestaltung. Hier ist ganzjähriges Gärtnern möglich.

Häuser vor allem auch deshalb mit essbarem Grün und ökologisch wertvoller Vegetation versehen sollte.

Vertikalbeete können nicht nur bestehende Wände verkleiden, sondern auch selbst Wände bilden. Ich habe Systeme entwickelt, die man als Geländer einsetzen kann, statt nur bestehende Geländer zu verkleiden – für Häuser mit Balkonen und Terrassen, auf denen sich die Bewohner ihre persönlichen Gärten schaffen können. Nach ihrem eigenen Geschmack. Entscheiden sich die Menschen dann für intensive Begrünung – Argumente dafür gibt es ausreichend –, so entstehen am Ende grüne Städte aus essbaren Häusern. Aber eben nicht aus Lebkuchen.

Kapitel 6

DER VERTIKALGARTEN

Vertikalbeete sind multifunktional

Der private Grünraum als Naturerlebnis spielt vor allem in der urbanen, mit künstlichen Oberflächen und digitalen Informationen überhäuften Gesellschaft eine wesentliche Rolle. Glücklich, wer Garten, Terrasse oder Balkon sein Eigen nennt. Die Menschen ziehen sich dann gern auf diese überschaubaren Inseln zurück und lassen für einige Momente die laute und komplexe Welt draußen.

Im sozialen und beruflichen Dauerstress brauchen wir Erholungsphasen. Der Garten oder auch nur ein kleiner grüner Balkon sind optimale Orte dafür. Ein Kurzurlaub für die Seele. Je grüner dieser Raum ist, desto höher der Erholungswert. Vertikale Gärten bieten den Vorteil, dass sie auf kleinstem Raum eine große Grünfläche herstellen, sie begrünen den ganzen Raum, der uns umgibt.

Vertikalbeete dienen aber nicht nur als Anbauflächen oder grüne Oberflächen. Sie bestechen im Vergleich zu horizontalen Anbaumethoden auch durch ihre Multifunktionalität. Es geht nicht – wie zum Beispiel bei einem Hochbeet – nur darum, eine Anbaufläche zum Zweck der Bequemlichkeit auf eine bestimmte Höhe anzuheben. Hier wird die gesamte Vertikale optimal genutzt. Die horizontale Fläche sollte dabei sogar so klein wie möglich sein. In bestimmten Anwendungsfällen ist diese gar nicht mehr als Pflanzfläche vorhanden.

Einerseits macht die horizontale Reduktion Sinn, um möglichst wenig Standfläche zu verbrauchen und auch kleinste Räume zu bedienen. Andererseits, um das Volumen der Substratfüllung in einem echten Vertikalsystem (mit vollflächigem Substratkörper) zu minimieren.

Die gärtnerische Anwendung ist natürlich am wichtigsten und sollte maximale Flexibilität ermöglichen. Möglichst weit offene Substratkörper erlauben den Einsatz von Jungpflanzen, erwachsenen Pflanzen oder auch die Direktsaat von Gemüse und Kräutern. Die technische Ausgestaltung von Vertikalbeeten sollte diese Anforderungen immer im Auge behalten. Auch eine Aufrüstung für automatische Bewässerungen sollte leicht möglich sein.

Ich persönlich schätze Designs, die räumlich nicht abgeschlossen sind, sondern im Bedarfsfall auch erweitert werden können. Dadurch lässt sich ein Vertikalbeet über die Zeit auch besser einem veränderten Kundenwunsch anpassen.

Fährt man öfter als geplant auf Urlaub, so kann man auf eine automatische Bewässerung aufrüsten. Sammelt man über die Jahre mehr Erfahrung im Anbau, kann man zum Beispiel auch eigenes Saatgut züchten und statt Jungpflanzen oder der teureren erwachsenen Pflanzen einsetzen.

Technikaffine Menschen erfreuen sich schließlich an der App-gesteuerten Bewässerung, während Naturromantiker lieber mit dem Gießkännchen ihre Lieblingspflanzen persönlich besuchen – vielleicht auch, um sie in einem ausführlichen Zwiegespräch zum Wachstum anzuregen. Jeder soll in seinem Garten eine Spiegelfläche seiner Seele finden. Dann ist das Projekt aus meiner Sicht gelungen und wird auf lange Sicht auch funktionieren.

Im Optimalfall ersetzt ein Vertikalbeet gänzlich eine bauliche Struktur, die sonst keine besondere Funktion hat, und wandelt diese in eine Grünfläche um. Vertikalbeete können bei quaderförmiger Geometrie beliebig in der Höhe und Breite variieren, sie erfüllen über die gesamte Oberfläche den optischen und funktionellen Anspruch einer homogenen Grünfläche. Daher bieten sie sich speziell für Wandverkleidungen, als Sicht- und Schallschutz, für Einfriedungen und Abtrennungen (z. B. in Reihenhausgärten, auf Balkonen und Terrassen) und als Absturzsicherungen an.

Vertikalbeete können auch als frei stehende Solitäre im Garten eingesetzt werden, wo sie auf bis zu fünf Seiten bepflanzt werden können. Die unterschiedlichen Seiten haben verschiedene Klimazonen und sind somit für eine hohe Vielfalt an Pflanzen geeignet. Bis zu 30 Pflanzen können auf einem Quadratmeter gesetzt werden. Das wiederum fördert eine vielfältige, abwechslungsreiche Ernährung.

Im Grund bieten Vertikalbeete ihren Besitzern also eine völlig neue, bisher meist nicht vorhandene oder deutlich vergrößerte begrünbare Fläche. Dort können sie ihre eigenen Wünsche und Ansprüche an einen Garten bestens umsetzen. Ich möchte hier im Sinn eines leichteren Einstiegs in das vertikale Gärtnern für die unterschiedlichen Einsatzbereiche Beispiele und Ideen einbringen, die ich aus meiner und der Erfahrung anderer Anwender schöpfe.

Der 5-Zonen-Garten

Angefangen hat die Verwirklichung der Vertikalbeet-Idee mit einem quaderförmigen Vollholz-Stecksystem, an das rundherum angebaut werden konnte. Dieses System hat den Vorteil, dass sehr viele Pflanzen auf sehr kleinem Raum untergebracht werden können (ca. 20 pro 100 Liter Erde). Ein durchgehender, vollflächiger Substratkörper im Inneren des Quaders ermöglicht das zentrale Bewässern. Dank mittig liegender, vertikaler Wasserverteilrohre wird das Beet innen feuchter gehalten als außen, wie im natürlichen Boden.

Ein entscheidender limitierender Faktor ist die Selbstbeschattung von Vertikalbeeten, die mit der Höhe des Beets stark ansteigt. Während die obere, horizontale Fläche den ganzen Tag Sonne bezieht, erhält die Stirnseite, wenn sie nach Süden zeigt, vor allem Mittagssonne. Die ost- und westseits ausgerichteten Breitseiten erhalten jeweils Morgen- bzw. Nachmittagssonne, und die fünfte Seite, die nach Norden gerichtete Stirnseite, bekommt kaum direktes Licht. Diesen Effekt kann man auch positiv nutzen, ähnlich wie bei einer Kräuterspirale, jedoch mit viel stärkeren Gradienten bezüglich Licht und Temperatur.

Kräuterspiralen sind bekannte Elemente von Bio- und Permakulturgärten. Sie sind meist aus Stein gebaute Spiralbeete, die leichte Licht- und Temperaturunterschiede erzeugen und entsprechend den darin entstehenden Mikroklimata bepflanzt werden. Die Selbstbeschattung der Pflanzen in Kräuterspiralen ist mangelhaft. So entstehen kaum echte Vollschattenzonen und der Strahlungsunterschied über die gesamte Oberfläche ist, außer wenn sie sehr hoch gebaut werden, nicht sonderlich groß. Im Vertikalbeet sieht dies anders aus.

Durch die völlig vertikale Ausrichtung der Pflanzflächen bekommt die Rückseite, je nach Höhe des Beets, kaum direktes Licht, während die Oberseite voll der Sonne zugewandt ist. Dieser Effekt kann zusätzlich durch die gezielte Pflanzung unterschiedlich schnell und hoch wachsender Pflanzen verstärkt werden. Bepflanzungsvorschläge für diese Anbaumethode werde ich in Kapitel 7, Unterkapitel »Mehrzonenanbau«, besprechen.

Gut bewachsene solitäre Vertikalbeete aus Lärchenholz mit fünf Klimazonen für den Rundum-Anbau.

Wandverkleidung

Sehr beliebte Einsatzmöglichkeiten für Vertikalbeete sind Wandverbauten. An fast jedem Gebäude sind im Außenbereich, egal ob auf Balkonen oder Terrassen, ungenutzte Wandflächen verfügbar. Vor allem bei kleinen Balkonen sind horizontale Nutzflächen Gold wert und wollen nicht mit Töpfen oder Pflanzkästen zugestellt werden, die dann zur Unpassierbarkeit oder Blockade des Balkons führen. Wandgärten sind daher besonders gefragt. Ich selbst habe diese speziell durch die optimale Ganzjahresnutzung sehr zu schätzen gelernt. Eine nach Osten, Süden oder Westen ausgerichtete Wand kann mit Vertikalbeeten wunderbar für den Anbau von Wintergemüse genutzt werden, sie wird so zum grünen und essbaren Ganzjahresgarten.

Bei einer überdachten Balkon- oder Terrassenwand (z. B. durch ein Vordach oder einen darüberliegenden Balkon) ist sogar der Niederschlag- und Frostschutz für den winterlichen Anbau optimiert. In diesem Fall sind keine weiteren konstruktiven Elemente nötig.

Aber auch die freie Exposition von Vertikalbeeten ist kein Problem, da sie sich ja selbst vor Niederschlag schützen. Für den Winteranbau erfolgt einfach im Spätsommer oder Herbst ein Wechsel der Pflanzen zu frosthartem Gemüse, wenn nicht ohnehin mehrjährige Pflanzen, wie Erdbeeren und Küchen- oder Wildkräuter, gesetzt wurden. Die Sonneneinstrahlung in Mitteleuropa bedingt bei bestimmten Gebäudegeometrien gute Winterernten. Glücklicherweise sind klassische Balkone mit 1,5 bis 2 Metern Ausladung optimal für den Winter. Die tiefstehende Sonne kommt gut bis an die Wand und sorgt für Wachstum (mehr dazu im Praxisteil, Kapitel 7, »Der optimale Standort«).

Attraktive Einsatzmöglichkeiten ergeben sich weiterhin für die Verkleidung von trostlosen Betonwänden. Solche Wände haben die Eigenschaft, sich im Sommer stark aufzuheizen und die Energie gut zu speichern. Das verhindert auch in der Nacht eine Abkühlung. Massiv gebaute Südterrassen können dadurch im Hochsommer so hohe Temperaturen aufweisen, dass sie mittags unbenutzbar werden. Grüne Wände schaffen da Abhilfe! Vollflächige Vegetationselemente sind bei richtiger Bepflanzung über die gesamte Oberfläche grün und verhindern ein Aufheizen rundherum.

Ein Vertikalbeet aus Lärchenholz und Edelstahl als Wandverkleidung. Es ist optisch sehr ansprechend und kann vor allem im Gebäudebereich auch im Winter hochproduktiv sein.

Üblicherweise empfehle ich bei essbaren Pflanzen Vertikalbeete mit Anbauhöhen von 1,3 Metern, um noch praktisch darin arbeiten zu können. Mit hoher Vegetation in der obersten Ebene kommt man aber leicht auf Vegetationshöhen von über zwei Metern. Sollten höhere Wände oder andere Konstruktionen auf Wunsch fix verbaut werden, lassen sich Vertikalbeete beliebig nach oben ausbauen. Das Gärtnern wird dann eben etwas komplizierter. Eine Lösung wären hier zum Beispiel pflegeleichte Dauerbepflanzung oder Zierpflanzen.

Abtrennungen und Zäune

Als ich meine ersten Vollholzmodelle von Vertikalbeeten bei Messen ausstellte, kam sehr oft die Frage, ob man dies auch als Sichtschutz auf Terrassen und im Bereich einer Sitzgruppe einsetzen könne. Obwohl das gar nicht meine ursprüngliche Idee war, konnte man das natürlich.

Zusätzliche Funktionen erhöhen den Mehrwert. Es ergab sich also eine neue Funktion, an die ich nicht gedacht hatte, und ich begann meine Modelle in diese Richtung weiterzuentwickeln. Als dann noch Anfragen zur Verkleidung von Wänden kamen, wurde mit bewusst, dass die robusteren Holzvertikalbeete an die Grenze ihrer Funktionalität stießen.

Ich entwickelte schmälere Modelle mit Metallrahmen, ebenfalls mit durchgängigem, vollflächigem Substratkörper, die man – einseitig mit Pflanztassen bestückt – an die Wand stellen kann. Das erfüllt die Anforderung einer Wandverkleidung. Das Design ist so ausgeführt, dass auch eine zweiseitige, symmetrische Bestückung mit Pflanztassen möglich ist. Diese Variante kann als Abtrennung, Raumteiler oder Einfriedung benutzt werden, wenn beide Seiten gut zugänglich sind. Die Höhen der Abtrennungen sind variabel, da sich die Module je nach gewünschter Funktion stapeln lassen.

Das flexibelste System ist die Kombination eines Holzrahmens mit Edelstahltassen. Damit lassen sich auch die ausgefallensten Wünsche von hausnahem Gärtnern erfüllen. Die Länge und vor allem die Höhe der Beete ist in kleinen Abstufungen variierbar. Damit können Geländer, Ecken und Wände gut verkleidet werden. Bei einer Beethöhe von 1 bis 1,5 Meter Höhe erreicht man mithilfe entsprechend großer Pflanzen schnell einen Sichtschutz oder eine ansprechende Wandverkleidung von weit über 2 Meter Höhe.

Einsatz eines Vertikalbeets als Terrassenabtrennung. Dieses System kann in der Höhe und Länge variiert werden und daher als lebender Zaun verwendet werden. Das üppige Wachstum lässt die Konstruktion fast völlig verschwinden.

Solche Systeme werden etwa in der Gastronomie als platzsparende, optische Bereicherung und Intimsphäre schaffende Elemente in Gastgärten eingesetzt. Zwischen Reihenhausgärten und auf durchgehenden Balkonen werden sie gern als grüne Abtrennungen zwischen den Parteien benutzt. Auch dort lässt sich der Sichtschutz ganz einfach durch die konstruktive Ausführung selbst oder durch spezifische Pflanzenwahl variieren.

Zu meiner großen Freude fragen immer mehr Kunden solche Elemente als Ersatz für Thujen- oder Kirschlorbeerhecken an, die ökologisch wenig wertvoll sind. Mehr »essbare Gartenzäune« mit möglichst vielen schönen und ökologisch hochwertigen Blütenpflanzen wären eine großartige Sache, auch für unser Wohlbefinden.

Vertikalbeete können auch eintönige Aluzäune ersetzen, deren einzige Funktion es ist, fremde Blicke abzuhalten. Solche »toten« Zäune wirken in beide Richtungen. Das heißt, man schafft sich selbst damit ein optisches Gefängnis. Nicht zuletzt lassen sich massive Sicht- oder Lärmschutzwände durch »lebende Wände« ersetzen. Damit spart man nicht nur Bau-, sondern auch Folgekosten, die entstehen, wenn hässliche Wände später verkleidet oder optisch aufgeputzt werden sollen. Die jüngste Entwicklung zielt genau auf diesen Kostenspareffekt ab: Für Balkone gibt es die Möglichkeit, das Geländer selbst als essbares Gartenmodul einzusetzen.

Das essbare Geländer

Die jüngste Entwicklung meiner Firma ist das essbare Geländer für Balkone und (Dach-)Terrassen. Dieses spezielle Vertikalbeetsystem wurde so konzipiert, dass es, wie bei allen Modellen üblich, mit Substrat befüllt und bepflanzt werden kann, aber gleichzeitig als Absturzsicherung dient. Damit soll es Planern, Bauträgern und Bauherren möglich sein, Vertikalbeetsysteme direkt als Bauelement einzusetzen, ohne die doppelten Kosten der Geländerkonstruktion samt Begrünung auf sich nehmen zu müssen. Aus purem Zufall waren meine bereits für Wandverkleidungen und Sichtschutz entwickelten Elemente schon sehr gut geeignet. Ich musste diese nur ein wenig adaptieren, um die vorgeschriebenen Normen eines Geländers zu erfüllen.

Diese Normen legen genaue statische und rechtliche Anforderungen fest. Eine Absturzsicherung muss laut den Richtlinien des österreichischen Instituts für Bautechnik (OIB)[167] eine stabile Konstruktion von mindestens 100 cm Höhe sein. Ab einer Absturzhöhe von zwölf Metern erhöht sich dieser Wert auf 110 cm. Weiters dürfen im unteren Bereich zwischen 15 und 60 cm keine horizontalen Strukturen vorhanden sein, damit Kinder nicht daran hochklettern können. Die horizontale Oberkante muss ausreichend für eine Lastaufnahme von 1 kN pro Laufmeter (100 kg/lfm) ausgeführt sein.

Unsere Metall-Standardelemente wurden dahingehend adaptiert. Sie bestehen aus zwei Modulen, von denen das untere nicht mit Pflanztassen bestückt wird. Die Aufstiegshinderung ist somit bis zu einer Höhe von 68 cm gewährleistet. Das obere Modul kann mit drei Pflanztassen innen und maximal einer äußeren bestückt werden. Die nicht mit Pflanztassen versehenen Oberflächen sind auf die Aufnahme unterschiedlicher Beplankungsmaterialien ausgerichtet. Das können Fassadenplatten, Glasscheiben, Lochgitter oder andere für Absturzsicherungen gängige Materialien sein. Planer wie auch Bauherren haben dadurch den Vorteil, dass sie aus einer breiten Vielfalt an Designs auswählen und nach außen homogene Oberflächen für die Geländer und Gebäude schaffen können.

Wird das obere Modul mit insgesamt vier Pflanztassen bestückt, bietet dieses Geländer etwa 20 Pflanzen pro Laufmeter Platz. Die nach außen gerichtete Tasse kann ganz einfach gepflegt werden. Sie lässt sich mit Hängepflanzen bestücken, damit auch die Außenseite des Balkons grün erscheint.

Die nach innen gerichteten Tassen sind im Fall eines Südbalkons dem Licht abgewandt. Das hat sich gerade im Hochsommer gut bewährt, da die Pflanzen dann nicht voll der Sonne ausgesetzt sind, aber dennoch vom Reflex- und Streulicht der meist hellen Gebäude profitieren. Dadurch entsteht auch kein so hoher Wasserstress und die Geländerbeete müssen nicht übermäßig gegossen werden.

Das Design dieser Vertikalbeete sieht außerdem vor, dass Regen und Gießwasser nach innen geleitet werden und im Fall des Überlaufens kontrolliert entwässert werden. Dadurch kann man beim Balkongärtnern auch einem möglichen Streit mit den Nachbarn unterhalb vorbeugen.

Dieses als Geländermodul ausgeführte Vertikalbeet kann von Architekten direkt als Bauelement in Gebäuden eingeplant werden. Der Anbau erfolgt im oberen Modul der Innenseite sowie ganz oben.

Vertikale Dachgärten

Im Dachbereich kann man mit Vertikalanbau den Grünflächenanteil noch einmal deutlich erhöhen. Zum Beispiel kann die Absturzsicherung auf einem begehbaren Flachdach ringsum mit Vertikalbeeten gestaltet werden. Das hat mehrere Vorteile: Auf der Südseite wird durch den Anbau auf der Innenseite das Problem der heißen Hochsommersonne entschärft und die Pflanzen erhalten eher Reflex- und Streulicht. Des Weiteren ist durch die deutliche Erhöhung des

Grünanteils und der möglichen Nutzung für essbare Pflanzen die horizontale Fläche etwas entlastet und erlaubt eine variablere Nutzung.

Vertikalbeete können auch optimal mit Photovoltaik kombiniert werden. In einem von mir entwickelten Design einer Pergola können nicht nur ein Photovoltaikdach, sondern auch Vertikalbeete untergebracht werden. Das erhöht die Funktionalität nochmals, indem deutlich mehr grüne Oberfläche geschaffen wird. Gleichzeitig spart man die nutzbare horizontale Fläche ein und kann durch diese Sichtschutzelemente private Bereiche schaffen. Durch variable Höhen der Vertikalbeete lässt sich die Intensität des Sichtschutzes regeln und auf die sozialen Ansprüche der Örtlichkeit anpassen.

Vertikalbeete eignen sich auch optimal für den Lebensmittelanbau und damit für Naschgärten unmittelbar rund um gemütliche Sitzgelegenheiten.

Für Wohnhäuser, aber auch für gewerbliche Objekte mit außen liegenden Pausenräumen bieten essbare Gärten einen hohen Mehrwert. Bei optimalem (PV-)Dachdesign und ebensolcher Pergolageometrie sind Sommer- und Wintersonnenstand bestens berücksichtigt. Die hochstehende Mittagssonne wird weitgehend abgehalten, während die tiefer stehende Morgen-, Abend- und Wintersonne die Sitzbereiche und Vertikalbeete gut erreichen kann. Dadurch ergeben sich nahezu ganzjährige Aufenthalts- und Anbaumöglichkeiten.

Orte für die Nutzung von Photovoltaik und Photosynthese schließen sich also gegenseitig nicht aus, sondern können sich sogar optimal ergänzen. Für die Planer und Bewohner von Gebäuden entstehen somit wichtige Synergieeffekte in der solaren Nutzung.

Vertikalbeete im Pergola-Design erzeugen Schatten und Sichtschutz. Sie sind auf (Dach-)Terrassen optimal einsetzbar.

Kapitel 7

ÖKOLOGISCH VERTIKAL ANBAUEN

Die wichtigsten Anbauregeln

Für den vertikalen Anbau gibt es ein paar Grundregeln, die an allen Orten und bei allen Beetsystemen beachtet werden sollten.

1.) Anfangen!
Das Wichtigste für einen erfolgreichen Garten ist das Beginnen. Bitte nicht zu viel Zeit mit der Planung und mit Erwartungen und Hoffnungen verbringen. Das erhöht nur den Frust, wenn es nicht gleich beim ersten Mal klappt. Als Vertikalgärtner kann man auch im Herbst mit Wintergemüse starten. Die Freude am Garten, das Erleben von Wachstum und das Ernten der eigenen Früchte schafft ein Gefühl, aus dem es kein Entrinnen gibt. Im besten Sinn! Wen die Sucht nach den eigenen, frischen Lebensmitteln gepackt hat, den lässt sie nicht mehr los.

2.) Gute Erde verwenden!
Natürlich das oberste Gebot: gute Erde. Egal in welchem System man anbaut, schlussendlich kommt es immer auf die Erde an. Das Anbausubstrat für Vertikalbeete muss vier Hauptfunktionen erfüllen: Es muss Wasser gut halten können, aber bei Wasserüberschuss auch gut drainieren, um Staunässe zu verhindern. Es muss stabil sein, sollte aber nicht verhärten. Und es soll ausreichend Nährstoffe enthalten und diese langsam und nachhaltig zur Verfügung stellen. Durch eine

Kombination dieser Ansprüche in speziellen Mischsubstraten entstehen kein bis geringer Durchlauf des Wassers und eine langfristige Nährstoffversorgung. Mit handelsüblichen Erden werden Vertikalgärtner meist nicht glücklich, wie meine Erfahrung zeigt. Ich habe dazu zahlreiche Tests durchgeführt. Als Ergebnis stellen wir bei »HerBios« eigene biologische Erdmischungen her.

3.) Der Anbau erfolgt in vertikalen Reihen, nicht in horizontalen!
Intuitiv pflanzen die meisten Gärtner/-innen in vertikalen Anbausystemen dieselben Sorten wie in horizontalen Reihen. Das führt unter Umständen dazu, dass schnell wachsende, größere oder hängende Pflanzen über die Reihen anderer Pflanzen wachsen und diese beschatten. Aus diesem Grund sollte man gleiche Sorten möglichst übereinander anbauen, da ihre Wachstumsgeschwindigkeiten in jeder Ebene annähernd gleich sind. Alternativ kann man darauf achten, dass Pflanzen mit ähnlichen Eigenschaften (Keimdauer, Wachstumsrate, Größe) immer übereinander wachsen.

4.) Eher Pflückgemüse als solche mit langen Reifezeiten pflanzen!
Aufgrund des meist beschränkten Platzes in kleineren Anbausystemen empfehle ich Pflückgemüse, das schon bald nach dem Auspflanzen erste Erträge bringt. So kann man auch länger ernten. Pflückgemüse in hoher Dichte und Zahl gepflanzt, führt zu laufenden Ernten. Dabei ist zu beachten, dass im Eigengarten viele Gemüse, die man als solche nicht kennt, als Pflückgemüse oder, genauer gesagt, Schnittgemüse behandelt werden können: Porree, Fenchel, Brokkoli, Stangensellerie und fast alle nicht kopfbildenden Blattgemüse sowie sämtliche Kräuter. Sie können mehrfach abgeschnitten werden, und die entfernten Pflanzenteile treiben immer wieder nach, wenn auch oft kleiner als beim vorherigen Mal. Wurzelgemüse ist nur bedingt empfehlenswert, da es lange viel Platz wegnimmt und dieser nach der Ernte wieder bepflanzt werden muss.

5.) Die Anbauzonen beachten!
Speziell in frei stehenden Rundum-Anbausystemen ist auf die Selbstbeschattung der Vertikalbeete Rücksicht zu nehmen. Das ist nicht unbedingt nachteilig, denn dadurch entstehen verschiedene Klimazonen – ähnlich wie bei Kräuterspiralen, nur wesentlich effektiver. Den Anbau in diesen Zonen werde ich im folgenden Abschnitt »Mehrzonenanbau« näher erläutern. Diese Hinweise beziehen sich in erster Linie auf den Sommeranbau. Im Winter, wenn das Licht knapp ist, sollte man sich auf den Anbau in lichtexponierten Bereichen kon-

zentrieren. Allen, die glauben, man könne bei uns im Winter im Freien nichts anbauen, empfehle ich die nun folgenden Buchabschnitte wärmstens!

Vielfalt in Raum und Zeit

»Wir können nur schätzen, was wir kennen und verstehen«, hat einer meiner Kollegen an der Universität Wien zu seinen Studenten/-innen immer gesagt. Wenn wir selbst wieder Vielfalt erleben und schätzen lernen, verstehen wir auch, was wir in der Natur gerade – in einem nie dagewesenen Ausmaß – verlieren. Ohne Naturkontakt können wir das nicht begreifen.

Damit meine ich nicht allein das Aufs-Land-Hinausfahren oder das Spazierengehen im Wald. Es geht vielmehr um die Vielfalt in unserer Lebensumgebung. Am Arbeitsplatz, auf dem Weg dorthin und auch zu Hause.

Für alle, die einen Garten, Balkon oder eine Terrasse besitzen, ist Vielfalt leicht erlebbar. Zum Teil lässt sie sich planen, zum Teil entsteht sie von selbst. Letzteres ist für mich am spannendsten. Das passiert sogar in meinen Vertikalbeeten. Oft keimt etwas, was ich nicht gesät habe – weil sich ein Salat selbst ausgesät hat oder Samen zugeflogen sind. Manchmal ist es essbar, manchmal nicht, es blüht jedoch schön und wird von Bienen besucht. Es tut sich immer etwas! In der Ernährung lässt sich Vielfalt gut planen. Vor allem im eigenen Garten.

Immer mehr Bio-Betriebe setzen auf außergewöhnliches Saatgut. Sie sehen in der Ergänzung zur Supermarkt-Massenware eine ökonomische Nische. Raritäten gibt es inzwischen aus aller Welt. Für Sommer- wie auch Wintergemüse. Im vertikalen Anbau ist Vielfalt nicht nur sinnvoll, sondern verpflichtend. Vor allem bei Rundum-Anbau-Systemen, die verschiedene Klimazonen erzeugen. Jede davon ist optimal für bestimmte Pflanzen.

Vertikalbeete an der Wand eignen sich bestens für den Ganzjahresanbau. Das heißt, man sät schon im Februar oder setzt im März die ersten Gemüsepflanzen. Im Mai kommt das Sommergemüse und im Spätsommer bis Herbst dann das Wintergemüse.

Ganzjähriges Gärtnern ist die Meisterdisziplin, die aber auch für Anfänger nicht schwer ist. Es macht nicht nur Spaß, sondern spart Energie und wird dadurch ökologisch Es erlaubt uns, den Wechsel der Saisonen zu erleben und bringt uns die gesündeste Art, sich zu ernähren. Also auf ins Abenteuer der vertikalen Vielfalt!

Mehrzonenanbau

Vertikalbeete erzeugen durch ihr dreidimensionales Design je nach Ausführung einen gewissen Grad an Selbstbeschattung. Dies wirkt auf den ersten Blick wie ein Nachteil, denn Pflanzen brauchen Licht. Natürlich stimmt das, aber auch innerhalb von essbaren und ökologisch nützlichen Pflanzen gibt es diesbezüglich unterschiedliche Ansprüche. Manche lieben die volle Sonne und mögen es eher feucht, andere bevorzugen es heiß und trocken, während wiederum andere mit Halbschatten ganz zufrieden sind.

Das kommt zum einen davon, dass unsere Kulturpflanzen von Wildpflanzen aus unterschiedlichen ökologischen Nischen abstammen. Andererseits haben wir durch unsere lange landwirtschaftliche und gartenbauliche Tradition ja auch Pflanzen aus aller Welt zusammengeholt. Nachtschattengewächse wie Tomaten und Paprika sowie Kürbisgewächse stammen aus tropischen oder subtropischen Gebieten, vor allem aus Mittel- und Südamerika. Die mediterrane Ernährung gilt schon lange als sehr gesund, und wir haben daher auch viele Kräuter aus diesen Gebieten nach Mitteleuropa geholt. Während subtropische Pflanzen nicht nur Wärme, sondern auch Feuchtigkeit lieben, sind mediterrane Pflanzen eher an trockene Verhältnisse angepasst und nehmen auch Winterfröste nicht so übel.

Man erkennt die sonnenliebenden und trockenheitresistenten Pflanzen auch an ihren Blättern. Haben sie kleine, nadelförmige oder längliche Blätter, wie Rosmarin und Thymian, oder dicke, fein behaarte Blätter, wie der Salbei, so sind dies Zeichen für eine Anpassung an viel Sonne und Hitze. Die Pflanzen verhindern damit eine zu starke Aufnahme von Sonnenlicht und eine entsprechend hohe Verdunstung.

Sehr große Blätter oder dünne, weiche Blätter hingegen sind typisch für Pflanzen, die mit mäßiger Sonne auskommen und auch regelmäßige Bewässerung brauchen. Dazu zählen zum Beispiel Blatt- und Pflücksalate und viele Kohlgewächse.

Die unterschiedlichen Ansprüche verschiedener Pflanzen lassen sich in den einzelnen Licht- und Feuchtezonen von Vertikalbeeten sehr gut berücksichtigen. Vor allem solitäre Beetformen weisen starke Zonierungen auf. Wenn sie frei auf einem größeren Platz stehen, ist ein Rundumanbau möglich. Solche Beete sollten im besten Fall an einem Ort stehen, wo möglichst viel Sonne hinkommt, damit alle Seiten bestmögliches Pflanzenwachstum garantieren.

Anhand eines fünfseitig bepflanzbaren Modells (z. B. Modell »Standard 100«) möchte ich zeigen, wie man ein Vertikalbeet mit reichlich unterschiedlichen Pflanzen – ihrem bevorzugten Standort gemäß – bepflanzen kann. Für das Beispiel nehmen wir an, dass das längliche Beet mit einer der beiden schmalen Stirnseiten nach Süden (am besten auf den Sonnenstand um 13 Uhr nach Sommerzeit) ausgerichtet ist und den ganzen Tag über Sonne bekommt.

Zone 1
Horizontale Fläche oben: Ganztagessonne
Die einzige horizontale Fläche auf der Oberseite bekommt den ganzen Tag Sonne ab. Diese Fläche erhält auch den gesamten Niederschlag, der auf ein Vertikalbeet fällt. Bei ausreichendem Niederschlag ist dieser Bereich immer feucht. Daher eignet sich diese Zone optimal für subtropische Nachtschattengewächse wie Paprika, Chili, Auberginen oder Tomaten. Man sollte darauf achten, dass große Pflanzen lichtabgewandt und kleine zur Südseite hin gepflanzt werden. Das verhindert eine Beschattung der kleinen Pflanzen durch die großen.

Zone 2
Vertikale Südseite: Mittagssonne
Diese Fläche bekommt das meiste Licht aller Vertikalflächen ab. Die vertikalen Flächen sind, je nach Bewässerungsgewohnheit und -system, tendenziell trockener. Das gilt vor allem für die südseitige Fläche, welche die heiße Mittagssonne erhält. Diese trockene und helle Seite ist die optimale Zone für mediterrane Kräuter. Rosmarin, Salbei, Majoran, Oregano und Ysop fühlen sich hier sehr wohl.

Zone 3 und 4
Vertikale Ost- und Westseite
Bei entsprechender Ausrichtung des Beets nach Süden ergibt sich die Situation, dass die beiden vertikalen Breitseiten ähnliche Bedingungen aufweisen und als eine Zone behandelt werden können. Das sind die Ost- und Westseite, die entsprechend die Morgen- bzw. Abendsonne erhalten. Durch geringere Lichtintensität sind bei gleichmäßiger Bewässerung diese beiden Seiten weniger hell und etwas feuchter als die Südseite. Hier finden wir also den optimalen Platz für Blattgemüse,

Pflücksalate, Kohlgemüse, heimische Kräuter (Petersilie, Schnittlauch), Radieschen, Erdbeeren und Wurzelgemüse (Karotten, Pastinaken), Rote Rüben und alle entsprechenden großblättrigen Pflanzen. Dabei ist es wiederum sehr wichtig, dass große Pflanzen auf dem nordseitigen Teil der Breitseite gepflanzt werden und die kleineren Pflanzen südseitig, um von den großen nicht beschattet zu werden. Erdbeeren, Salate und kleine Kräuter pflanzen wir also Richtung Süden, während große Kohlgemüse Richtung Norden gesetzt werden.

Zone 5
Nordseite oder auch Schattenseite
Diese Seite nutze ich meist auf zwei Arten. Einerseits kann man kleinere, Schatten- oder Halbschattenpflanzen wie Waldmeister, Kresse oder Petersilie setzen. Auch Mangold oder Pflücksalate werden dort unter langsamerem Wachstum gedeihen. Eine andere Möglichkeit ist, große Pflanzen mit riesigen Blättern zu pflanzen, wie Rhabarber oder Zucchini. Da Letztere ohne Stütze mit ihrer langen Sprossachse nach unten hängen, sollten sie weiter oben im Beet gepflanzt werden. Sie können dann einfach nach unten hängen. Rhabarber hat eine gute eigene Stabilität und kann in der Mitte oder oben gepflanzt werden. Die großen Blätter dieser Pflanzen wachsen von selbst aus dem Schatten des Beets heraus und holen sich die Sonne. Es entsteht dadurch eine Art Blatt-Sonnensegel auf der Nordseite des Vertikalbeets, wo sie keine anderen Pflanzen im Beet beschatten.

Aufgrund dieser Zonen und der Einhaltung natürlicher Standortansprüche verschiedener Nutzpflanzen erzwingt ein Vertikalbeet gewissermaßen von sich aus die Pflanzung einer gewissen Diversität. Ein Vertikalbeet mit 80 Pflanzplätzen, wie in obigem Beispiel, bietet leicht einigen Dutzend verschiedenen Pflanzenarten eine optimale Unterkunft.

Damit entstehen eine vollständige Selbstversorgung, zum Beispiel mit Küchenkräutern, und eine Vielfalt in unserer pflanzlichen Ernährung. Das ist für mich das Hauptargument als Antwort auf die Frage: »Was bringt so eine kleine Fläche für die Selbstversorgung?« Ganz klar: Sie bringt zusätzliche Vielfalt auf den Tisch, frische Kräuter, Gemüse und Raritäten, also Lebensmittel, die man in dieser Qualität nicht kaufen kann. Wenn diese Produkte überhaupt erhältlich sind, dann meist plastikverpackt und keinesfalls erntefrisch.

Die fünf Zonen frei stehender Vertikalbeete mit den optimalen Pflanzengruppen essbarer Gemüse.

Der wahre Wert und die große Freude, die man schon in einem kleinen Garten mit Selbstversorgung finden kann, sind nur schwer zu beschreiben. Man muss das einfach selbst erleben.

Mehrsaisonenanbau

Der Vertikalanbau ermöglicht nicht nur eine höhere räumliche, sondern auch eine höhere zeitliche Diversität. Vor allem durch die optimalen Winteranbaubedingungen. Vertikalbeete eignen sich perfekt für den Ganzjahresanbau.

Die Anbaumöglichkeiten von Wintergemüse erscheinen in Mitteleuropa aufgrund des relativ langen Winters mit vielen Frosttagen als ungewöhnlich. Dank der Forschungsarbeiten des Agrarexperten Wolfgang Palme wissen wir inzwischen, dass wir im geschützten Anbau (z. B. kalter Folientunnel) ohne viel technischen Aufwand eine große Vielfalt an Gemüse im Winter ernten können.

Das größte Problem für den Winteranbau ist intensiver Niederschlag. Das heißt, dass die Wintergemüsepflanzen vor allem in der lichtarmen Zeit vor Regen geschützt werden müssen, da sie sonst faulen. Dieses Problem ist im Vertikalbeet so gut wie nicht vorhanden, da sich die vertikalen Anbauebenen gegenseitig schützen. Auch intensiver Herbstregen schafft es nicht, große Vertikalbeete völlig zu durchnässen. Besonders günstige Standorte für den Winteranbau sind Südwände mit leichter Überdachung.

Ich selbst pflanze in allen Formen von Vertikalbeeten mindestens drei Gemüsegenerationen pro Jahr. Neben mehrjährigen Kräutern und Erdbeeren wird die erste Generation einjähriger Pflanzen im sehr frühen Frühling (Februar, März) ausgesät oder angebaut. Dabei handelt es sich meist um Blattsalate und Kohlgemüse. Die Salate werden im Mai vom Sommergemüse abgelöst. Dieses wiederum ist dann, je nach Sorte, spätestens im September oder Oktober abgeerntet und macht Platz für spät gepflanzte, schnell wachsende Wintergemüse, etwa verschiedene Salatarten.

Frühling

Ein früher Start in die Gemüsesaison zahlt sich immer aus. Die Saisonverfrühung wird vor allem in Vertikalbeeten an Hauswänden auffällig. An sonnigen Tagen ist hier die Temperatur einige Grade höher und wird auch für die Nacht gespeichert. Man kann die Verfrühung ein wenig mithilfe eines Kulturvlieses unterstützen, das man über das Vertikalbeet gibt. Das macht aber nur Sinn, wenn das Vlies tagsüber entfernt (z. B. hochgerollt) und nachts wieder über das Beet gegeben wird. So lässt es am Tag viel Licht und Wärme in das Beet, die dann über Nacht durch das Vlies besser im Beet gehalten wird.

Die Verwendung von Vlies ist vor allem bei an der Wand stehenden Vertikalbeeten sehr einfach. Bereits im Februar und in der ersten Märzhälfte kann man vor allem auf gut von der Sonne erreichten Plätzen, nahe am Haus oder direkt an der Hauswand aussäen und auspflanzen. Zu den frostresistenten Sorten zählen viele Asia-Salate wie Roter Blattsenf, Wasabino oder Mizuna, aber auch andere Blattgemüse wie Spinat. Auch verschiedene Kohlsorten (Blumenkohl/Karfiol, Rosenkohl/Kohlsprossen, Kohlrabi) und Radieschen lassen sich bereits um diese Zeit anbauen.

Ich empfehle vor allem den Anbau von Blattsalaten, da diese bis etwa Anfang Mai bereits wieder verzehrt sind und dem Sommergemüse Platz machen können. Blattkohle haben lange Stehzeiten und können oft das ganze Jahr über geerntet werden.

Sommer

In der ertragreichsten Zeit des Jahres sorgt der Vertikalgarten für eine bunte Vielfalt. Zu den Sommersalaten gesellen sich auch die begehrten Fruchtgemüse wie Tomaten, Paprika, Auberginen, Chili, Gurken und Zucchini. Dazu kommen beliebte Sommerkräuter wie Basilikum, Thymian, Oregano, diverse Minzen, Melisse und viele andere. Auch Schnittlauch, Schnittknoblauch, Petersilie und andere heimische Kräuter produzieren massenhaft im Sommer. Die frostresistenten unter ihnen bleiben uns ja mehrjährig erhalten und können bis in den milden Vorwinter hinein geerntet werden. Für die empfindlicheren und solche, die sich im Winter einziehen, empfiehlt es sich, mehr anzupflanzen und in der Haupterntezeit geschnittene Blätter zu trocknen (mediterrane Kräuter) oder einzufrieren (Petersilie, Schnittlauch).

Herbst/Winter

In jene Teile des Beets, die im Spätsommer durch Räumen des Sommergemüses (Salate, Tomaten, Paprika, Gurken etc.) frei werden, setzen wir im September und Oktober die schnell wachsenden Wintergemüse. Dazu zählen vor allem Blatt-, aber auch einige Stängel- und Wurzelgemüse, die sich im Vertikalbeet gut kultivieren lassen. Dieser besonderen Jahreszeit, die viel mehr frische Lebensmittel hervorbringen kann, als den meisten Menschen bewusst ist, widme ich in der Folge eine umfangreiche Betrachtung.

Wintergemüse: Mehr als Kraut und Rüben

Wir haben eben die vielfältigen Möglichkeiten des vertikalen Gärtnerns kennengelernt. Nun bleibt die Frage, wie wir am besten biologisch, oder noch besser ökologisch, unseren Vertikalgarten bestellen. Ein sehr wichtiger Faktor ist die ganzjährige Benutzung inklusive Wintergemüseanbau. Für viele Mitteleuropäer mag das eigenartig klingen, es ist aber einfacher, als man glaubt.

Es gibt mehrere Dutzend Gemüsesorten, die im Sommer oder Herbst gepflanzt und im Winter geerntet werden können. Ausgewählte Sorten und den optimalen Standort beschreibe ich im folgenden Teil.

Zum ökologischen Gärtnern zählen auch einige Tricks und Methoden der Biobauern, die sich auch auf kleinstem Raum anwenden lassen. Energieeffizienter Anbau, Kompostierung und das Schließen von Nährstoffkreisläufen klappt sogar auf kleinen Balkonen. Permanente Bodenbedeckung und die Verwendung von Regenwasser machen auch beim vertikalen Gärtnern Sinn. Schließlich möchte ich noch auf die Frage eingehen, ob Stadtgemüse überhaupt »unbedenklich« zu konsumieren ist. Aber werfen wir nun einmal einen genaueren Blick auf die ungewöhnlichste Jahreszeit für die Selbstversorgung auf Balkon und Terrasse: den Winter.

Mit »saisonalem Gemüse« im Winter assoziieren die meisten Menschen hierzulande Kraut, Rüben und einige Blattgemüse wie Feldsalat und Spinat. Dass der Winter aber viel mehr zu bieten hat, wird immer mehr (Hobby-) Gärtnern bewusst. Der Winter hat überdies viele Vorteile: Es gibt weniger Schädlinge und Beikräuter, und man muss weniger gießen. Für den Gartenanfänger ist also durchaus der Spätsommer oder frühe Herbst ein guter Moment, um zu starten.

Die »Bibel« schlechthin zu diesem Thema ist das Buch »Frisches Gemüse im Winter ernten«[168] von Wolfgang Palme. Ich kenne Wolfgang seit mehreren Jahren und schätze seine Arbeit sehr. Seine Bemühungen, dem Profi wie auch dem Laien beizubringen, wie man ohne Energieaufwand ganzjährig Gemüse anbaut, sind beeindruckend. Sein Beitrag zum Low-Energy-Gardening und damit zur nachhaltigen Landwirtschaft ist von unschätzbarem Wert. Seine Arbeit hat auch mich dazu motiviert, den Winteranbau in das vertikale Gärtnern zu integrieren. Und der Erfolg dieser Methode in Hausnähe, vor allem in Vertikalbeeten an der Wand oder am Balkon, hat mich anfangs selbst überrascht. Aus diesem Grund möchte ich anschließend eine Auswahl von frostfesten Pflanzen präsentieren, etwa 30 an der Zahl.

Der optimale Standort

Für frostharte Wintergemüse ist dauernde Nässe problematischer als der Frost selbst. Ich beobachte schon seit einigen Jahren bei uns in Österreich einen immer später einkehrenden Winter, bedingt durch die Klimaerwärmung. Die Wintergemüse auf den Beeten und Feldern wachsen gut bis weit in den November hinein und bekommen vor Jahresende meist auch wenig Frost ab. Dafür regnet es häufig und die Böden sind bei Wolkenbedeckung und/oder

Nebel über lange Zeit hinweg feucht. Das mögen die wenigsten Gemüse, vor allem nicht die Blattgemüse.

Verwendet man hingegen Vertikalbeete, die auch noch an einer Wand oder sogar unter einem Vordach stehen, dann sind die Bedingungen für den Anbau von Frischgemüse über den Winter optimal. Und das aus mehreren Gründen:

1. Die Nutzung der tiefstehenden Wintersonne ist im Vertikalbeet optimal. Die Wintersonne hat in Mitteleuropa (zum Beispiel auf der geografischen Höhe Wiens) zu Mittag einen Einstrahlungswinkel von 20 (1. Dezember) bis 35 Grad (10. Oktober, 1. März). Die Werte ändern sich mit der geografischen Breite und liegen zum Beispiel für Berlin um 5 Grad niedriger. Um 10 bzw. 14 Uhr liegen sie um etwa 6 Grad tiefer als um 12 Uhr. Das bedeutet, dass auch niedrige Strukturen erheblichen Schatten werfen können, was sich im Winter schnell auf geringeres Wachstum auswirkt. Derart flache Einstrahlungswinkel führen im horizontalen Garten bereits zur Selbstbeschattung auch bei niedrigen Pflanzen, während im Vertikalbeet die Selbstbeschattung der Pflanzen im Winter kaum eine Rolle spielt.
2. Die Gebäudehülle speichert Wärme oder gibt diese, abhängig vom Isolierungsgrad des Gebäudes, auch nach außen ab. In Gebäudenähe ist es daher immer wärmer als im Freien. Mein Balkonvertikalbeet genießt nach Sonnentagen (die die Außenwand aufwärmen) 4 bis 5 Grad mehr Wärme als die Beete im Freien. Das heißt, ich habe nach sonnigen Wintertagen bei Nachtfrost von 4 bis 5 Grad minus schon in der Früh ungefrorenes Gemüse und Salatkräuter zur Hand. Im Garten muss ich im Gegensatz dazu auf die Sonne warten, um dann mittags ernten zu können.
3. Regenschutz: Beim Vertikalanbau ist der Niederschlag zwar kein großes Thema (da sich die Beete durch ihre quaderförmige Konstruktion selbst beschatten), aber ein Vordach oder ein anderer Balkon über dem eigenen Vertikalbeet bieten einen kompletten Regenschutz. Das bedeutet auf der anderen Seite, dass die Pflanzen gegossen werden müssen – im warmen Herbst häufiger und in längeren warmen Winterperioden von Zeit zu Zeit. Sie belohnen den Aufwand mit besserem Wachstum.

Sie haben es sicher schon bemerkt: Am liebsten baue ich Wintergemüse in meinen Vertikalbeeten direkt an der Hauswand an. Die Hauptwand unseres Hauses ist nach Süd-Süd-West (ca. 210 Grad) ausgerichtet. Das heißt, die Sonne kommt im rechten Winkel erst um circa 14 Uhr auf die Wand. Das lange Vordach von fast drei Metern nimmt durch den tiefen Sonnenstand im

Diese Darstellung zeigt, warum die Ausrichtung der Pflanzen in Vertikalbeeten bei tiefstehender Wintersonne günstig ist. Der vertikale Anbau fördert hier das Wachstum ohne Technik.

Winter kein Licht weg. Daher habe ich an diesen Wänden trotz nicht optimaler Ausrichtung ein sehr gutes Wachstum bei Wintergemüse. Beim Besuch einer Gruppe von Interessenten im November bestätigte mir dies eine Dame mit folgender Aussage: »Bei Ihnen sieht es jetzt so aus wie bei mir im Mai.«

Die höheren Temperaturen am Haus sorgen also für längere Wachstumsphasen, sodass meine hausnahen Pflanzen über die ganze Wintersaison die beste Produktivität zeigen. Mit welchen Sorten von Wintergemüse ich besonders gute Erfahrungen in den Vertikalbeeten habe, lesen Sie gleich anschließend.

Die besten Wintersorten

Zahlreiche Pluspunkte sprechen für den winterlichen Anbau in der Vertikalen. Ich selbst baue am liebsten Blatt- und Stängelgemüse an, da die mehrjährigen Kräuter ohnehin lange verfügbar sind. Die Blattgemüse haben den Vorteil, dass sie im Herbst noch gut anwachsen und bald die ersten Blätter zur Ernte bilden. Meist pflanze ich Jungpflanzen und ernte bereits nach rund drei Wochen die ersten Blätter.

Viele Winterblattgemüse wachsen je nach Wetter bis in den Frühwinter hinein weiter und versorgen uns über den gesamten Winter laufend mit frischem, gesundem Grün. Wolfgang Palme beschreibt in seinem oben erwähnten, empfehlenswerten Wintergemüse-Buch knapp 80 Sorten im Detail. Ich möchte hier auf Sorten eingehen, mit denen ich gute Erfahrungen im Vertikalanbau gemacht habe.

Im folgenden Nachschlageteil des Buchs hat sich vorab auch die Frage nach der Reihung der Pflanzen ergeben. Ich habe mich entschlossen, sie nach den verwendbaren Pflanzenteilen bzw. nach der Art der Verwendung zu reihen: zuerst Gewürzkräuter, dann Salatkräuter und Rohkostsalate, danach Gemüse, das man auch dünsten oder kochen kann, und zum Schluss das Knollen- und Wurzelgemüse. Viele Gemüse haben mehrere Verwendungsmöglichkeiten, sie werden hier nach der häufigsten Verwendung gereiht. Die Namen sind die üblichen Handelsnamen in Deutschland und Österreich.

Der Aussaatzeitpunkt bezieht sich auf den spätesten Zeitpunkt, den man einhalten muss, um noch im Spätherbst und Winter desselben Jahres zu ernten. Die Angaben für Frosthärte folgen weitgehend den Angaben und Erfahrungen von Wolfgang Palme. Abweichungen in Richtung tiefere Temperaturen sind durch eigene Erfahrungen möglich. Generell variiert die Frosthärte jedoch mit dem Bodentyp, dem Standort sowie der Wasser- und Nährstoffversorgung – die Angaben dürfen daher nur als Näherungswerte gesehen werden. Für detaillierte und vom Vertikalanbau unabhängige Anbautipps verweise ich ebenfalls auf das umfangreiche Buch von Wolfgang Palme.

Oregano

Origanum vulgare

Familie: Lippenblütler
Aussaat: Mai (Lichtkeimer)
Pflanzung: Mai bis September
Größe: bis ca. 50 cm
Frosthärte: bis -20 °C

Inhaltsstoffe und Wirkung:
Bitter- und Gerbstoffe. Die ätherischen Öle mit Thymol, Carvacrol[177], Cymol wirken antibiotisch und fungizid (pilztötend). Sie werden auch gegen Rheuma und Gicht eingesetzt. Oregano kann bei Magen- und Darmproblemen sowie bei Hals- und Rachenentzündungen als Tee eingesetzt werden.

Oregano ist ein Klassiker unter den mediterranen Gewürzkräutern, er sollte in keinem Garten fehlen. Er hat 1–4 cm große, weiche, länglich-eiförmige Blätter, oft mit samtiger Behaarung am Blattrand. Oregano kommt aus der Gattung der Doste, zu dem auch Majoran *(Origanum majorana)* gehört, und wird manchmal auch wilder Majoran genannt. Im Gegensatz zu Majoran ist Oregano jedoch frosthärter und kann in unseren Breiten daher mehrjährig wachsen. Mit Vertikalbeeten an nach Süden gerichteten Hauswänden habe ich aber auch mit Majoran gute Erfahrungen bis in den Winter gemacht; starke Fröste übersteht Majoran jedoch meist nicht.

Oregano kann auch in frei stehenden Vertikalbeeten gepflanzt werden. Man sollte ihm auf jeden Fall die sonnenzugewandte Seite gönnen. Er benötigt nur wenig Wasser. Im Winter kann er an frostfreien Tagen geerntet werden, und so steht er fast ganzjährig frisch zur Verfügung.

Tipp: *Oregano darf weder auf der Pizza noch im Gemüsesugo fehlen. Er macht sich auch hervorragend als Rohkost in frischen Salaten, am besten mit einer Marinade aus nativem Olivenöl. Auch zu Kartoffeln kann man Oregano geben (anstatt der ebenfalls beliebten Petersilie).*

Petersilie bildet üppiges Blattgrün auf dünnen Stielen. Es gibt gekrauste und glatte Sorten, wobei Letztere durch den höheren Gehalt an ätherischen Ölen ein intensiveres Aroma haben. In Vertikalbeeten ist sie leicht zu kultivieren, entweder durch Direktsaat oder Pflanzung. Halbschatten, also z. B. eine Pflanzung in den Ost- oder Westseiten von Vertikalbeeten, ist ausreichend. Auch die Wurzelpetersilie habe ich erfolgreich kultiviert. Ich empfehle sie jedoch wegen der sehr langen Wachstumszeit nur bedingt für den Vertikalanbau, außer es steht genug Fläche zur Verfügung.

Tipp: *Blattpetersilie ist klassisch auf Kartoffeln, aber auch in Salaten, Aufstrichen und Smoothies sehr gut. Die Wurzelpetersilie macht sich wunderbar in Eintöpfen oder Gulasch (mit oder ohne Fleisch), ihr Grün kann und sollte auch gegessen werden.*

Petersilie, Petersil

Petroselinum crispum var. crispum

Familie: Doldenblütler
Aussaat: Juli–August
Pflanzung: September
Größe: bis 20 cm
Frosthärte: -10 °C

Inhaltsstoffe und Wirkung:
Vitamine (B, C, E, Folsäure, Carotin), Kalium, Kalzium, Magnesium, Eisen und ätherische Öle. Der Vitamin-C-Gehalt ist mit jenen von Südfrüchten vergleichbar. Wie auch im Sellerie kommt das Flavon Apigenin (Pflanzenfarbstoff) vor, von dem man eine krebshemmende Wirkung annimmt. Das hat sich zumindest im Labor bei Lungenkrebs[178] und der Wiederkehrrate von Dickdarmkrebs[179] gezeigt. Als Nahrungsergänzungsmittel ist dessen Wirkung aber umstritten.

Der **Rosmarin** ist eine Pflanze des Mittelmeerraums und bei uns nicht als Wintergewürz bekannt. In den letzten Jahren wurden jedoch zunehmend mehr Sorten als winterhart im Handel verkauft. Ich selbst konnte ihn – nach einigen erfolglosen Versuchen – auch erst in den letzten zwei Jahren überwintern. Als Pflanze, die keine Staunässe, aber einen warmen und trockenen Standort mag, ist sie unbedingt in die mittleren und oberen Bereiche von Vertikalbeeten zu setzen, am besten dort, wo sie voll der Sonne exponiert ist.

Die Winterhärte ist hier nach eigenen Erfahrungen geschätzt. Der Handel spricht von Sorten für bis -20 °C (z. B. »*Hill Hardy*«), schränkt aber ein, dass eine solche Frosthärte nur bei älteren, gut angewachsenen Pflanzen zu erwarten ist.[169] Jungpflanzen haben bei mir in südwestseitigen Vertikalbeeten auch schon -13 °C überstanden. Es ist also möglich, im Vertikalbeet mit guter Südausrichtung auch in unserem Klima den ganzen Winter über einige mediterrane Kräuter zur Verfügung zu haben. Die Klimaerwärmung kommt uns hier im Ausnahmefall einmal entgegen. Ein häufiger Rückschnitt, vor allem in Vertikalbeeten, ist empfehlenswert.

Rosmarin

Rosmarinus officinalis

Familie: Lippenblütler
Aussaat: als Jungpflanze empfohlen
Pflanzung: Frühling bis Herbst
Größe: bis 80 cm
Frosthärte: -10 °C

Inhaltsstoffe und Wirkung:
Enthält vor allem ätherische Öle (2,5 Prozent), Gerbstoffe, Bitterstoffe, Saponine und Flavonoide. Er wirkt entzündungshemmend und wird als Heilpflanze gegen Verdauungsprobleme und Husten eingesetzt. Das Rosmarinöl wird verdünnt und vorsichtig auch als Badezusatz verwendet.

Als Gewürzkraut ist der Rosmarin aus der mediterranen Küche nicht wegzudenken. Sein Aroma ist einzigartig, und auch im Winter auf erntefrischen Rosmarin zurückgreifen zu können, ist eine Bereicherung für jede Küche. Wenn er im Frühsommer blüht, ist er, wie alle Kräuter, auch ökologisch wertvoll für viele Bestäuberinsekten.

Schnittlauch

Allium schoenoprasum

Familie: Amaryllisgewächse
Aussaat: Februar, direkt auch Ende März bis April (Dunkelkeimer), Samen nur ein Jahr keimfähig
Pflanzung: März
Größe: bis ca. 50 cm
Frosthärte: bis unter -20 °C

Inhaltsstoffe und Wirkung:
Reich an Vitaminen (10 verschiedene) und Schwefelverbindungen, den sogenannten Cysteinsulfoxiden, die den Geschmack prägen, und Ballaststoffen. Er ist verdauungsfördernd, soll blutdruck- und cholesterinsenkend und krebshemmend wirken.[180]

Schnittlauch ist vieljährig. Seine langen und runden Blätter sind hohl, wobei es fein- und grobröhrige Sorten gibt. Das Gewürz, das in keinem Hausgarten fehlen sollte, wird gern für Suppen, Saucen, Aufstriche, Eierspeisen und Salate verwendet. Schnittlauch wird dazu am besten frisch und klein geschnitten gegessen. Da er beim Trocknen sein Aroma verliert, ist die Haltbarmachung durch Kleinschneiden und Einfrieren zu empfehlen, und zwar vor der Blüte im Mai, denn da ist die Ausbeute am höchsten. (Die harten, zahlreichen Blütenstiele würden außerdem die Ernte erschweren.) Durch die Mehrjährigkeit und Anspruchslosigkeit eignet er sich ideal für Gartenanfänger. In einigen meiner Vertikalbeete habe ich beobachtet, dass strenge, frostreiche Winter das Wachstum fördern und die

Grobröhrigkeit erhöhen. Schnittlauch ist auch ökologisch sehr wertvoll, da er in voller Blüte einer Menge unterschiedlicher Bestäuberinsekten, allen voran Hummeln und Wildbienen, Nahrung bietet.

> **Tipp:** *Im Winter kann man Schnittlauch, nach einer Ruhephase (trocken halten!) im Herbst, auch nach drinnen übersiedeln und durch Treiberei frisch ernten.*

Der weniger bekannte, mehrjährige **Schnittknoblauch** hat breite, flache und lange Blätter und wird wie Schnittlauch geschnitten. Die Blätter ähneln geschmacklich dem Knoblauch, daher der Name. Die Verwendung ist ähnlich dem Schnittlauch. Er blüht den Sommer über mit weißen, doldenförmigen Blüten und zieht im Herbst ein, kann aber schon ab Februar wieder austreiben. Daher sollte er in der Haupterntezeit geschnitten und eingefroren werden. Er ist unproblematisch in der Kultivierung und vermehrt sich leicht selbst. Um im Winter durchgehend zu ernten, muss man, wie beim Schnittlauch, die Treiberei auf die Fensterbank verlegen.

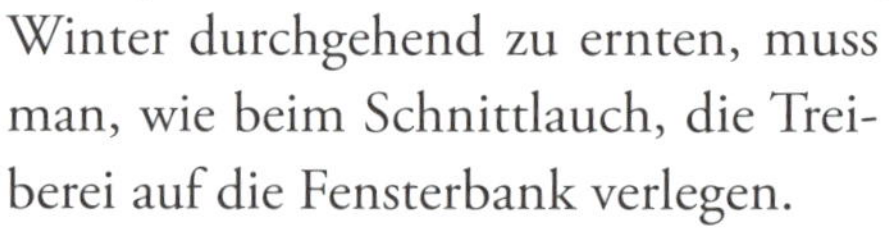

Schnittknoblauch, Knoblauch-Schnittlauch

Allium tuberosum

Familie: Amaryllisgewächse
Aussaat: März–April
Pflanzung: Mai
Größe: bis ca. 50 cm
Frosthärte: bis unter -20 °C

Inhaltsstoffe und Wirkung:
Reich an Vitaminen und Schwefelverbindungen, hat ähnlich vielfältige gesundheitliche Wirkungen wie Schnittlauch.

Der Schnittknoblauch hat deutlich breitere und flachere Blätter als der Schnittlauch.

Thymian

Thymus vulgaris

Familie: Lippenblütler
Aussaat: März
Pflanzung: April
Größe: bis ca. 30 cm
Frosthärte: bis unter -20 °C

Inhaltsstoffe und Wirkung:
Thymian enthält viele wertvolle ätherische Öle. Der Gehalt liegt bei 1 bis 2,5 Prozent. Ähnlich wie beim Oregano sind das vor allem Thymol und Carvacrol. Sie werden bei Rheuma eingesetzt und wirken entzündungshemmend. Thymian wirkt auch schleimlösend (Atemwegserkrankungen).

Thymian wächst als kleiner Halbstrauch und ist ein sehr altes Gewürzkraut. Es gibt inzwischen Sorten mit unterschiedlichen Geschmacksrichtungen. Durch seine völlige Frosthärte wächst er bei uns mehrjährig. Er kann auch durch Stecklinge oder Teilung von Pflanzen vermehrt werden. Da Thymian keinen nassen Boden mag und vor allem im Herbst und Winter auf zu viel Niederschlag mit Fäulnis reagiert, ist er für den Vertikalanbau hervorragend geeignet. Es empfiehlt sich, ihn an der Sonnenseite von Beeten zu pflanzen, die Erde sollte gut durchlässig sein. Da er nur bei warmen Temperaturen wächst, sollte man ihn im Spätherbst und Winter sparsam verwenden oder ausreichend anbauen und zusätzlich trocknen. Wie alle mediterranen Kräuter ist auch Thymian eine ökologisch wertvolle Pflanze, die in der Blütezeit nicht nur attraktiv aussieht, sondern auch viele Bestäuberinsekten anzieht.

Tipp: *Geerntet werden am besten ganze Triebe. Thymian wird frisch oder getrocknet zum Würzen von Fleischspeisen oder anderen Gerichten verwendet. Auch in Salaten sorgt er für frischen Geschmack.*

SALATKRÄUTER

Unter Salatkräutern verstehe ich Blattgemüse, das vor allem als Rohkost zu frischen Blattsalaten gegeben wird. Abweichende Verwendungen gibt es natürlich, sie finden sich bei den Beschreibungen der einzelnen Arten. Alle hier genannten Salatkräuter können als Pflückgemüse geerntet werden. Das heißt, die äußeren, älteren Blätter werden abgeerntet und im Inneren der Pflanze wachsen junge Blätter nach. Während der Wachstumsphase im Spätherbst sollte nicht zu viel von der Blattmasse entfernt werden, damit die Pflanzen bis zum Wachstumsstopp im Winter kräftig werden können.

Barbarakresse, Barbarakraut, Winterkresse

Barbarea vulgaris

Familie: Kreuzblütler
Aussaat: August
Pflanzung: September–Oktober
Größe: bis ca. 40 cm
Frosthärte: bis -20 °C

Inhaltsstoffe und Wirkung:
Reich an Vitaminen, Mineralstoffen und Senfölglykosiden. Letztere machen die Barbarakresse auch zu einem wunderbaren Winterkraut, da es helfen kann, Entzündungen im Halsbereich zu mildern.

Die **Barbarakresse** wächst rosettenförmig und blüht im zweiten Jahr im Mai/Juni gelb. Sie hat im Jungstadium rundliche Blätter auf dünnen Stielen, die später zu großen, tief gelappten Blättern auf kräftigeren Stängeln auswachsen. Sie ist eine robuste, sehr frostharte, noch wenig bekannte Pflanze mit einem stark würzigen bis scharfen Geschmack. Bei mir gehört sie in den Wintervertikalbeeten fix dazu. Im Herbst gesät oder gepflanzt, ist sie bereits nach wenigen Wochen erstmals pflückreif. Ich setze meist mehrere Reihen, weil sie den ganzen Winter über an frostfreien Tagen geerntet werden kann.

Tipp: *Man erntet am besten die äußeren Blätter, einzeln oder in kleinen Büscheln. Wunderbar schmeckt sie als Salatbeigabe oder klein geschnitten in Aufstrichen (z. B. in Olivenöl und Frischkäse untergerührt).*

Krähenfuß-Wegerich, Hirschhorn-Wegerich, Mönchsbart, Ziegenbart

Plantago coronopus

Familie: Wegerichgewächse
Aussaat: September
Pflanzung: September–Oktober
Größe: bis 20 cm
Frosthärte: bis -10 °C
Inhaltsstoffe:
Vitamine (A, B2, C) und Kalzium

Der rosettenförmig wachsende **Hirschhornwegerich** hat dünne, lange Blätter, die entlang der Ränder gezackt sind. Die Pflanze wird schon lange genutzt, ist aber nach wie vor wenig bekannt. Im Zuge des vermehrten Genusses von Wildgemüse und -kräutern gewinnt sie zurzeit an Popularität. Aufgrund der geringen Größe nimmt sie in Vertikalbeeten wenig Platz ein und beschattet andere Pflanzen nicht. Aufgrund der Salztoleranz und Feuchtigkeitsliebe empfehlen sich die unteren Anbaubereiche im Vertikalbeet. Der Krähenfuß-Wegerich kann auch in halbschattige Bereiche gesetzt werden (ost- oder westseitig). Sein Eigengeschmack ist gering. Ältere Pflanzen entwickeln einen leicht bitteren Geschmack. Ich selbst verwende ihn gern als geschmackliche und bissfeste Ergänzung zu gemischten Blattsalaten.

Die **Speisechrysantheme** hat stark gefiederte Blätter, gelbe oder weiß-gelbe Blüten und blüht im (Früh-)Sommer. Eine sehr hübsche und aromatische Pflanze, deren junge Blätter und Blüten roh gegessen werden können. Sie eignet sich als Salatbeigabe, aufgrund ihres intensiven Geschmacks jedoch nur in kleinen Mengen. In der gehobenen Küche werden vor allem die Blütenblätter gern zur Salatgarnierung verwendet. Ich finde die Pflanze aufgrund ihres besonderen Eigengeschmacks optimal als Zugabe für Mischsalate.

Speisechrysantheme, Salatchrysantheme, Kronenwucherblume

Glebionis coronaria

Familie: Korbblütler
Aussaat: September
Pflanzung: Ende September bis Mitte Oktober
Größe: bis 70 cm
Frosthärte: bis -10 °C. Späte Fröste (Mitte Februar) werden schlechter vertragen

Inhaltsstoffe:
Vitamine, Kalzium, Folsäure

(Winter-)Postelein, Winterportulak, Gewöhnliches Tellerkraut

Claytonia perfoliata

Familie: Wegerichgewächse
Aussaat: August/September
Pflanzung: Anfang September bis Mitte Oktober
Größe: bis 20 cm
Frosthärte: bis unter -20 °C

Inhaltsstoffe:
Magnesium, Kalzium, Eisen, Vitamin C; wenig Nitrat

Winterpostelein ist ein besonders robustes einjähriges Salatkraut, das ich sehr gern anbaue. Wenn man einen Teil der Pflanze bis zum Frühsommer erhält, dann sät sich Postelein selbst aus und kann zum Beispiel in einem bestimmten Teil des Beets dauerhaft kultiviert werden. Die Pflanze bildet am Ende eines langen Stiels leicht rhombusförmige, 2 bis 4 cm große Blätter. Sie wächst üppig, ist sehr anspruchslos und daher ein beliebtes und empfehlenswertes Einstiegswintergemüse. Ich verwende es als Pflückgemüse und habe meist mehrere Dutzend Pflanzen in meinen Balkon- und Terrassenvertikalbeeten. Geerntet wird an frostfreien Tagen im Herbst und den ganzen Winter über. Ich schneide meist ein kleines Bündel (ca. ein Viertel der Pflanze) von älteren oder größeren Blättern an den Blattstielen direkt über der Erde ab. Das wird erleichtert, wenn die Jungpflanze nicht zu tief in die Erde gesetzt wurde.

Tipp: *Postelein hat keinen intensiven Geschmack und ist daher für Kinder gut geeignet. Ich gebe die Pflanze zu großen Anteilen in gemischte Blattsalate. Auch die Verwendung der Blattstiele als vegane Spaghetti ist möglich. Dazu lässt man die Pflanzen im Frühsommer stärker auswachsen. Die Blattstiele werden dabei recht dick und lang und können, von den Blättern getrennt, als »Spaghetti« kurz blanchiert werden. Die Blätter kann man unter einen Salat mischen oder mit Kräutern zu einem Pesto für die Postelein-Spaghetti verarbeiten.*

BLATTSALATE, BLATT- UND STÄNGELGEMÜSE

Blattsalate und Stängelgemüse nenne ich vor allem Pflückgemüse, die laufend geerntet und entweder als reine oder als gemischte Rohkostsalate verwendet werden können. Auch hier gilt, dass man die äußeren Blätter laufend ernten kann, während aus dem Inneren heraus neue nachwachsen. Manche Sorten können auch gedünstet oder gekocht werden. Während der Wachstumsphase im Spätsommer und/oder Herbst sollte nicht zu viel von der Blattmasse entfernt werden, damit die Pflanzen bis zum Wachstumsstopp im Winter kräftig werden können. Die meisten dieser Gemüse wachsen nach dem Winter bis zur Blüte weiter.

Asia-Salate: Mizuna und Blattsenf

Brassica rapa ssp. nipposinica und Brassica juncea

Familie: Kreuzblütler
Aussaat: September (Winterernte), Februar (Frühlingsernte)
Pflanzung: Oktober
Größe: bis 30 cm
Frosthärte: -10 bis -15 °C
Inhaltsstoffe:
Reich an Vitaminen und Senfölglykosiden. Je nach Sorte können Letztere zu sehr starker Schärfe führen (z. B. beim *»Red Giant«* aus der Blattsenf-Gruppe).

Ich fasse die zwei Arten **Mizuna** und **Blattsenf** bewusst als Asia-Salate zusammen, auch wenn sie sich in Form und Farbe sehr vielgestaltig und unterschiedlich zeigen. Sie sind sehr ähnlich kultivier- und verwendbar.

Mizuna ist meist grün mit feinen, tief geschlitzten Blättern. Die **Blattsenfe** umfassen viele Varianten, meist mit rot-grünen, fein geschlitzten oder sehr großen, flächigen Blättern (*»Red Giant«*). Sie stammen aus derselben Gattung wie die Kohlgemüse und haben ähnliche gesunde Inhaltsstoffe und Wintertauglichkeit. Als schnellwüchsige und unkomplizierte Gemüse sind sie aus dem Vertikalanbau im Winter nicht wegzudenken. Bezüglich Frosthärte habe ich festgestellt, dass der grüne Mizuna etwas toleranter ist als die roten Blattsenf-Sorten mit ähnlichen geschlitzten Blättern (Sorte *»Red Streaks«*).

Asia-Salate sind generell beliebte Rohkostsalate. Sie lassen sich auch leicht als Baby-Leaf-Salate (Schnittsalate) kultivieren. Da dies aber viel Platz braucht,

bevorzuge ich die Verwendung als Pflücksalat und beernte so die Pflanzen über den gesamten Winter hinweg. Dazu werden sie dicht gesät und im Jungstadium geschnitten. Generell kann man sie leicht durch Direktsaat kultivieren oder als Jungpflanze setzen. Die Sorte *»Red Giant«* sollte man unbedingt pflanzen, wenn man gern scharf isst (krenartige Schärfe). Beim Dünsten geht die Schärfe verloren, womit der Salat auch für Kinder essbar wird. Vor allem groß- und dickblättrige Sorten schmecken in ausgewachsenem Zustand gedünstet gut.

Der **Vogerlsalat** ist ein einjähriger, kleinwüchsiger, rosettenförmiger Salat mit großen Blättern. Er wächst gedrungen und relativ langsam. Man kann ihn im Spätsommer säen oder als Jungpflanze setzen (was aufwendiger ist). »Vogerlsalat« lautet meist die erste Assoziation, wenn man jemand nach Wintersalaten fragt.

Vogerlsalat, Feldsalat, Rapunzel

Valerianella locusta

Familie: Geißblattgewächse
Aussaat: im späten August
Pflanzung: September
Größe: bis 10 cm
Frosthärte: bis unter -20 °C

Inhaltsstoffe:
Vitaminreich (besonders Vitamin C), Jod, Phosphor, Kalzium und Folsäure

Egal welchen seiner vielen Namen (aus Platzgründen sind hier nicht alle aufgeführt) der Vogerlsalat gerade trägt, er ist einer der bekanntesten und beliebtesten Wintersalate. Meine Großeltern und Eltern in der Steiermark haben ihn schon geschätzt und uns als Kinder an frostfreien Tagen gern *»Rapunzel stechen«* geschickt. Die Arbeit ist mühsam, aber lohnt sich, wenn der Salat dann wie ortsüblich mit Kürbiskernöl mariniert wird und mit einem noch warmen, aufgeschnittenen hart gekochten Ei auf den Tisch kommt. Auch Kinder lieben den Rapunzelsalat. Daher sollte er im Winter in Fülle in den Vertikalbeeten wachsen. Er mag keine laufenden Niederschläge im Winter, die aber im Vertikalbeet kein Thema sind. Von der Ergiebigkeit her steht er leider weit hinter den meisten anderen Wintersalaten.

Der **Mangold** hat große Blätter mit auffallenden Blattrippen und dicken Blattstielen (vor allem der Stielmangold). Er ist als Zuchtform verwandt mit der Roten Rübe. Durch sehr vielfältige Farbvarianten ist er auch eines der attraktivsten Gemüse im Vertikalbeet. Er ist äußerst ertragreich und wächst das ganze Jahr über gut.

Ich verwende ihn, wie die meisten Blattgemüse, als Pflückgemüse, indem ich die älteren Blätter, aber auch die möglichst jungen, von außen her abnehme. Bis heute passiert es mir, dass ich jedes Jahr zu viel Mangold setze. Wenn er im Sommer dann wie gewohnt üppig wächst, kann man auch andere Menschen damit erfreuen. Bei starken Frösten im Winteranbau sterben die älteren, äußeren Blätter oft ab, während die Pflanze von innen her neue treibt.

Für mich ist Mangold eine ständige Erinnerung an meine Forschungs- und Urlaubsreisen ans Mittelmeer, vor allem nach Kroatien. Dort wird Mangold typischerweise als *»dalmatinischer Mangold«* (mit gekochten Kartoffeln, Olivenöl, Zwiebeln und Knoblauch gedünstet) als Beilage zu Fisch- und Fleischspeisen serviert. Für Vegetarier geht das auch

Mangold, Blatt- oder Stielmangold

Beta vulgaris ssp. vulgaris

Familie:	Fuchsschwanzgewächse
Aussaat:	Mai–Juni
Pflanzung:	Juli–September (Winterernte)
Größe:	bis 30 cm
Frosthärte:	bis -10 °C

Inhaltsstoffe und Wirkung:
Reich an Vitaminen (vor allem A, E, K), Kalium, Magnesium und Eisen. Mangold enthält auch Oxalsäure. Das sollten empfindliche Personen, zum Beispiel Menschen mit Nierensteinen oder Knochen- und Gelenkproblemen, berücksichtigen.

mit Spiegelei hervorragend (Mangold als Spinatersatz), und Veganer können auch das Ei weglassen. Ich mag Mangold in jeder dieser Kombinationen sehr. Manchmal gebe ich die frischen Blätter auch einfach zu Rohkostsalaten dazu.

Die **Zichorien** werden seit Langem speziell im Mittelmeerraum kultiviert. Sie sind eine äußerst vielfältige Gruppe, reichen farblich von grün bis rot, mit offenem oder kopfförmigem Wuchs und einer meist kräftigen Wurzel. Der Name Radicchio, eine Zichorie, die bei uns erst seit gut zwanzig Jahren verbreitet ist, verbindet bereits verschiedene Wuchsformen, beschreibt aber typischerweise dunkelrote Sorten mit weißen Blattrippen und -stielen, die zu mehr oder weniger starker Kopfbildung neigen.

Radicchio-Zichorie

Cichorium intybus var. foliosum

Familie: Korbblütler
Aussaat: Juli
Pflanzung: August
Größe: bis 20 cm
Frosthärte: bis -10 °C

Inhaltsstoffe und Wirkung:
Vitaminreich (B, B2, C), Kalzium, Kalium und Eisen. Besonders sind die roten Farbstoffe (Anthocyane) und die Bitterstoffe, wie Lactucopikrin[181], hervorzuheben. Letzteres aktiviert die Verdauungsdrüsen, Leber, Galle und Bauchspeicheldrüse. Dadurch werden auch die Fettverdauung stimuliert und die Blutfettwerte gesenkt, was zu einer Leberentlastung führt. Weiters sind Bitterstoffe appetithemmend. Beide Wirkungen helfen beim Abnehmen und sind daher übergewichtigen Menschen zu empfehlen. Bei Laborexperimenten hat sich Lactucopikrin auch als schmerzstillend herausgestellt.

Die Zichorien sind ein typisches Beispiel für Veränderungen in der Zucht in Bezug auf den Geschmack. Da die alten Sorten für die meisten Menschen zu bitter waren, hat man die Zichorien über Jahrzehnte auf einen süßen Geschmack hin gezüchtet.[170] Dabei sind viele der wertvollen Bitterstoffe verloren gegangen. Das betrifft vor allem Sorten, die für die Supermärkte kultiviert werden. Wer auf bittere Inhaltsstoffe Wert legt, sollte auf ältere Sorten und Raritäten im Eigengarten oder Vertikalbeet zurückgreifen. Viele samenfeste Bio-Sorten für den Winteranbau machen auch nicht so feste Köpfe. Diese bevorzuge ich im Vertikalbeet, da ich sie als Pflückgemüse den ganzen Winter über ernten kann. Als Jungpflanze sind sie oft noch grün und werden erst bei Kälte rot. Wolfgang Palme gibt eine Frosthärte von -7 °C an. In meinen Vertikalbeeten an der Hauswand habe ich Radicchio aber auch bei -11 °C noch überwintert und ernte das ganze Jahr. Die äußeren Blätter erfrieren zwar oft, aber die Herzblätter sind noch verwendbar.

> **Tipp:** *Radicchio wird meist in Salaten roh gegessen. Auch die Wurzel ist essbar, aber noch bitterer. Die Pflanze reichert auch Nitrat an, was bei normalen Verzehrmengen aber kein Problem für den Körper darstellt. Vitamin C, z. B. Zitronensaft in der Salatmarinade, kann die Umwandlung von Nitrat in giftige Nitrosamine unterdrücken. Und: Je naturnäher die Produktion, desto niedriger der Nitrosamingehalt.*

Rucola: Garten-Senfrauke, Echte Salatrauke und Wilde Rauke, Schmalblättriger Doppelsame

Eruca sativa* und *Diplotaxis tenuifolia

Familie: Kreuzblütler
Aussaat: August
Pflanzung: September
Größe: bis 50 cm
Frosthärte: -10 °C (Eruca) bis -20°C (Diplotaxis)

Inhaltsstoffe:
Reich an Vitaminen und Senfölglykosiden

Die Pflanzenarten **Garten-Senfrauke** und **Wilde Rauke** haben weder botanisch noch im Aussehen viel miteinander zu tun, werden aber beide als Rucola gehandelt. Die Garten-Senfrauke wächst einjährig und hat eingebuchtete, rundliche Blätter mit einem großen Blatt-Endteil, sie blüht weiß. Die Wilde Rauke ist robuster, mehrjährig, hat stark gefiederte Blätter und blüht gelb. Sie ist häufig wild zu finden und scheint unwirtliche Orte mit lockeren, nährstoffarmen Böden zu lieben. Sie wächst an Straßenrändern, Ritzen des Bürgersteigs und Bahngeleisen. Bei uns zu Hause hat sie in der Schotterrollierung unter der Terrasse eine Heimat gefunden. Ich muss sie daher nicht mehr kultivieren.

Beide Arten lieben Licht, Wärme und lockere Böden ohne Staunässe. In den Vertikalbeeten sollten sie daher sonnenzugewandt in den oberen Reihen gepflanzt werden. Beide Arten sind würzig bis scharf, schmecken oft nussartig und werden gern in Rohkostsalate gemischt oder auf die Pizza gelegt.

> **Tipp:** *Rucola lässt sich wie Barbarakresse verarbeiten, zum Beispiel fein gehackt mit Frischkäse und Ölen zu Aufstrichen. Einen pikanten Geschmack verleiht er auch Smoothies oder Pestos.*

Spinat

Spinacia oleracea

Familie: Fuchsschwanzgewächse
Aussaat: August
Pflanzung: September, Anfang Oktober
Größe: bis 40 cm
Frosthärte: -20 °C

Inhaltsstoffe und Wirkung:
Vitamine (vor allem A, B und C), Eiweiß, Kalium, Kalzium, Magnesium und Eisen (wobei nicht so extrem hoch, wie lange angenommen). Mit Nitrat und Oxalsäure verhält es sich ähnlich wie bei der Roten Rübe, die ich weiter hinten noch beschreibe. Am besten sollte man nach viel Sonnenschein ernten (abends), denn durch die Sonneneinstrahlung sinkt der Nitratgehalt.

Spinat ist eines der bekanntesten Wintergemüse. Die Pflanze ist einjährig und blüht zwischen Juni und September. Bei sehr sonnigen Frühjahrs- oder Herbstzeiten kann der Spinat auch schossen und vorzeitig in

Blüte gehen. Typischerweise wird Spinat direkt gesät, ist aber auch als Jungpflanze oder selbst vorgezogen sehr leicht zu kultivieren. Er kann auch im Halbschatten angebaut werden und daher im Vertikalbeet an den morgen- und abendsonnigen Seiten gepflanzt werden. Damit bleibt mehr Platz an der Sonne für die lichthungrigen Pflanzen.

Die großen dunkelgrünen, runden bis pfeilspitzenförmigen Blätter sind sehr chlorophyllhaltig und gesund. Am liebsten mag ich Spinat blanchiert, statt zu Tode gekocht, mit gekochten Kartoffeln und Spiegelei. So essen ihn auch viele Kinder gern. Inzwischen ist er auch ein beliebtes Smoothie-Gemüse. Junge Blätter gebe ich Rohkost-Mischsalaten bei.

> **Tipp:** *Langes Warmhalten oder Aufwärmen von gekochtem Spinat soll vermieden werden, da sich giftiges Nitrit bildet. Das kann besonders bei Kleinkindern problematisch werden. Zu Fischspeisen ist Spinat nicht zu empfehlen, da dies ebenso die Nitrosaminbildung fördert.*

Stangensellerie

Apium graveolens var. dulce

Familie: Doldenblütler
Aussaat: Juni
Pflanzung: August–September
Größe: bis 40 cm
Frosthärte: -10 °C

Inhaltsstoffe und Wirkung:
Vitamine (vor allem A und B), Kalium, Kalzium und Magnesium. Der besondere Geschmack rührt von den ätherischen Ölen her. Von Bedeutung ist Apigenin[182], ein hellgelber Pflanzenfarbstoff (Flavone), der auch in Sellerie und Petersilie enthalten ist. Er wirkt krebshemmend[183] und wurde im Tierversuch als fast so effektiv wie ein häufig angewendetes Chemotherapeutikum bestätigt.[184]

Sellerie hat 5 bis 15 mm dicke Stängel und stark gefurchte Blätter, Stangensellerie nur Blätter auf dicken Stängeln. Ältere Pflanzen bilden oft eine starke

Wurzel aus. Sellerie wächst meist einjährig. Im Gegensatz zur Supermarktware, wo ganze Pflanzen als große Stängelbündel verkauft werden, pflücke ich von jeder Selleriepflanze meist nur ein oder zwei Stangen bei Bedarf. Diese werden von außen genommen. Die älteren, leicht bitteren Stängel und Blätter kann man kochen, die jüngeren gut roh essen. Bei häufigem Pflücken treibt Sellerie von innen (größere, gelbe Blätter) und von außen (kleine, grüne, petersilienartige Blätter) neu nach. Er ist also ein optimales Pflückgemüse, das ich bis zu neun Monate in meinen Vertikalbeeten stehen habe und laufend ernte. Seine Frosthärte ist sehr gut. Bei stärkeren Frösten sterben oft die älteren, äußeren Blätter ab, die ohnehin nicht mehr gut schmecken, sie werden entfernt. Jene im Inneren bleiben erhalten und treiben bei Gelegenheit nach.

> **Tipp:** *Selleriegemüse sind sehr bekömmlich und gut für die Verdauung. Es zahlt sich gesundheitlich aus, wenn man diese Gemüsegruppe in seine Ernährung aufnimmt.*

Zuckerhut-Zichorie

Cichorium intybus var. foliosum

Familie: Korbblütler
Aussaat: Juni–Juli
Pflanzung: Juli–August
Größe: bis 30 cm
Frosthärte: bis -10 °C
Inhaltsstoffe:
Vitaminreich, Kalzium, Kalium und Eisen, (verdauungsfördernde) Bitterstoffe wie Lactucopikrin.

Zuckerhut ist eine kopfbildende, grüne Zichorie. Wie bei den meisten kopfbildenden Wintersalaten bleichen sich die Blätter im Inneren des Kopfs selbst und schmecken daher weniger bitter. Die Pflanze wird in Mitteleuropa schon lange kultiviert und gehört zu den bekannten Wintergemüsen. Im Vertikalbeet verwende ich sie oft als Pflückgemüse, wo sie zwar nicht so schöne Köpfe ausbildet, man die äußeren Blätter aber stets verwerten kann. Wie Radicchio bildet der Zuckerhut von innen her neue Blätter nach. Sein herber bis bitterer Geschmack wird seinem Namen gar nicht gerecht. Ich empfehle ihn, wie alle Zichorien, als Zutat für bunte Mischsalate.

> **Tipp:** *Um bittere Salate ein wenig zu mildern, kann man getrocknete Früchte, klein geschnitten, zum Salat geben. Das schmeckt besser und ist gesünder, als die Marinade zu zuckern.*

GEMÜSE ZUM DÜNSTEN ODER KOCHEN

Brokkoli ist in den letzten Jahrzehnten stets beliebter geworden. Er treibt große Blätter und einen oder mehrere große Blütenstände auf starken Sprossen. Meist wird der Blütenstand vor dem Aufblühen gegessen. Dass man auch die Blätter essen kann, wissen viele nicht. Auch als Pflückgemüse kann man Brokkoli verwenden.

Brokkoli, Sprossenkohl

Brassica oleracea var. italica

Familie: Kreuzblütler
Aussaat: Juli
Pflanzung: August
Größe: bis 70 cm
Frosthärte: -6 °C

Inhaltsstoffe und Wirkung: Reich an Vitaminen (B, C, K) und Mineralstoffen (Kalium, Kalzium, Magnesium, Eisen), weiters Flavonoide (z.B. Quercetin) und Senfölglykoside, allen voran das Sulforaphan, ein Antioxidans. Es wirkt krebshemmend und wird in der Forschung, Prävention und Therapie eingesetzt. Wenig bekannt ist, dass dieses vor allem in den Keimlingen enthalten ist. Drei Tage alte Pflanzen enthalten 10 bis 100 Mal mehr davon als ausgewachsene Pflanzen.[185]

Lässt man ihn nach dem Abschneiden des mittleren Blütenstands stehen, treibt er aus Seitenknospen mehrere kleinere Blütenstände nach, die wiederum geerntet werden können. Das kann mehrfach wiederholt werden, wobei die Blütenstände jedes Mal kleiner werden. Zum Schluss kann man noch die jungen Blätter essen. Dadurch wird die Pflanze umfangreich genutzt, während für die Supermarktware ein Großteil des Grüns weggeworfen wird.

Brokkoli ist nicht ganz so frosthart und sollte daher im Frühwinter vor den ersten strengen Frösten abgeerntet werden. Der wenig bekannte, verzweigt wachsende Sprossenbrokkoli ist frosthärter und als Wintergemüse im Vertikalbeet noch geeigneter. Er kann laufend geerntet werden.

Da Brokkoli sehr groß wird, sollte er im Vertikalbeet so gesetzt werden, dass er andere Pflanzen nicht zu sehr beschattet. In solitären Beeten setze ich ihn meist in die hinterste Reihe der Ost- und Westseiten.

Tipp: *Der Kohlgeschmack wird durch (Dampf-)Garen (statt Kochen) verringert, und so kann man ihn mit viel Glück auch Kindern schmackhaft machen; außerdem bleiben Vitamine und Mineralstoffe besser erhalten. Brokkoli kann auch als Sprossengemüse (Microgreen, Mikrogrün) gut gezogen werden, in diesem Fall ist der wertvolle Sulforaphan-Anteil sehr hoch.*

Grünkohl treibt stark gekrauste Blätter auf einem starken Stiel. Er ist das ideale Pflückgemüse, denn die untersten Blätter können einfach geerntet werden, während die Sprossachse weiterwächst und laufend neue Blätter hervorbringt. Wenn er über den Sommer gut gewachsen ist und bis zum Herbst laufend geerntet wurde, sodass die Sprossachse schon kahl ist, dann kann man diese in 20 bis 30 cm Höhe kappen. Die *»Grünkohlpalme«* bildet dann im unteren Teil neue Blätter nach.

Für den Anbau im Vertikalbeet gilt das Gleiche wie für Brokkoli. Man sollte darauf achten, dass er keine kleineren Pflanzen beschattet und regelmäßig geerntet wird. Je später im Jahr dies passiert, desto süßer schmeckt er. Wie bei allen Kohlsorten ist aber gerade der leicht bittere Geschmack ein Indikator für gesunde Inhaltsstoffe. Zuchtsorten enthalten leider schon mehr Zucker; sie schmecken zwar besser, sind aber weniger gesund. Man sollte daher auf Eigenanbau und auf Raritäten setzen.

Die meisten Kohlsorten sind sehr schädlingsanfällig. Kohlweißlinge, Blattläuse und Weiße Fliege mögen Kohl genauso gern wie wir. Ein Kulturschutznetz ist empfehlenswert. Bei Grünkohl habe ich selbst üblicherweise wenig

Grünkohl, Krauskohl

Brassica oleracea var. sabellica

Familie: Kreuzblütler
Aussaat: Mai
Pflanzung: Juni–August
Größe: bis 80 cm
Frosthärte: bis -15 °C

Inhaltsstoffe und Wirkung:
Grünkohl gehört zu den Gemüsen mit dem höchsten Betacarotin- und Vitamin-C-Gehalt. Reich ist er auch an Chlorophyll, Senfölglykosiden und Flavonoiden (z. B. Quercetin[186]), daher wird ihm eine wichtige Funktion in der Krebsprävention zugeschrieben. Die Carotinoide sind wiederum entzündungshemmend. Man kann gut und gerne behaupten, dass ein hoher Kohlkonsum die Gesundheit fördert und lebensverlängernd wirkt.

bis kaum Schädlingsbefall. Aus diesem Grund und wegen der optimalen Pflückgemüseeignung (lange Stehzeit, laufend erntefähig) ist er inzwischen mein Lieblingskohl im Vertikalanbau.

Tipp: *Grünkohl kann auf viele Arten gegessen werden, roh im Salat, gedünstet oder gebraten. Grünkohl-Chips: Grünkohlblätter mit Ölivenöl bestreichen, bei Oberhitze im Backrohr knusprig backen. Nicht zu braun werden lassen, nach Belieben salzen. So lassen sich auch Kinder von dem Gemüse überzeugen. Durch das Öl wird die Carotin-Aufnahme im Körper gefördert. Sehr beliebt ist Grünkohl auch in grünen Smoothies.*

Pak Choi stammt aus Ostasien. Er wächst in einer offenen Rosette aus grünen, rundlich-länglichen Blättern an dicken, weißen Blattstielen und hellen Blattrispen. Dank seiner geringen Größe und des schnellen Wachstums ist er wunderbar für Vertikalbeete geeignet und nimmt dort nur wenig Platz ein, bei gleichzeitig guter Ergiebigkeit, denn alle oberirdischen Pflanzenteile sind

essbar. Zudem kann er als Pflückgemüse geerntet werden, indem man die äußeren Blätter samt Stielen abschneidet. Die festen Blattstiele können gedünstet, blanchiert oder gegart, die Blätter selbst auch roh als Salat gegessen werden, dies sichert die Inhaltsstoffe am besten. Bekannt wurde Pak Choi auch als Wok-Gemüse. Dazu empfehle ich, die Blattstiele von den Blättern zu trennen und früher in den Wok zu geben. Man dünstet sie länger als die Blätter, die erst gegen Ende dazugegeben werden.

Pak Choi

Brassica rapa ssp. chinensis

Familie: Kreuzblütler
Aussaat: August
Pflanzung: September
Größe: bis 30 cm
Frosthärte: -15 °C

Inhaltsstoffe und Wirkung:
Reich an Vitaminen (A, B, C, K), Kalium, Folsäure und Kalzium. Ebenfalls besitzt er die für Kohle typischen Flavonoide und Senfölglykoside (Glucosinulate), sie wirken als Antioxidantien und antibakteriell. Da er wenig Oxalsäure enthält, ist er ein guter Ersatz für Spinat oder Mangold.

Tipp: *Aufgrund seines milden, kaum kohltypischen Geschmacks ist Pak Choi speziell für Kinder ein guter Einstieg in die Welt der Kohlgemüse. Zum Beispiel in Eierspeise »versteckt«, geht das besonders gut.*

Porree, Lauch

Allium ampeloprasum

Familie: Amaryllisgewächse
Aussaat: Februar
Pflanzung: Mai
Größe: bis 50 cm
Frosthärte: -20 °C

Inhaltsstoffe:
Vitamine (vor allem C, K und Folsäure) und Mineralstoffe. Wie die meisten Zwiebelgewächse ist er reich an Schwefelverbindungen, wie der Aminosäure Isoalliin.

Der lange, dünn wachsende **Porree** ist ein bekanntes und wohlschmeckendes Gemüse. Er nimmt beim Anbau im Vertikalbeet wenig Platz weg und kann daher zwischen üppigere Pflanzen gesetzt werden, damit es zu einer besseren Bodenbedeckung kommt. Besonders beliebt ist der weiße Schaft, der umso länger ist, je tiefer die Jungpflanze in die Erde gesetzt wird. Porree zählt für mich zum Pflückgemüse! Der Wurzelstock kann nach einem Ernteschnitt stehen gelassen werden und treibt neu aus. So kann nach wenigen Wochen wieder geerntet werden.

Es gibt Sommer- und Winterporree. Letzterer kann auch über den Winter stehen gelassen und laufend geerntet werden. Dadurch steht Porree ganzjährig zur Verfügung. Er wird vorzugsweise gekocht oder gedünstet, man kann ihn aber auch roh essen. In diesem Fall sollte man die nachhaltig wirkende Zwiebelschärfe (Mundgeruch) berücksichtigen, sogar noch für etwaige Verabredungen am Tag danach.

Tipp: *Für Kinder kann man Porree in Lauchnudeln »verpacken«: Porree in Olivenöl dünsten, mit Crème fraîche und Bandnudeln vermischen.*

Tatsoi macht im Gegensatz zu Pak Choi gedrungene und flache Rosetten, die sich horizontal weit ausbreiten. Er bildet dunklere, kleinere und rundere Blätter aus. Die Blattstiele sind etwas dünner. Im Vertikalbeet braucht er durch seine Wuchsform mehr Platz als der Pak Choi, ist aber aufgrund seiner Attraktivität aus dem Wintervertikalbeet nicht wegzudenken. Da Tatsoi sehr viele Blätter

treibt, kann man ihn über einen längeren Zeitraum und regelmäßiger ernten als den Pak Choi. Verarbeitung und Geschmack sind mit jenem des Pak Choi vergleichbar, der allerdings kräftigere Blattstiele hat und daher bissfester ist.

Tatsoi, Rosetten-Pak-Choi

Brassica rapa var. rosularis

Familie: Kreuzblütler
Aussaat: August
Pflanzung: September
Größe: bis 30 cm Durchmesser
Frosthärte: -15 °C
Inhaltsstoffe und Wirkung:
Ähnlich dem Pak Choi

Die Knolle des **Kohlrabis** reicht je nach Sorte von Tennisball- bis Fußballgröße. Die Blätter sitzen in meist weitem Abstand auf langen Stielen, die direkt der Knolle entspringen. Unsere Gewohnheit, bei Knollen- und Wurzelgemüse die Blätter nicht zu essen, kommt aus einer Zeit, in der diese Gemüse hauptsächlich als Lagergemüse angebaut wurden, um über den Winter zu kommen. Dabei wurde das Grün meistens entfernt. Ebenso ist das bei Supermarktware üblich bzw.

Kohlrabi

Brassica oleracea var. gongylodes

Familie: Kreuzblütler
Aussaat: Juli
Pflanzung: August
Größe: bis 50 cm
Frosthärte: -10 °C

Inhaltsstoffe und Wirkung:
Reich an Vitaminen (vor allem C, Niacin, Folsäure), Carotin, Mineralstoffen (Kalium, Kalzium, Magnesium, Eisen), Fruchtsäuren (Apfel- und Citronensäure) und Senfölglykosiden. Bemerkenswert ist, dass die Blätter viel höhere Nährstoffwerte haben als die Knolle, bei Vitamin C etwa das Doppelte, bei Kalzium und Eisen das Zehn- und bei Carotin sogar das Hundertfache. Man sollte sie daher auch essen.

nötig. Wenn wir solche Gemüse selbst anbauen, macht es umso mehr Sinn, auch die gesunden Blätter zu verzehren, roh, gedünstet oder im Smoothie. Das gilt vor allem immer für die jüngeren, inneren Blätter.

Kohlrabi sollte in keinem Vertikalgarten fehlen, vor allem eignen sich Sorten mit kleineren Knollen. Für den Winteranbau gibt es ebenfalls eigene Sorten. Kohlrabi ist sehr unempfindlich gegen die meisten Kohlschädlinge.

Tipp: *Kinder mögen Kohlrabi besonders gern, wenn es sich um nicht zu scharfe Sorten handelt.*

Das **Radieschen** ist ein absoluter Klassiker und ist seit Jahrhunderten auf unserem Speiseplan und in den Hausgärten zu finden. Es gibt viele Sorten. Die würzigen bis scharfen Knollen reichen von länglich bis kugelrund. Im Vertikalbeet brauchen sie eine gute Komposterde und müssen feucht gehalten werden. Mit meinen Kindheitserinnerungen sind

Radieschen

Raphanus sativus var. sativus

Familie: Kreuzblütler
Aussaat: September (Ernte im November, Dezember), Jänner (Märzernte)
Pflanzung: nur Direktsaat
Größe: bis 15 cm
Frosthärte: -7 °C

Inhaltsstoffe und Wirkung:
Reich an Vitaminen (vor allem C und Folsäure), Kalium und Senfölglycosiden. Senföle wehren Fressfeinde ab, Glashausradieschen enthalten weniger dieser Öle.[187] Auch das spricht für einen Anbau im Hausgarten.

Schwarzbrote mit Butter und Radieschen, fein geschnitten und leicht gesalzen, unauslöschlich verbunden. Auch unser Sohn liebt sie. Diese Vitaminbomben sollten so oft wie möglich auf den Frühstückstisch oder ins Jausenbrot. Ebenfalls sind die kleinen Knollen eine schmackhafte Zutat bei Mischsalaten. Wie bei vielen Knollen- und Wurzelgemüsen üblich, werden auch hier kaum die Blätter gegessen. Dabei enthalten gerade diese auch viele Vitamine.

> **Tipp:** *Also, man sollte beim Radieschen auch die Blätter essen. Diese machen sich wunderbar in einem Salat mit Blattgemüsen oder in Smoothies. Sollten Radieschen schossen oder aus anderen Gründen keine Knollen bilden, kann man immer noch die Blätter essen.*

Rote Rübe, Rote Bete
– als Wurzel- oder Blattgemüse

Beta vulgaris ssp. vulgaris

Familie:	Fuchsschwanzgewächse
Aussaat:	Juni (Rübe im Winter) oder August (Blatt)
Pflanzung:	Juli (Rübe im Winter) oder September (Blatt)
Größe:	bis 30 cm
Frosthärte:	-10 °C

Die **Rote Rübe** ist zweijährig und blüht im zweiten Jahr mit einem langen Blütenstand. Sie ist eigentlich als Wurzelgemüse bekannt. Weniger bekannt sind Sorten, die keine Wurzeln ausbilden und als Blattgemüse geerntet werden. Obwohl ich beide Formen erfolgreich in Vertikalbeeten

Rote Rübe, Rote Bete

Inhaltsstoffe und Wirkung:
Vitaminreich (vor allem Vitamin-B-Gruppe, Folsäure), Kalium und Eisen. Ihre rote Farbe kommt vom Farbstoff Betanin, der auch zum Färben von Lebensmitteln verwendet wird. Betanin wirkt positiv als Antioxidans[188] und fördert die Leberentgiftung. Als nächster Verwandter zum Mangold hat auch die Rote Rübe einen hohen Oxalsäuregehalt, den empfindliche Menschen beachten sollten. Sie kann viel Nitrat enthalten, vor allem auf überdüngten Böden, dessen Umwandlung im Körper zu Nitrit und Nitrosaminen lange als problematisch galt. Die Nitrosamin-Bildung kann teilweise durch Vitamin C (z. B. Zitronensaft) verhindert werden. Die Nitrosamin-Warnung bezog sich vorwiegend auf Fertigfleischprodukte, die mit einem erhöhten Krebsrisiko in Zusammenhang gebracht wurden. Inzwischen hat sich gezeigt, dass Nitrat aus Pflanzen in mäßigen Dosen unbedenklich ist, sogar die Muskelkraft[189] erhöht und die Erholung[190] stark beanspruchter Muskeln verbessert. Zudem wirkt es blutdrucksenkend[191], indem es die Gefäße erweitert. Es verbessert auch die Sauerstoffzufuhr des Gehirns, wie eine Studie an älteren Menschen gezeigt hat.[192] Rote Rüben sollten also in der Ernährung nicht fehlen, ob als Wurzel- oder Blattgemüse.

kultiviert habe, bevorzuge ich die Blattvariante, da sie mehr Blätter bildet und laufend nachproduziert, wenn diese als Pflückgemüse geerntet werden. Damit ergibt sich eine lange Steh- und Erntezeit für jede Pflanze, während die Wurzelvariante nur einmal geerntet werden kann.

Rüben können roh oder gekocht gegessen werden. Sie sollten jedoch nicht aufgewärmt werden, da sich dabei Nitrat in das giftige Nitrit umwandelt. Die Rübenblätter lassen sich als *»roter Spinat«* blanchieren. Ich gebe diese auch gern roh in bunte Salate. Seit einiger Zeit verhelfen sie auch dem beliebten »pinken Hummus« zu seiner Farbe.

Tipp: *Bei der Zubereitung der Roten Rüben sollte man auf Haut, Kleidung und Schneidbretter aus Holz achten, denn das Betanin ist ein intensiver, hartnäckiger Farbstoff. Mit Zitronensaft kann man zumindest rote Finger wieder sauber bekommen. Zitronensaft verhindert übrigens auch die Entstehung von Nitrit und sollte daher bei der Zubereitung nicht fehlen.*

Karotten kennen wir vor allem durch ihre langen orangen Wurzeln. Weniger bekannt ist, dass es eine unglaubliche Formen- und Farbenvielfalt gibt, sie reicht von rund bis sehr lang und von weiß bis purpur. Im Vertikalbeet empfehle ich kleinere Sorten sowie Raritäten, etwa kugelrunde Karotten. Die Knollen werden roh verzehrt, gedünstet oder gegart. Frisch geerntet sind sie bei Kindern besonders beliebt. Sie sollten dann nur gewaschen und nicht geschält werden,

Karotte, Möhre

Daucus carota subsp. sativus

Familie: Doldenblütler
Aussaat: Juni
Pflanzung: nur Direktsaat
Größe: bis 30 cm
Frosthärte: -5 °C

Inhaltsstoffe und Wirkung:
Vitamine (vor allem Carotin, das in Vitamin A umgewandelt wird), Mineralstoffe (Kalium, Kalzium, Magnesium) und Ballaststoffe

da sonst wertvolle Inhaltsstoffe verloren gehen. Da wir Karotten im Supermarkt meist nur verpackt und ohne Grün bekommen, sind wir es nicht gewohnt, auch das Grün zu essen. Im Hausgarten empfiehlt sich das unbedingt.

Tipp: *Das Karottengrün lässt sich gut dünsten oder roh und klein geschnitten verschiedenen Salaten oder Smoothies beigeben.*

Der **Knollensellerie** hat ähnliche Blätter wie der Stangensellerie, bildet diese aber nicht so stark aus. Sie sind ebenso essbar. Der Knollensellerie wird wegen seiner großen Knolle kultiviert, die gut lagerfähig ist und meist gekocht wird. Die Knolle hat einen sehr intensiven Selleriegeschmack und eignet sich hervorragend für Backofengemüse, Eintöpfe und als Zugabe zu Fleisch- und Wildgerichten, wie Gulasch. Ich habe Stangen- wie auch Knollensellerie sehr erfolgreich in Vertikalbeeten kultiviert.

Knollensellerie, Wurzelsellerie

Apium graveolens var. rapaceum

Verwandtschaft und dazugehörige Informationen entsprechen dem Stangensellerie, siehe vorn

Tipp: *Versuchen Sie doch einmal ein »veganes Gulasch« mit Knollensellerie. Da er sehr bissfest ist, eignet er sich gut als Fleischersatz, ebenso in Eintöpfen.*

Ökologisch gärtnern

Selbst anbauen heißt auch ökologisch gärtnern. Wir wollen natürlich im eigenen Garten keine Methoden der industriellen Landwirtschaft anwenden. Wir müssen auch nicht unter dem enormen Druck billiger Einkaufspreise produzieren. Wir lassen Lebensmittel wachsen, die wir gern essen, die es unter Umständen nicht zu kaufen gibt und die gesund sind. Ja, am besten machen wir das nicht nur biologisch (mit Biopflanzen in Bioerde), sondern zugleich auch ökologisch, mit möglichst wenig Energieaufwand. Wie das gelingt, werde ich im folgenden Abschnitt beschreiben.

Die ganzjährige Nutzungsmöglichkeit des Vertikalbeets durch Wintergemüse habe ich ja bereits vorgestellt. Nun wollen wir uns noch einige Ideen aus der biologischen Landwirtschaft leihen, um sie auch in unsere Gärten zu holen, und uns den Themen Energieeffizienz, gesunder Boden, Kompostierung, Bodenbedeckung und Regenwassernutzung widmen.

Der Niedrigenergiegarten

Unser eigener Garten bietet uns im Kleinen die Möglichkeit, die Fehler der konventionellen Landwirtschaft zu vermeiden. Wie wir inzwischen wissen, brauchen wir eine mehr pflanzenbetonte, vor allem gemüsereiche, frische Kost. Sie ist der Gesundheit sehr förderlich. Es muss uns klar sein, dass wir uns von einem grünen Balkon nicht ernähren können. Aber schon kleine Flächen bieten genug Möglichkeiten, um energieeffizient ganz besondere Lebensmittel anzubauen. Zum Beispiel Blattgemüse, Küchen- oder Wildkräuter und Raritäten, die aufgrund ihrer schlechten Verfügbarkeit oder Haltbarkeit im Handel entweder gar nicht oder nur in unbefriedigender Qualität erhältlich sind. Durch den eigenen Anbau können wir sehr einfach die Vielfalt und den Rohkostanteil in unserer Ernährung erhöhen – etwas, was den Industrielandbewohnern in den letzten Jahrzehnten massiv verloren gegangen ist.

Wenn wir direkt oder nahe an einem Gebäude selbst anbauen, können wir sogar im kühlen Mitteleuropa fast das ganze Jahr über ernten und uns damit deutlich gesünder ernähren.

Auch ökologische Gründe gibt es für den eigenen Anbau genug. Gemüse aus unserem Garten, von Terrasse oder Balkon verursacht keine oder kaum Transportwege und ist auch nicht verpackt. Es erzeugt keine

Lebensmittelverschwendung, da wir nur das nehmen bzw. pflücken, was wir im Moment brauchen. Wenn wir es roh genießen, statt es zu kochen, erhalten wir alle wertvollen Inhaltsstoffe und sparen zusätzlich Energie.

Für die Produktion der eigenen Lebensmittel brauchen wir weder Kunstdünger noch Nährstofflösungen, keine Pestizide und Herbizide. Auch keine Glashäuser, Beheizung oder Beleuchtung. Wir müssen keine Rekordernten erzielen und die Pflanzen müssen nicht wie im Supermarktregal glänzen.

Für unser eigenes Gemüse reichen hochqualitative, erd- und kompostbasierte Anbausubstrate, Sonnenlicht und Wasser. Am besten Regenwasser, das ökologisch nachhaltig geplante Gebäude für diesen Zweck bereits heute ausreichend speichern.

Gärtnern wir in Vertikalbeeten an der Hauswand, auf Balkonen oder Terrassen, brauchen wir keine zusätzlichen Konstruktionen außer den Beeten selbst. Diese können wiederum Funktionen wie Sicht- und Schallschutz, Abgrenzungen, Verkleidungen und Absturzsicherungen übernehmen. Das macht sie zugleich ökonomischer. Leichte Beschattung im Hochsommer sowie Niederschlags- und Frostschutz im Winter werden schon durch einfache Überdachungen (z. B. den darüber liegenden Balkon) gewährleistet. Das hilft der Produktion, ist aber nicht unbedingt nötig, um sogar im Winter erfolgreich Gemüse zu ziehen.

Pflanzen wir auf unseren Balkonen und Terrassen so intensiv an, wie ich es mir für die Zukunft wünsche, so begrünen wir ganz nebenbei die Gebäude, in denen wir wohnen oder arbeiten. Das verbessert nicht nur unsere Ernährung, sondern auch unser seelisches Wohlbefinden und das städtische Mikroklima.

Die Vorteile sind so weitreichend, dass ich mir nicht erklären kann, warum ich in den Städten dieser Welt noch immer so viele graue Oberflächen, kahle Flachdächer und ungenutzte Balkone und Terrassen sehe.

Wenn wir diesen Low-Energy-Ansatz in die Tat umsetzen, erkennen wir auch, dass wir ohne viel Arbeitsaufwand, so ganz nebenbei, und mit viel Spaß, unserem ökologischen und gesunden Essen beim Wachsen zusehen können. Und es dann mit der Freude des Selbermachens ernten und genießen dürfen. Mit der »Nebenwirkung« einer begrünten Stadt wird es sich vor allem auch in den heißen Sommern der Zukunft leichter leben lassen.

Gute Erde

Landpflanzen wachsen, mit wenigen spezialisierten Ausnahmen, im Boden bzw. in der Erde und stehen mit dieser über biologische Prozesse und zahlreiche Mikroorganismen in wechselweiser Verbindung. Boden besteht aus Wasser, Luft sowie anorganischen und organischen Bestandteilen. Die anorganischen kommen aus der physikalischen und chemischen Verwitterung[171] des Muttergesteins, auf dem sich der Boden gebildet hat. Die organischen kommen aus den Pflanzen, die den Boden bedecken, und deren Konsumenten. Die Umwandlung organischer Bestandteile in anorganische Nährstoffe erfolgt durch Mikroorganismen (Remineralisierung). Der Anteil organischer Substanz ist in den oberen Schichten, dem Mutterboden, am höchsten. Daher finden sich dort auch die meisten Nährstoffe.

Je nachdem, um welches Ökosystem es sich handelt, führen längere oder kürzere Prozesse zu dem Kreislauf zwischen pflanzlicher Biomasse und verfügbaren Nährstoffen. In Wäldern werden die abgefallenen Blätter der Bäume und das Totholz meist direkt durch Kompostierer wie Kompostwürmer, Käfer, Asseln, winzige Springschwänze, Milben, diverse Insektenlarven (Engerlinge), Pilze und Bakterien abgebaut.

Im Gegensatz dazu wird in Wiesen meist die lebende Biomasse gefressen. Die Fraßnahrungskette der Weidelandschaften ergibt sich aus dem Kreislauf der Produzenten (Pflanzen), Destruenten (kompostierende Organismen = Remineralisierer) und Konsumenten (Wiederkäuer und andere Pflanzenfresser, die im Wald selten sind). Der schnelle Umsatz des Kots von Pflanzenfressern durch Kompostierer und Mikroorganismen (Pilze und Bakterien) zu Nährstoffen im Boden macht Wiesen zu den höchstproduktiven und artenreichsten Ökosystemen, die wir kennen. Sie lassen sich sogar mit der Vielfalt in Regenwäldern vergleichen.

Da in jeder biologisch gesunden Erde auch eine Unmenge von Pflanzensamen gelagert ist, wird eine solche Erde durch ständiges Keimen und Nachwachsen immer eine grüne Decke haben. Nur Wüstenböden haben keine Pflanzendecke, und viele industriell bewirtschaftete Äcker auch nicht. Wenn selbst längere Brachen dort kaum Vielfalt aufkommen lassen, kann man daraus schließen, dass es sich um ökologische Wüsten handelt. Das kann man testen, indem man eine Zeit lang nicht bewirtschaftet und beobachtet, was ohne Zutun darauf wächst.

Ich kenne einen Gemeinschaftsgarten, der auf einem konventionellen Feld errichtet wurde. In den ersten Jahren ist dort das Gemüse kaum gewachsen. Der Boden musste erst neu aufgebaut werden. Auch das sagt uns, dass gesunde Erde das A und O für gutes Pflanzenwachstum ist.

Wenn wir nun einen Garten an einem Ort anlegen, an dem es keinen natürlichen Boden gibt, ist die häufigste Frage: Wo kaufe ich gute Erde? Die übliche Antwort: im Baumarkt oder Großhandel. Ich sage Ihnen aus eigener Erfahrung: Tun Sie das nicht!

In der Vergangenheit, aber auch heute noch, wurden industrielle Pflanzerden meist mit Torf hergestellt. Torf lässt sich wunderbar mit Nährstoffen beladen und daher in Erden für Pflanzen mit unterschiedlichen Bedürfnissen umwandeln. Der Abbau von Mooren für die Gewinnung von Torf ist aber ökologisch unverantwortlich und sollte nicht gefördert werden.

Mit Torf gibt es noch ein anderes Problem. Wenn er austrocknet, wird die Oberfläche der Substanz hydrophob (wasserabweisend) und kann daher kein Wasser mehr aufnehmen. Bei unzureichender Wiederbefeuchtung vertrocknet die Pflanze trotz Regen oder Gießen. Wir kennen das von den Küchenkräutern in Töpfen. Haben wir diese einmal zu stark austrocknen lassen, müssen wir sie lange völlig in Wasser untertauchen, damit diese wieder feucht werden. Gießen wir sie einfach nur, rinnt das Wasser durch den Topf durch.

Da der Torf aus ökologischen Gründen schon teilweise aus dem Handel verschwunden ist, wird Kokosfaser als Ersatz eingesetzt. Diese ist zwar ein landwirtschaftliches Abfallprodukt, aber bei uns wachsen eben keine Kokospalmen. Daher werden die Kokosfasern um die halbe Welt transportiert, um hierzulande Erde für Zier- und Gemüsepflanzen herzustellen. Ist dieses Gemüse dann noch regional? Wohl kaum!

Was müssen wir also tun, um unseren eigenen Nährstoffkreislauf mit den Stoffen, die bei uns anfallen, optimal zu schließen? Richtig! Kompostieren! So, wie es Wald und Wiese seit Millionen von Jahren machen.

Manche mögen's heiß

Kompost herstellen kann man im Garten, aber auch auf dem Balkon und sogar in der Wohnung selbst. Häufige Argumente gegen die Verwendung des eigenen Gartenkomposts im Gemüsegarten sind Beikräuter, Schneckeneier, Trauermücken und andere unliebsame Erscheinungen in der Erde.

In den kleinen Komposthaufen in unseren Gärten können wir noch am ehesten etwas gegen die Schnecken tun, indem wir geschlossene Systeme verwenden. Beikräuter kommen aber durch Wiesenschnitt und Erdabfälle in großen Mengen hinein und warten auf ihre Gelegenheit, sich zu neuer Pracht zu entfalten. Meist machen sie das, wenn wir im Frühling nach dem Verteilen der Komposterde unsere Saat ausgebracht oder Gemüsejungpflänzchen gesetzt haben. Das führt zu einer der unbeliebtesten Arbeiten im Garten: jäten.

Wie werden wir sie also los, die Beikrautsamen im Kompost? Im Hausgarten kaum. In der professionellen Kompostierung werden sie durch Hitze zerstört. Das passiert in großen Kompostierbetrieben durch die sogenannte Heißrotte. (Dazu wird sehr viel kompostierbares Material benötigt, daher können wir das in unserem Hausgarten vergessen.) Während der ersten Abbauphase (Vor- oder Heißrotte) wird durch Mikroorganismen sehr viel Wärme erzeugt. Im Inneren der Komposthäufen wird es um die 60 Grad Celsius heiß. Daher dampfen diese Haufen auch immer so schön. Im mehrwöchigen Heißrotteprozess[172] werden Parasiten, Keime und der größte Teil der Beikrautsamen abgetötet. In der zweiten Phase (Umbauphase), nach etwa drei Monaten, kühlt der Prozess wieder ab und Humus wird aufgebaut. In der letzten Phase (Nachrotte) werden schwer abbaubare Stoffe teilweise mineralisiert und stehen als Langzeitdünger zur Verfügung.

Gelungene Kompostierprozesse hängen vom Ausgangsmaterial und optimalen Kohlenstoff-Stickstoff-Verhältnis (25:1) ab, sie werden in professionellen Anlagen im besten Verhältnis zusammengefügt. Für gute Bio-Erde wird nur regionale Biomasse wie Grünschnitt und Bioabfall aus vertrauenswürdigen Quellen verwendet. Der Biomüll in den Städten ist meist immer noch mit Fremdstoffen wie Plastik und Batterien verschmutzt. Hier muss sich jeder selbst an der Nase nehmen. Für den Gemüseanbau ist dieser Biomüll also nicht empfehlenswert. Reiner Kompost ist zu nährstoffreich für die meisten Pflanzen. Er muss zu 80 Prozent verdünnt werden.

Die Komposterde, aus denen die biologische Vertikalbeeterde für meine Firma hergestellt wird, enthält Kompost aus Strauchschnitt, Luzernen (aus der Ackergründüngung) und Getreidestroh aus dem biologischen Landbau, das in der Heißrotte verkompostiert wurde. Zum Teil geht dieser Kompost noch durch eine Wurmkompostierung. Zur Verdünnung des Komposts dienen dann noch Holzfasern, Rindenkompost, Lavasand und Agroperl, ein thermisch expandierter Vulkansand, der höchste Wasseraufnahme gewährleistet.

Doch wie kann ich ohne Heißrotte dennoch selbst kompostieren, wenn ich keinen Garten oder natürlichen Boden habe, auf dem ich einen Komposter aufstellen kann? Auch da gibt es eine tolle Lösung: die Kompostierung durch Würmer.

Da ist der Wurm drin

In einem Ökogarten dürfen wichtige tierische Helfer nicht fehlen. Im Pflanzenbau sind dies Bestäuber und Nützlinge, die unsere Pflanzen schützen. Unsere Helfer sind aber nicht nur jene auffallenden bunten Insekten, die in der Luft herumschwirren. Auch im Stillen, unauffällig, in bescheidener Zurückgezogenheit unter der Erde gibt es sie, in unsichtbarer und sichtbarer Größe: Mikroorganismen und Kompostwürmer. Beim Umbau von abgestorbenen Pflanzen zu nährstoffreicher Erde sind sie effektive Helfer. In unsere Komposthaufen gelangen sie entweder von selbst oder sie werden für den Start zugesetzt und vermehren sich. Kompostwürmer sind genügsam. Ihnen reicht ein warmes, feuchtes Zuhause mit genug Nahrung und Luft. Dieses kann man auch in kleinen, künstlichen Behältnissen schaffen, den sogenannten Wurmboxen oder -kisten.

Darin werden die Kompostwürmer bei guter Durchlüftung gehalten und mit Küchenabfällen gefüttert. Einige Hundert Würmer, gemeinsam mit Springschwänzen und Millionen von winzigen Helfern aus dem Reich der Bakterien und Pilze, in einem wenige Kubikdezimeter großen Behälter untergebracht, können wahre biologische Wunder vollbringen.

Die Mikroorganismen schließen die Bioabfälle auf, die Würmer fressen und verdauen diese Organismen dann. Ein paar Hundert Würmer können etwa 200 Gramm Biomüll pro Tag verarbeiten. Pro Jahr können in einer kleinen Wurmkiste circa 100 Liter Biomüll verarbeitet werden.

Das Ergebnis ist ein hochwertiger Dünger (ca. 20 Prozent des zugegebenen Biomüllvolumens), der direkt in den Gemüsebeeten verwendet werden kann. Zusätzlich entsteht noch Wurmtee, ein super biologischer Flüssigdünger. Da die optimale Arbeitstemperatur der Kompostwürmer bei 20 Grad Celsius liegt, kann man solche Wurmkisten auch in der Wohnung installieren. Aber keine Sorge: Diese riechen nicht unangenehm, wenn man sich an die richtige Anleitung hält. In Kombination mit Vertikalbeeten auf dem Balkon oder der Terrasse lässt sich damit sogar in einer Stadtwohnung ein weitgehend geschlossener biologischer Kreislauf erreichen.

Wurmkompostierung lässt sich im Großen wie im Kleinen bewerkstelligen. In großen Kompostieranlagen, wie jenen der Firma Vermigrand in Niederösterreich, wird Kompost aus dem Rotteverfahren nochmals durch Kompostwürmer aufgearbeitet. Bio-Pionier und Landwirt Alfred Grand (siehe Kapitel 3, »Rollen statt pflügen«) erzählt mir, warum: »Die Würmer veredeln und vererden das vorkompostierte Material noch einmal. In eine kleine Wurmkiste zu Hause kann man einfach Pflanzenreste geben, denn das sind meistens Gemüseabfälle ohne Samen, die dann keimen könnten. Für verkäuflichen Wurmkompost brauche ich aber eine Vorkompostierung in der Heißrotte zur Beikrautvernichtung. Ich will auch höhere Leistung von den Würmern. Außerdem habe ich eine Homogenisierung, also konstante Futterqualität für die Würmer. Das vorkompostierte Material ist weicher und leichter verwertbar für die Würmer.«

Im gewerblichen Betrieb wird in also riesigen Wurmboxen der Kompost in einem mehrwöchigen Prozess noch einmal biologisch verarbeitet. Im Winter müssen diese Boxen auch beheizt werden, denn wenn es zu kalt ist, suchen sich die Millionen kostenloser Mitarbeiter ein neues Zuhause. Den Betrieb noch einmal aufzubauen, würde eineinhalb Jahre dauern.

So wie für alle Unternehmen, gilt auch hier: Mitarbeiter muss man hegen und pflegen. Sonst gehen sie woanders hin. Und Würmer sind kompromisslos. Aber die richtige Temperatur, genug zu essen und eine passende Luftzufuhr und Feuchtigkeit reichen ihnen schon.

Der beste Boden und Kompost sind allerdings gefährdet, wenn sie zu lange der Sonne ausgesetzt werden. Das führt zu Austrocknung und Sterilisation durch UV-Licht. Ein gesunder Boden sollte daher immer eine Pflanzendecke haben.

Permanente Bodenbedeckung

Nur ein Wüstenboden hat keinen Bewuchs. Dessen sollte man sich bewusst sein, wenn man das Thema Boden betrachtet. Pflanzen, ihre oberirdische Biomasse und Wurzeln sowie die Mikroorganismen im Boden sind eine untrennbare Einheit. Pflanzen durchwurzeln den Boden, geben ihm so den notwendigen Halt, durchlüften ihn und verhindern Ausschwemmungen durch starken Regen. Sie beschatten ihn und verhindern dessen Sterilisation, indem sie die UV-Strahlung abschirmen. Wenn Böden zu lange kahl bleiben, fehlt den Mikroorganismen die Nahrung und sie sterben ab. Ohne diese wiederum fehlt den Würmern die Lebensgrundlage. Böden verarmen dadurch, verlieren an Humus und degradieren zu ökologischen Wüsten.

Solche Böden unterscheiden sich gar nicht mehr so sehr von der Situation in konventionellen Glashäusern, wo Gemüse meist in künstlichen Nährlösungen wächst. Sie sind keine ökologisch funktionellen Einheiten mehr, sondern sorgen nur noch dafür, dass die Pflanzen Halt haben und nicht umfallen. Die Nährstoffe werden ebenso künstlich zugeführt.

Kulturpflanzen wachsen in solchen »Agrarwüsten« nur, weil sie mit genau abgestimmten Düngegaben versorgt werden. Eigenständige Nährstoffkreisläufe finden nur noch sehr reduziert statt. Durch das Fehlen der Mikroorganismen wird der Dünger auch nicht vollständig für die Pflanzen verfügbar gemacht und landet schließlich im Grundwasser. Mit allen ökologischen Folgen, die durch Überdüngung von Gewässern einhergehen.

Die Ernährungs- und Landwirtschaftsorganisation der Vereinten Nationen (FAO) hat schon vor Jahrzehnten dazu geraten, Böden permanent mit Pflanzen bedeckt zu halten. Zwischenfrüchte und Gründüngung[173] mit Senf, Raps, Gräsern, Klee, Luzernen, Lupinen, Sonnenblumen oder Phacelia sind Best-Pratice-Lösungen im biologischen Anbau. Der ökologische Weg, die Nutzung biologischer Faktoren, ist immer der bessere, wie sich zeigt. Auch wenn er kurzfristig nicht die höchste Effizienz hat.

Wie können wir diese Erkenntnisse nun in unserem Hausgarten nutzen, vor allem in Vertikalbeeten auf Balkonen und Terrassen? Die Antwort lautet: mulchen. Unter Mulch versteht man eine Bedeckung des Bodens mit Pflanzen. Diese können tot oder lebend sein. Für den Mulch bei Jungpflanzungen im Frühjahr bevorzuge ich Rasenschnitt. Der fällt an, wenn man einen Garten sein Eigen nennt, oder kann vom Nachbarn oder der Gartenfirma, die die Wohnhausanlage gerade mäht, geholt werden. Da der Rasenschnitt meist ohnehin abtransportiert oder ungünstig verkompostiert wird (stickstoffreich), ist das eine gute Gelegenheit, ihn in den lokalen Ressourcenkreislauf einzubinden.

Ich bevorzuge meist eine dünne Lage Mulch von 1 bis 2 cm, die verhindert, dass der Boden austrocknet oder UV-Licht die Oberfläche sterilisiert. Gleichzeitig ist diese Schicht dünn genug, dass der Boden noch gut durchlüftet wird und der Mulch nicht fault. Der Mulch wird dann auch von Würmern und/ oder Mikroorganismen aufgearbeitet werden und düngt so das Beet. Wir können also ohne Weiteres den biologischen Kreislauf eines gesunden Bodens im Kleinen nachstellen und einen Ökogarten am Balkon schaffen.

Die Mulchschicht ist besonders wichtig, wenn auf unbedecktem Boden gesät wurde oder Jungpflanzen gesetzt wurden. Später, wenn die Pflanzendecke gut ausgebildet und der Boden völlig bedeckt ist, muss nicht mehr gemulcht werden. Bei Pflanzen mit wenig bodennaher Blattmasse und Beschattung, wie manchen Kohlgemüsen, Lauch oder Fenchel, ist eine ganzjährige Mulchdecke von Vorteil.

Alternativ zum Mulch durch tote Pflanzen kann man auch wie in der Landwirtschaft eine Untersaat verwenden. Am besten mit essbaren Pflanzen. (Dann hat man weniger Beikräuter und noch mehr Lebensmittel von der ohnehin schon effizient genutzten Fläche.) Zum Beispiel mit Sprossen (Microgreens), einem wertvollen Lebensmittel. Das ist wiederum eine gute Möglichkeit, mehrere Funktionen miteinander zu kombinieren. So können die Stellen offenen Bodens zwischen den Hauptfrüchten auch in einem Vertikalbeet für die Sprossenanzucht verwendet werden. Kohlgemüse, Erbsen, Sojabohnen und andere Pflanzen liefern wunderbare Microgreens. Die Wurzeln der Sprossen bleiben dann gleich im Beet und dienen den Mikroorganismen als Nahrung. Bei der Sprossenanzucht ist zu beachten, dass die Keimlinge immer ausreichend mit Feuchtigkeit versorgt sind.

Optimale Wasserversorgung ist für alle Pflanzen wichtig. Welches Wasser verwendet man dazu am besten? Wenn immer möglich, natürlich jenes Wasser, mit dem Pflanzen seit Millionen von Jahren wachsen: Regenwasser.

Regenwasser

Die Nutzung von Regenwasser war niemals wichtiger als heute. Nicht, dass die Pflanzen ihre Bedürfnisse geändert hätten. Es ist die Klimaveränderung, die für immer unregelmäßigere Niederschläge sorgt, und diese verursachen vor allem in den dicht versiegelten Siedlungsräumen große Probleme. Der Verwendung von Regenwasser kommt daher eine entscheidende ökologische Funktion zu, die wir in einer konsequenten grünen Architektur nicht dem Kanal übertragen sollten. Möglichkeiten zur Speicherung bzw. Pufferung von Regenwasser müssen auf mehreren Ebenen geschaffen werden.

Gründächer auf Wohngebäuden sind da eine gute Möglichkeit. Starkregen können diese aber auch nur bei aufwendiger Ausführung aufnehmen. Daher sollten wir dem Kanal auch noch Sammelbehälter vorschalten. Das kann mittels offen stehender Tonnen erfolgen, die es inzwischen in lustigen und attraktiven Designs gibt, bis hin zur gewöhnungsbedürftigen Imitation von Baumstämmen. Für Gartenbesitzer empfiehlt sich eine große Zisterne, die im Boden eingelassen wird und nicht nur im Winter frostsicher steht, sondern auch im Sommer das Wasser kühl hält.

Wir haben in unserem ökologisch erbauten Wohnhaus im Wienerwald einen 5000-Liter-Tank installiert. Inzwischen wünschte ich, es wären 10.000 Liter, denn unsere große Dachfläche liefert leicht genug Wasser, und wir hätten dann noch mehr Vorrat. Gleichzeitig haben wir auch einen Gartenteich. Dieser speichert noch einmal mehrere 1000 Liter, und ich nutze ihn auch als biologische Kläranlage für das Zisternenwasser.

Teichwasser ist nährstoffreicher als Regenwasser. Daher nutze ich dieses für meine automatisierte Gartenbewässerung. Die Nährstoffe aus dem Teich, der aus der Regenwasserzisterne befüllt wird, kommen dem Gemüsegarten zugute. Damit habe ich ein weiteres Element in meinen Kreislauf einbezogen.

Die Regenwassernutzung wird bei uns, vor allem auch angesichts des Klimawandels, immer populärer, in manchen anderen Ländern ist sie das schon lang. Im Sommer 2018 war ich mit meiner Familie in Ostaustralien. Kleinere Orte in etwas Abstand von der Küste sind dort Eigenversorger mit Regenwasser. Es gibt keine Ortswasserleitung. Einfamilienhäuser haben Tanks mit 30.000 bis 40.000 Litern. Durch dreifache mechanische Filtrierung bekommt das Regenwasser Trinkwasserqualität. Vom guten Geschmack dieses Wassers war ich völlig überrascht.

Trinkwasserfähiges Regenwasser finde ich großartig, und dieser Anspruch wurde Bestandteil der nächsten Ausbaustufe unseres Ökohauses im Wienerwald zu einem möglichst autarken Wohnhaus.

Auf dem Balkon oder einer kleinen Terrasse ist dieser Umfang eines Wasserkreislaufs natürlich nicht durchführbar. Regenwassernutzung ist aber auch einfacher möglich. Wo immer ein Regenfallrohr vorbeiführt, gibt es die Möglichkeit, mittels einfacher technischer Vorrichtungen (»Regendieb«) Wasser für einen Tank abzuzweigen. Ein ordnungsgemäßer Einbau ist Voraussetzung. Ebenso sollte vorab geklärt werden, aus welchem Material die Dachdeckung besteht. Ist dies belastet? Bitumendächer etwa enthalten oft Schadstoffe.

Mittels Regenfasspumpe und genau angepasster Tropfbewässerung lässt sich ein günstiges, sehr effektives Bewässerungssystem herstellen. Ein volles 100-Liter-Fass schafft bereits die Wasserversorgung für 14 Tage für ein rund zwei Quadratmeter großes Vertikalbeet.

Viele neue Balkone werden bereits mit Wasseranschlüssen ausgestattet. Hat man aber die Möglichkeit, Regenwasser zu verwenden, sollte dieses bevorzugt werden, denn es hat meist eine geringere Härte und ist dem Pflanzenwachstum zuträglicher. Hat man die Möglichkeit nicht, ist es immer noch besser, das Leitungswasser in einem Behälter stehen zu lassen, bevor es zum Gießen verwendet wird.

Mit der Verwendung von Regenwasser reduzieren wir zugleich dessen Kanalisierung und schließen den Wasserkreislauf lokal. Als angenehme Nebenwirkung entstehen dabei auch so gut wie keine Betriebskosten, eine typische Eigenschaft ökologischer Lösungen.

Ist Stadtgemüse gesund?

Bei den zahlreichen Vorteilen, die Urban Gardening zu bieten hat – frische, ökologische Lebensmittel, Tätigkeit im Grünen, gutes Mikroklima etc. – bleibt eine Frage offen: »Kann man die Lebensmittel, die in der Stadt wachsen, eigentlich bedenkenlos essen? Oder sind diese etwa kontaminiert?«

Das ist eine berechtigte Frage, vor allem da Luft- und Bodenverunreinigungen zunehmen. Man denke nur an die ständigen Feinstaub-Diskussionen oder hitzigen Dieselfahrverbotsdebatten. Die Wissenschaftlerin Ina Säumel vom Institut für Ökologie der Technischen Universität Berlin hat zu obiger Frage Untersuchungen angestellt. Zumal auch die Zahl der privaten Stadtgärtner wächst, was erfreulich ist.

Säumel hat Böden in verschiedenen Abständen zu Straßenzügen sowie Obst und Gemüse, das dort gewachsen ist, auf Schwermetalle untersucht und auch mit Supermarktware verglichen. Die Ergebnisse waren ungleichmäßig. Das Obst war sogar an stark befahrenen Straßen unbelastet.

Die Belastung der Böden war von der Distanz zu den Straßen abhängig: Bis zehn Meter gab es in zwei Drittel der Proben erhöhte Werte für Blei und Cadmium. Über zehn Meter sank dies auf ein gutes Drittel. Bei manchen Gemüsen war die Belastung zwei bis fünf Mal höher als im Supermarkt, bei anderen Sorten war es umgekehrt. In Proben von Kohlrabi zum Beispiel war die Supermarktware elf Mal höher belastet.

Eine hohe Schadstoffbelastung tritt vor allem in bestehenden Böden und durch bodennahe Luftverschmutzung (Feinstaub) auf. Zu vernachlässigen ist die Belastung in Beeten, die mit gekaufter, hochqualitativer Bioerde befüllt wurden.

Laut einem Interview, das Ina Säumel dem »Bio-Balkon« (Facebook-Gruppe von Birgit Schattling in Berlin) gegeben hat, kommen Kontaminationen auch aus billigen Großhandelserden. Das ist auch einer der Gründe, warum ich meinen Kunden nur Biokomposterde empfehle. Denn am Ende ist das Lebensmittel immer von der Qualität, die die Erde hat, in der es wächst.

Die geringe Schadstoffbelastung von eigens eingebrachter Erde zeigte auch eine Untersuchung der Universität für Bodenkultur in Hochbeeten am Wiener Karlsplatz (»Karlsgarten«), einem Ort inmitten stark befahrener Straßen.[174] Die Anbausubstrate (Dachbegrünungssubstrate, mit Erde gemischt) in den Hochbeeten wurden auf acht verschiedene Schwermetalle, darunter Blei, Cadmium und Arsen, sowie auf andere standardmäßig erhobene Elemente untersucht. Das Ergebnis: Werte weit unter den Grenzwerten (meist unter zehn Prozent). Lediglich das zusätzlich gemessene Palladium war leicht erhöht. Letztendlich war aber nicht klar, ob dies auf einen Messfehler zurückzuführen war. Eine Belastung durch den Straßenverkehr kann jedoch nicht ausgeschlossen werden.

Eine ähnlich geringe Belastung ergab eine holländische Studie, die Experimente mit dem Anbau von Spinat als Zeigerpflanze in Verkehrsnähe gemacht hatte.[175] Auch dort blieben in eigens eingebrachten Erdsubstraten die gemessenen Schwermetallwerte deutlich unter den Grenzwerten (10 bis 50 Prozent).

Solch geringe Mengen an Schwermetallen in Bodennähe, selbst bei stark befahrenen Straßen wie in Wien, sind sehr ermutigend für die Stadtgärtner. In Vertikalbeeten auf Balkonen und (Dach-)Terrassen ist das Problem der Verschmutzung noch geringer, da durch die vertikale Ausrichtung des Erdkörpers und einer Aufstellung der Beete meist unter Dach die Kontamination durch Ablagerung weitgehend verhindert wird.

Und auch eigens eingebrachte, hochqualitative Bio-Komposterdmischungen, die umfangreichen Qualitätsüberprüfungen unterzogen wurden, entschärfen das Problem der Bodenkontamination. Also ein weiterer wichtiger Grund, auf das Gärtnern in der Vertikalen zu setzen. Nun steht dem Gemüse-, Kräuter- und Obstglück an unseren Wänden also nichts mehr im Weg!

Keine Angst vor schmutzigen Fingernägeln!

Mit Bezug auf das von Hans Immler vor dreißig Jahren veröffentlichte Buch »Vom Wert der Natur«[176] wäre es unsere zentrale Aufgabe, die bisherigen Erfahrungen dazu zu nutzen, eine menschengerechte Natur zu schaffen. Stattdessen machen wir aussichtlose Versuche, diese vor uns selbst in Schutz zu nehmen. »Die gesellschaftliche Kraft und die menschliche Intelligenz müssen darauf ausgerichtet werden, statt im Verzehr des produzierenden Naturvermögens jetzt in seiner Erhaltung und humanen Gestaltung die wirkliche Produktion von Reichtum zu erkennen«, sagt Immler.

Dies betrifft aus meiner Sicht nicht nur die Natur- und Kulturräume, sondern auch unsere Wohn- und Wirkorte, wo wir den größten Teil unseres Lebens verbringen. Erstaunlicherweise haben wir uns gerade in den Großstädten, den Orten mit den meisten Menschen, eine fast ausschließlich technisch geprägte Umwelt geschaffen und biologische Prozesse aus unserer Wahrnehmung und Erfahrung verbannt, mit allen daraus resultierenden Konsequenzen.

Die Gesellschaft diskutiert über die Erhaltung der Natur, ohne sich über die Definition derselben einig zu sein und sich selbst als integralen Teil wahrzunehmen. Wie soll es da jemals einen Konsens geben?

Wir streiten uns über die vermeintlich besten Ernährungsweisen und über Herkunft, Verpackung, Gesundheit und Preise unserer Lebensmittel, ohne ausreichendes Wissen über deren Herstellung sowie Wirkung auf uns und die Natur zu haben. Wir bauen schließlich Städte, ohne die Bedeutung einer grünen Umgebung für unsere Gesundheit ausreichend zu berücksichtigen.

Der Siegeszug von Glashausgemüse erklärt sich mir einzig aus der zunehmenden Selbstinhaftierung der Menschen in geschlossenen Räumen und dem Wunsch nach der totalen Kontrolle unserer Umwelt. Als ob wir auch unsere Nahrungsmittel vor äußeren Bedrohungen in Sicherheit bringen müssten. Das verstärkt unsere Dissoziation aber nur und macht uns noch kranker.

Um zu Nachhaltigkeit zu gelangen, müssen wir die Komplexität ökologischer Prozesse verstehen lernen und ein tiefes Vertrauen in diese setzen. Stattdessen reduzieren wir uns auf das Notwendigste, das uns am Leben hält. Dies passiert sogar in den reichsten Ländern, wenn nicht sogar überwiegend dort.

Der Anspruch an die bloße Existenz sollte uns nicht genügen. Die große Herausforderung wäre vielmehr, sich »des Lebens ganzer Fülle« hinzugeben, wie es der US-Biologe Edward O. Wilson in seinem gleichnamigen Buch so wunderbar beschreibt (siehe dazu auch Kapitel 1).

Die rasche technische Entwicklung überfordert uns. Die Natur war die längste Zeit im Überfluss vorhanden und die von Menschen gemachten Produkte waren stets rar. Die Umkehrung dieses Verhältnisses in den dichten Ballungszentren dieser Welt führt schlussendlich dazu, dass die Menschen zunehmend gestresst und folglich krank werden. Das beginnt schon bei unseren Kindern.

Zusätzlich kommen aktuelle Herausforderungen wie die Klimaerwärmung und die starke Konzentration und Zentralisierung der Landwirtschaft hinzu, die Städte in große Abhängigkeiten versetzen und die Grenzen ihrer Resilienz und technischen Möglichkeiten zur Gegensteuerung aufzeigen. Hitzewellen und Starkregenereignisse nehmen zu und senken die Lebensqualität in den Großstädten. Eine Umkehr dieser Entwicklung ist nicht in Sicht. Es gibt aber Lösungen.

Die EU zum Beispiel hat diese Probleme erkannt und umfangreiche Projekte unter der Agenda »Nature-based Solutions« initiiert. Darunter versteht man Lösungen, die nicht technisch, sondern ökologisch ausgerichtet sind. Dazu gehören gerade in Städten auch und vor allem Gebäudebegrünungen. Am besten solche, die uns gleichzeitig die Möglichkeit geben, biologische Prozesse zu nutzen und verstehen zu lernen. Wir wissen, dass eine möglichst frische, sortenreiche Ernährung äußerst vorteilhaft für uns ist. Ist es also nicht naheliegend, dass Gebäudebegrünungen auch essbar sein sollten?

Die logische Konsequenz aus diesen Ansprüchen sehe ich, wie viele andere Menschen auch, in einer Rückbesinnung auf den eigenen Lebensmittelanbau, vor allem in der Stadt. Das erklärt auch, warum »Urban Gardening« nicht bloß ein zeitlich begrenzter Trend, sondern ein gesellschaftlicher Transformationsprozess ist. Er zeigt auf, was Menschen für nötig halten, um lebenswerte Städte zu schaffen. Dafür braucht es auch rechtliche und politische Rahmenbedingungen. Auch Vorbehalte gegen Naturlebensräume müssen abgelegt werden.

Mein Vorschlag zur Verbesserung dieser Entwicklung im urbanen Raum ist der multifunktionale, vertikale Nahrungsmittelanbau direkt in unserem Zuhause; die Integration von Ökologie in die Architektur; dezentral, vielfältig und für alle Menschen zugänglich; möglichst im Freien, mit Sonnenlicht und, wenn möglich, unter Verwendung von Regenwasser.

All das würde unseren unmittelbaren Lebensbereich nicht nur ökologischer machen, sondern den Menschen auch wieder Zugang zum Verständnis biologischer Abläufe schaffen. Die Produkte unserer Arbeit würden auch unsere Gesundheit steigern. Auf vielen Ebenen. Wohn-, Wirk- und Freizeitort können damit auch an denselben Ort zusammenrücken.

Mein eigener Garten ist genau aus diesem Grund nicht nur Erholungsort, sondern auch Arbeitsplatz und ein Versuchsraum für die Verbindung zwischen biologischen Abläufen und meiner Arbeit. Unter Produktivität verstehe ich, möglichst viele ökologische Funktionen zu vereinen und damit ein möglichst stabiles System herzustellen – bei einem gleichzeitigen minimalen technischen und arbeitsmäßigen Aufwand.

Solche Orte lassen sich auch ganzjährig inmitten einer Großstadt schaffen, wie ich in Kapitel 4 bis 7 aufgeführt habe. Um diese befriedigende Erfahrung der Tätigkeit im eigenen Garten zu machen, müssen unsere Hände in die Erde! Und verwerfen wir dabei die vielfach konditionierte Idee, dass diese Arbeit etwas Abwertendes sei. Ganz im Gegenteil. Sie ist die Basis unserer Existenz. Und genau aus diesem Bedürfnis und Gefühl heraus geben sich Menschen aller Länder und Gesellschaftsschichten wieder dem Gärtnern hin, in Stadt und Land. Weil sie wissen, dass es das Beste für ihre Gesundheit und für die mit uns untrennbar verbundene Natur ist.

Eine Verbesserung unserer Lebensbedingungen ist uns an jedem Ort und zu jeder Zeit möglich. Und lassen wir uns von niemandem sagen, dass eine kleine Aktion, wie die Gestaltung eines grünen Balkons oder eines Naschgartens auf der Terrasse, keinen Unterschied mache, denn wir sind 7,6 Milliarden Menschen ... Und wenn wir ökologische Entscheidungen ohne schlimme Nebenwirkungen treffen, dann werden wir auch den Planeten Erde, das Boot, in dem wir gemeinsam in die Zukunft schippern, für uns und die kommenden Generationen in einem guten Zustand halten. Und wenn unsere Fingernägel dann einmal schmutzig sind und wir uns gut dabei fühlen, dann wissen wir auch, warum.

Und so wünsche ich Ihnen allen viel Freude und Gesundheit in Ihrem Garten!

Danksagung

An erster Stelle möchte ich mich bei Bert Ehgartner bedanken, der mich dazu motivierte, dieses Buch zu schreiben, und mich mit Geduld und Rat in das Schreiben von Sachbüchern einführte.

Meinen Interviewpartnern Stephen Barstow, Justin Dervaes, Andrea Fičala, Alfred Grand, Juliana Lutz, Franz Mogg, Wolfgang Palme, Lukas Pfeiffer, Marianne Reitbauer, Birgit Schattling, Vanessa Stadlbauer-Köllner, Michaela Theurl und Birgit Wassermann möchte ich dafür danken, dass sie mir die Zeit geschenkt haben, um mich um die Inhalte ihrer Forschungen bzw. ihres Lebens zu bereichern.

Außerdem möchte ich meiner Frau Astrid und meinem Sohn Jonah herzlich dafür danken, dass sie in den Monaten des Buchschreibens meine geistige Abwesenheit trotz körperlicher Anwesenheit geduldet haben.

Verlagsleiter Christoph Ennsthaler und Lektorin Sabine Thöne vom Ennsthaler Verlag haben mich sehr professionell in meiner Arbeit begleitet.

Vielen lieben Dank euch allen!

Endnoten

1 ALBENBERG L. G. & WU G. D. (2014): Diet and the intestinal microbiome: associations, functions, and implications for health and disease. Gastroenterology 146: 1564–1572.

2 ARUMUGAM M. ET AL. (2011): Enterotypes of the human gut microbiome. Nature 473: 174–180.

3 LEY R. E. ET AL. (2006): Human gut microbes associated with obesity. Nature 444: 1022–1023.

4 CLEMENTE J. C. ET AL. (2015): The microbiome of uncontacted Amerindians. Science Advances 1(3): e1500183.

5 SCHNORR S. L. ET AL. (2014): Gut microbiome of the Hadza hunter-gatherers. Nature Communications 5: art. 3654.

6 SMITS S. A. ET AL. (2017): Seasonal cycling in the gut microbiome of the Hadza hunter-gatherers of Tanzania. Science 357: 802–806.

7 DE FILIPPO C. ET AL. (2017): Diet, environments, and gut microbiota. A preliminary investigation in children living in rural and urban Burkina Faso and Italy. Frontiers in Microbiology 8: art. 1979.

8 PFLUGHOEFT K. J. & VERSALOVIC J. (2011): Human microbiome in health and disease. Ann Rev Pathol 7: 99–122.

9 MARTINEZ I. ET AL. (2015): The gut microbiota of rural Papua New Guineans: composition, diversity patterns, and ecological processes. Cell Reports 11: 527–538.

10 GUZMAN E. P. ET AL. (2018): a301 gut microbiota from a patient with generalized anxiety disorder induces anxiety-like behaviour and altered brain chemistry in gnotobiotic mice. J. Can. Assoc. Gastroenterol. 1 (suppl. 1): 523–524.

11 VALLES-COLOMER M. ET AL. (2019): The neuroactive potential of the human gut microbiota in quality of life and depression. Nature Microbiology online: https://doi.org/10.1038/s41564-018-0337-x.

12 MAIER L. ET AL. (2018): Extensive impact of non-antibiotic drugs on human gut bacteria. Nature 555: 623–628.

13 YANO J. M. ET AL. (2015): Indigenous bacteria from the gut microbiota regulate host serotonin biosynthesis. Cell 161(2): 264–276.

14 ALBENBERG L. G. & WU G. D. (2014). Ebd.

15 LEY R. E. ET AL. (2006). Ebd.

16 DEL CHIERICO F. ET AL. (2014): Mediterranean Diet and Health: Food Effects on Gut Microbiota and Disease Control. Int. J. Mol. Sci. 15: 11678–11699.

17 DE FILIPPIS F. ET AL. (2016): High-level adherence to a Mediterranean diet beneficially impacts the gut microbiota and associated metabolome. Gut 65(11): 1812–1821.

18 GARCIA-MANTRANA I. ET AL. (2018): Shifts on gut microbiota associated to Mediterranean diet adherence and specific dietary intakes on general adult population. Frontiers in Microbiology 9: art. 890.

19 BERG G. ET AL. (2014): The edible plant microbiome: importance and health issues. In: Principles of plant-microbe interactions. Springer International, Editor Ben Lugtenberg. pp. 419–426.

20 LEFF J. W. & FIERER N. (2013): Bacterial communities associated with the surfaces of fresh fruits and vegetables. PLOS one 8 (3): e59210.

21 VON HERTZEN L. (2015): Plant microbiota: implications for human health. British Journal of Nutrition 114: 1531–1532.

22 FLANDROY L. ET AL. (2018): The impact of human activities and lifestyles on the interlinked microbiota and health of humans and of ecosystems. Science of the Total Environment 627: 1018–1038.

23 WASSERMANN B. ET AL. (2018): Profiling the apple microbiome for health issues. Persönliche Mitteilung.

24 EGAMBERDIEVA D., WIRTH S., BEHRENDT U., AHMAD P. & BERG G. (2017): Antimicrobial activity of medicinal plants correlates with the proportion of antagonistic endophytes. Frontiers in Microbiology, 8: 199.

25 PÉREZ-JARAMILLO J. E., CARRIÓN V. J., DE HOLLANDER M. & RAAIJMAKERS J. M. (2018): The wild side of plant microbiomes. Microbiome 6: 143.

26 BERGNA A. ET AL. (2018): Tomato seeds preferably transmit plant beneficial endophytes. PBIOMES online: https://doi.org/10.1094/PBIOMES-06-18-0029-R.

27 BERG G. & RAAIJMAKERS J. M. (2018): Saving seed microbiomes. The ISME Journal 12: 1167–1170.

28 WU X. ET AL. (2009): Are isothiocyanates potential anti-cancer drugs? Acta Pharmacol Sin. 30(5): 501–512.

29 WASSERMANN B. ET AL. (2017): Harnessing the microbiomes of Brassica vegetables for health issues. Nature Scientific Reports 7: 17649.

30 WILLETT ET AL. (2019): Food in the Anthropocene: the EAT–Lancet Commission on healthy diets from sustainable food systems. The Lancet Commission, online: http://dx.doi.org/10.1016/S0140-6736(18)33179-9.

31 THEURL, M. (2016): Local food systems and their climate impacts: a life cycle perspective. In: Land use competition: ecological, economic and social perspectives (Niewöhner J. et al., Editoren), Springer Verlag: S. 295–306.

32 SANDER J. & HESS J. (EDITOREN): Leistungen des ökologischen Landbaus für Umwelt und Gesellschaft. Thünen-Report 65. Thünen-Institut, Braunschweig, Deutschland, 2019.

33 BOTTA M.: Vitamine – wie man sie zerstört und wie man sie schont. Online: http://www.sge-ssn.ch/media/Vitamine.pdf

34 WHAT IS HAPPENING TO BIODIVERSITY? FAO. Online: http://www.fao.org/3/y5609e/y5609e02.htm. Letzter Webseitenbesuch am 14.03.2019.

35 HÖHN E. ET AL. (2004): Waren Früchte früher wirklich nährstoffreicher? Agrarforschung Schweiz 11(1): 22–27.

36 WEHR, A. (2010): Die Wundersubstanz, die aus der Traube kommt. Online-Artikel in der Welt: https://www.welt.de/gesundheit/article8909088/Die-Wundersubstanz-die-aus-der-Traube-kommt.html

37 WIKIPEDIA-EINTRAG für Oligomere Proanthocyanidine: https://de.wikipedia.org/wiki/Oligomere_Proanthocyanidine. Letzter Webseitenbesuch am 14.03.2019.

38 ROBINSON J. (2013): Eating on the wild side: the missing link to optimum health. Hachette Book Group, New York.

39 KAHN PETER H. JR. (2011): Technological Nature. Adaption and The Future of Human Life. The MIT Press.

40 WIKIPEDIA-EINTRAG für Biophilie: https://de.wikipedia.org/wiki/Biophilie. Letzter Webseitenbesuch am 14.03.2019.

41 LI Q. (2010): Effect of forest bathing trips on human immune function. Environmental Health and Preventive Medicine 15(1): 9–17.

42 TWOHIG-BENNETT C. & JONES A. (2018): The health benefits of the great outdoors: a systematic review and meta-analysis of greenspace exposure and health outcomes. Environmental Research 166: 628–637.

43 ENGEMANNA K. ET AL. (2019): Residential green space in childhood is associated with lower risk of psychiatric disorders from adolescence into adulthood. PNAS online: https://doi.org/10.1073/pnas.1807504116.

44 DADVAND P. ET AL. (2015): Green spaces and cognitive development inprimary schoolchildren. PNAS 112(26): 7937–7942.

45 SCHMUTZ U. ET AL. (2014): The benefits of gardening and food growing for health and wellbeing. 27pp. Online veröffentlicht: https://www.gardenorganic.org.uk/sites/www.gardenorganic.org.uk/files/GrowingHealth_BenefitsReport_0.pdf.

46 VAN DEN BERG A. E. & CUSTERS M. H. (2010): Gardening promotes neuroendocrine and affective restoration from stress. J Health Psychol 16(1): 3–11.

47 SIMONS L. A. ET AL. (2006): Lifestyle factors and risk of dementia: Dubbo Study of the elderly. Med J Aust 184(2): 68–70.

48 UTOPIA, STADT DEINER ZUKUNFT: URBANISIERUNG. Online: https://papierutopia.wordpress.com/urbanisierung-2/

49 VON HERTZEN L. (2015): Plant microbiota: implications for human health. British Journal of Nutrition 114: 1531–1532.

50 BERG G. ET AL. (2014): Beneficial effects of plant-associated microbes on indoor microbiomes and human health? Frontiers in Microbiology 5: 15.

51 KUMPF A. & SCHMÖLZ M. (2017): Macht uns die Natur glücklich & gesund? In: Grünraumvisionen für den urbanen Raum. Gedanken, Anregungen, Ideensplitter. Klimaenergiefonds Österreich. S. 30–32.

52 PERKINS MARSH, G. (1864): Man and Nature, or physical geography as modified by human action, New York.

53 ARRHENIUS, S. (1896): On the Influence of carbonic acid in the air upon the temperature of the ground. Philosophical Magazine and Journal of Science 5(41): 237–276.

54 LUCHT, W. (2018): Verwüstung oder Sicherheit: Die Erde im Anthropozän: In: Leben im Anthropozän (Bertelmann B. & Heidel K., Editoren), oekom Verlag, München: S. 39–52.

55 DATEN VON STATISTA – DAS STATISTIK-PORTAL: Statistiken, Marktdaten & Studien: https://de.statista.com/statistik/daten/studie/181080/umfrage/landwirtschaftliche-nutzflaeche-weltweit-seit-1980. Letzter Webseitenbesuch am 14.03.2019.

56 DATEN VOM WELTAGRARBERICHT, online: https://www.weltagrarbericht.de/themen-des-weltagrarberichts/multifunktionalitaet.html. Letzter Webseitenbesuch am 14.03.2019.

57 WIKIPEDIA-EINTRAG für »Liste der Länder nach landwirtschaftlicher Nutzfläche«: https://de.wikipedia.org/wiki/Liste_der_Länder_nach_landwirtschaftlicher_Nutzfläche. Letzter Webseitenbesuch am 14.03.2019.

58 MEIER, TONI (2017): Planetary boundaries of agriculture and nutrition – an Anthropocene approach. Science meets comics: Proceedings of the symposium on communicating and designing the future of food in the anthropocene, Humboldt Universität Berlin. Bachmann Verlag. http://dx.doi.org/10.5281/zenodo.556383.

59 WIKIPEDIA-EINTRAG für »Haber-Bosch-Verfahren«. https://de.wikipedia.org/wiki/Haber-Bosch-Verfahren. Letzter Webseitenbesuch am 14.03.2019.

60 PAEGER, J.: Das Zeitalter der Industrie. Vom Bauern zur industriellen Landwirtschaft. http://www.oekosystem-erde.de/html/industrielle_landwirtschaft.html. Letzter Webseitenbesuch am 14.03.2019.

61 WIKIPEDIA-EINTRAG für »Grüne Revolution«. https://de.wikipedia.org/wiki/Grüne_Revolution. Letzter Webseitenbesuch am 14.03.2019.

62 DATEN VOM WELTAGRARBERICHT, online: https://www.weltagrarbericht.de/themen-des-weltagrarberichts/hunger-im-ueberfluss.html. Letzter Webseitenbesuch am 14.03.2019.

63 DATEN VOM WELTAGRARBERICHT, online: https://www.weltagrarbericht.de/themen-des-weltagrarberichts/multifunktionalitaet.html. Letzter Webseitenbesuch am 14.03.2019.

64 ZANG, S. (2014): Landwirtschaftliche Betriebsgröße: 1,2 ha in Indien – 180 in den USA. 26.02.2014. Online unter http://indienheute.de/landwirtschaftliche-betriebsgrose-12-ha-in-indien-180-in-den-usa/. Letzter Webseitenbesuch am 14.03.2019.

65 AGRAR-ATLAS 2019. Erstellt unter der Leitung von Chemnitz, C., Heinrich-Böll-Stiftung und Rehmer C., Bund für Umwelt und Naturschutz Deutschland e. V. Pdf online unter https://www.boell.de/sites/default/files/agraratlas2019_web.pdf. Letzter Webseitenbesuch am 14.03.2019.

66 STEPHANIE M. ET AL. (2011): Prenatal Exposure to Organophosphates, Paraoxonase 1, and Cognitive Development in Childhood: Environmental Health Perspective, 119(8): 1182–1188.

67 BOUCHARD M. F. ET AL. (2011): Prenatal exposure to organophosphate pesticides and IQ in 7-year-old children. Environmental Health Perspective, 119(8):1189–1195.

68 RAUH V. ET AL. (2011): Seven-year neurodevelopmental scores and prenatal exposure to Chlorpyrifos, a common agricultural pesticide. Environmental Health Perspective, 119(8): 1196–1201.

69 AGRAR-ATLAS (österreichische Ausgabe) 2019. Erstellt unter der Leitung von Chemnitz, C., Heinrich-Böll-Stiftung und Pammer, R., Global 2000. Pdf online unter https://www.global2000.at/sites/global/files/Agrar-Atlas-2019.pdf. Letzter Webseitenbesuch am 14.03.2019.

70 BERICHT DER EU-KOMMISSION (2013): Nitrogen Pollution and the European Environment. Implications for Air Quality Policy. Science for Environment Policy, In-depth Report. Verfasst von der Science Communication Unit, University of the West of England (UWE), Bristol. Pdf online unter http://ec.europa.eu/environment/integration/research/newsalert/pdf/IR6_en.pdf. Letzter Webseitenbesuch am 14.03.2019.

71 WIKIPEDIA-EINTRAG für »Dead zone (ecology)«. https://en.wikipedia.org/wiki/Dead_zone_(ecology). Letzter Webseitenbesuch am 14.03.2019.

72 DIAZ R. J. & ROSENBERG R. (2008): Spreading dead zones and consequences for marine ecosystems. Science, 321: 926–929.

73 DEUTSCHES UMWELTBUNDESAMT (2018): Pflanzenschutzmittelverwendung in der Landwirtschaft. Online unter https://www.umweltbundesamt.de/daten/land-forstwirtschaft/pflanzenschutzmittelverwendung-in-der. Letzter Webseitenbesuch am 14.03.2019.

74 FISCHER J. ET AL. (2014): Neonicotinoids interfere with specific components of navigation in honeybees. PLOS one 9(3): e91364.

75 WIKIPEDIA-EINTRAG für »Neonicotinoide«. https://de.wikipedia.org/wiki/Neonicotinoide. Letzter Webseitenbesuch am 14.03.2019.

76 EFSA (2013): EFSA identifiziert Risiken durch Neonicotinoide für Bienen. Online unter http://www.efsa.europa.eu/de/press/news/130116. Letzter Webseitenbesuch am 14.03.2019.

77 BENBROOK C. M. (2016): Trends in glyphosate herbicide use in the United States and globally. Environmental Sciences Europe. 28:3

78 WIKIPEDIA-EINTRAG für »Shikimisäureweg«. https://de.wikipedia.org/wiki/Shikimisäureweg. Letzter Webseitenbesuch am 14.03.2019.

79 MOTTA E. V. S. ET AL. (2018): Glyphosate perturbs the gut microbiota of honey bees. PNAS 115(41): 10305–10310.

80 GAUPP-BERGHAUSEN M. ET AL. (2015): Glyphosate-based herbicides reduce the activity and reproduction of earthworms and lead to increased soil nutrient concentrations. Nature, Scientific Reports 5: 12886. doi: 10.1038/srep12886.

81 KRÜGER M. ET AL. (2013): Glyphosate suppresses the antagonistic effect of Enterococcus spp. on Clostridium botulinum. Anaerobe 20: 74–78.

82 SHEHATA A. A. ET AL. (2013): The effect of glyphosate on potential pathogens and beneficial members of poultry microbiota in vitro. Current Microbiology 66(4): 350–358.

83 SAMSEL A. & SENEFF S. (2013): Glyphosate's suppression of cytochrome P450 enzymes and amino acid biosynthesis by the gut microbiome: pathways to modern diseases. Entropy 15(4): 1416–1463.

84 VOGT C.: Glyphosat: Deutschland verlängert Zulassungen um ein Jahr. Beitrag auf der Webseite des Umweltinstitutes München, 14.12.2018. Online unter http://www.umweltinstitut.org/aktuelle-meldungen/meldungen/2018/glyphosat-deutschland-verlaengert-zulassungen-um-ein-jahr.html. Letzter Webseitenbesuch am 14.03.2019.

85 BERICHT VON SPIEGEL ONLINE: Französisches Gericht widerruft Zulassung für Glyphosat-Unkrautvernichter, 15.01.2019. Online unter http://www.spiegel.de/wirtschaft/unternehmen/frankreich-gericht-widerruft-zulassung-fuer-glyphosat-unkrautvernichter-a-1248227.html. Letzter Webseitenbesuch am 14.03.2019.

86 SOLIVERS S. ET AL. (2016): Biodiversity at multiple trophic levels is needed for ecosystem multifunctionality. Nature 536(7617): 456–459.

87 BIODIVERSITÄT VON KULTURPFLANZEN. Über die Entstehung und heutige Bedeutung der Kulturpflanzenvielfalt. Herausgegeben vonProSpecieRara, Deutschland, 2014. Pdf online unter http://www.prospecierara.de/uploads/media/129/entstehung agrobiodiv_24-s.pdf. Letzter Webseitenbesuch am 14.03.2019.

88 ZELLER U. ET AL. (2017): Biodiversity, land use and ecosystem services – an organismic and comparative approach to different geographical regions. Global Ecology and Conservation 10: 114–125.

89 HALLMANN C. A. ET AL. (2017): More than 75 percent decline over 27 years in total flying insect biomass in protected areas. PLoS ONE 12(10): e0185809.

90 SÁNCHEZ-BAYO F. & WYCKHUYS K. A. G. (2019): Worldwide decline of the entomofauna: A review of its drivers. Biological Conservation 232: 8–27.

91 https://www.umweltbundesamt.de/daten/land-forstwirtschaft/pflanzenschutzmittelverwendung-in-der. Letzter Webseitenbesuch am 14.03.2019.

92 BERECHNUNGEN AUS DATEN DES EUROPEAN BIRD CENSUS COUNCIL. Online unter https://recordingsofnature.wordpress.com/2018/04/20/decline-in-insect-populations-is-silence-spreading-over-the-land. Letzter Webseitenbesuch am 14.03.2019.

93 INFORMATION VON DER WEBSEITE UMWELTBRIEF: Hintergrund-Informationen aus Umwelt, Wirtschaft und Finanzen. Herausgeber und Initiator: Norbert Drews. Online unter http://www.umweltbrief.de/neu/html/nasa.html. Letzter Webseitenbesuch am 14.03.2019.

94 DATEN VON STATISTA – DAS STATISTIK-PORTAL: Statistiken, Marktdaten & Studien: https://de.statista.com/statistik/daten/studie/37187/umfrage/der-weltweite-co2-ausstoss-seit-1751. Letzter Webseitenbesuch am 14.03.2019.

95 DATEN VOM WELTAGRARBERICHT, online: https://www.weltagrarbericht.de/themen-des-weltagrarberichts/anpassung-an-den-klimawandel.html. Letzter Webseitenbesuch am 14.03.2019.

96 BERICHT AUF DER WEBSEITE DES DEUTSCHEN DEMETER-VERBANDES, 02.11.2018. Online unter https://www.demeter.de/aktuell/greenpeace-ogrosen-klimaklage. Letzter Webseitenbesuch am 14.03.2019.

97 DATEN VOM WELTAGRARBERICHT, online: https://www.weltagrarbericht.de/themen-des-weltagrarberichts/klima-und-energie.html. Letzter Webseitenbesuch am 14.03.2019.

98 GOLDBERGER R.: Landwirtschaft und Klimawandel, 25.08.2018. Online unter https://www.landwirt.com/Landwirtschaft-und-Klimawandel,,19737,,Bericht.html. Letzter Webseitenbesuch am 14.03.2019.

99 LYMBERY P.: Futtermittel: Viel Land für viel Vieh. Beitrag auf der Webseite der Heinrich-Böll-Stiftung, 08.01.2015. Online unter https://www.boell.de/de/2015/01/08/futtermittel-viel-land-fuer-viel-vieh. Letzter Webseitenbesuch am 14.03.2019.

100 KRAUSMANN F. (2001): Land use and industrial modernization: An empirical analysis of human influence on the functioning of ecosystems in Austria 1830–1995. Land Use Policy 18(1):17–26

101 THEURL M. C. ET AL. (2014): Contrasted greenhouse gas emissions from local versus long-range tomato production. Agron. Sustain. Dev. 34: 593–602.

102 OETTLI D.: »Abgastest« für Tomaten soll es bringen. Bericht auf der Webseite des WWF Schweiz, 14.03.2017. Online unter https://www.srf.ch/news/wirtschaft/abgastest-fuer-tomaten-soll-es-bringen.

103 GRABOLLE A., LOITZ T. (2007): Pendos CO_2-Zähler. Die CO_2-Tabelle für ein klimafreundliches Leben. Pendo-Verlag, Zürich.

104 THEURL M. C. (2008): CO_2-Bilanz der Tomatenproduktion: Analyse acht verschiedener Produktionssysteme in Österreich, Spanien und Italien. Institut für Soziale Ökologie, Alpen-Adria-Universität, Klagenfurt, Working paper 110. Pdf online unter https://www.aau.at/wp-content/uploads/2016/11/working-paper-110-web.pdf. Letzter Webseitenbesuch am 14.03.2019.

105 AGRARÖKOLOGIE STÄRKEN. Für eine grundlegende Transformation der Agrar- und Ernährungssysteme. Online veröffentlichtes Positionspapier. Herausgegeben von inkota-Netzwerk e. V., Jänner 2019. Pdf online unter https://www.bund.net/fileadmin/user_upload_bund/publikationen/landwirtschaft/landwirtschaft_agraroekologie_staerken.pdf. Letzter Webseitenbesuch am 14.03.2019.

106 INTERVIEW VON BAYERN 2, 21.09.2018. Online unter https://www.br.de/radio/bayern2/bio-fuer-alle-huelsbergen-der-konventionelle-landbau-wird-oekologischer-werden-100.html. Letzter Webseitenbesuch am 14.03.2019.

107 WIKIPEDIA-EINTRAG für »Rudolf Steiner«. https://de.wikipedia.org/wiki/Rudolf_Steiner. Letzter Webseitenbesuch am 14.03.2019.

108 WIKIPEDIA-EINTRAG für »Bioland«. https://de.wikipedia.org/wiki/Bioland. Letzter Webseitenbesuch am 14.03.2019.

109 STATISTIK DER BIO AUSTRIA. Online unter https://www.bio-austria.at/bio-bauern/statistik. Letzter Webseitenbesuch am 14.03.2019.

110 WIKIPEDIA-EINTRAG für »Bio-Siegel«. https://de.wikipedia.org/wiki/Bio-Siegel. Letzter Webseitenbesuch am 14.03.2019.

111 BIOTREFF VILSHOFEN: Konventionelle Landwirtschaft contra kbA-Landwirtschaft. Online unter http://www.treff.bio/grenzwert-vergleiche. Letzter Webseitenbesuch am 14.03.2019.

112 DATEN VON STATISTA – DAS STATISTIK-PORTAL: Statistiken, Marktdaten & Studien: https://de.statista.com/statistik/daten/studie/4109/umfrage/bio-lebensmittel-umsatz-zeitreihe. Letzter Webseitenbesuch: 14.03.2019.

113 ONLINE-ARTIKEL: Bioumsatz in Deutschland erstmals über zehn Milliarden Euro. 13.02.2018. Online unter https://www.oekolandbau.de/haendler/marktinformationen/marktberichte/biomarkt-2017. Letzter Webseitenbesuch: 14.03.2019.

114 DATEN VON STATISTA – DAS STATISTIK-PORTAL: Statistiken, Marktdaten & Studien: https://de.statista.com/statistik/daten/studie/372441/umfrage/umsatz-von-denn-s-biomarkt-in-deutschland. Letzter Webseitenbesuch: 14.03.2019.

115 DATEN VON STATISTA – DAS STATISTIK-PORTAL: Statistiken, Marktdaten & Studien: https://de.statista.com/statistik/daten/studie/881805/umfrage/einkaufswert-von-bio-lebensmitteln-in-oesterreich. Letzter Webseitenbesuch: 14.03.2019.

116 GOLDBERGER R.: Bio wächst ... Und was machen die Preise? 19.05.2018. Online unter https://www.landwirt.com/Bio-waechst-Und-was-machen-die-Preise-,,19540,,Bericht.html. Letzter Webseitenbesuch: 14.03.2019.

117 SEARCHINGER T. ET AL. (2018): Assessing the efficiency of changes in land use for mitigating climate change. Nature 564: 249–253.

118 SEUFERT V. ET AL. (2012): Comparing the yields of organic and conventional agriculture. Nature (485): 229–232.

119 DE PONTI T. ET AL. (2012): The crop yield gap between organic and conventional agriculture. The Agricultural Systems (108): 1–9.

120 PONISIO L. C. ET AL. (2015): Diversification practices reduce organic to conventional yield gap. Proc. R. Soc. B 282: 20141396.

121 RESL T. & BRÜCKLER, M. (2016): Erträge des österreichischen Biolandbaus im Vergleich zu konventioneller Produktion, Bundesanstalt für Agrarwirtschaft, Wien. Pdf online unter https://www.ages.at/download/0/0/1732eec689dc9e9c1114ade14a1d2d58a635d417/fileadmin/AGES2015/Service/AGES-Akademie/2016-10-13_Foodsecurity.at/2016_10_13_Thomas_Resl_BIO_MengenertrProzentC3ProzentA4ge_FOODSECURITY_Fachtagung_final.pdf

122 BERICHT DES BUNDESMINISTERIUMS FÜR ERNÄHRUNG UND LANDWIRTSCHAFT, DEUTSCHLAND (2018): Die wirtschaftliche Lage der landwirtschaftlichen Betriebe. Buchführungsergebnisse der Testbetriebe, Wirtschaftsjahr 2014/15. Pdf online unter https://www.bmel-statistik.de/fileadmin/user_upload/monatsberichte/BFB-0111001-2017.pdf.

123 ONLINE-ARTIKEL: Erträge im biologischen und konventionellen Landbau. Online unter https://www.oekolandbau.de/haendler/marktinformationen/marktberichte/ertraege-im-biologischen-und-konventionellen-landbau. Letzter Webseitenbesuch am 14.03.2019.

124 SANDERS JÜRN & HESS JÜRGEN (2019): Leistungen des ökologischen Landbaus für Umwelt und Gesellschaft. Thünen-Report 65, Braunschweig, Deutschland, 362 pp.

125 RAHMANN G. (2011): Biodiversity and organic farming: What do we know? Landbauforschung – vTI Agriculture and Forestry Research 3(61): 189–208.

126 SCHNEIDER M. K. ET AL. (2914): Gains to species diversity in organically farmed fields. Nature Communications 5: Art. 4151.

127 WILSON J. B. ET AL. (2012): Plant species richness: the world records. Journal of Vegetation Science 23: 796–802.

128 PRESSEMITTEILUNG, THÜNEN-INSTITUT: Was der Ökolandbau für Umwelt und Gesellschaft leistet. 21.01.2019. Online unter https://www.thuenen.de/de/infothek/presse/aktuelle-pressemitteilungen/was-der-oekolandbau-fuer-umwelt-und-gesellschaft-leistet. Letzter Webseitenbesuch am 14.03.2019.

129 ÖSTERREICHISCHE AGENTUR FÜR GESUNDHEIT UND ERNÄHRUNGSSICHERHEIT GMBH, Online-Artikel: Die Humusgehalte der heimischen Ackerböden haben sich positiv entwickelt. 27.10.2015. https://www.ages.at/themen/umwelt/boden/positive-humusentwicklung. Letzter Webseitenbesuch am 14.03.2019.

130 BERICHT DES DEUTSCHEN BUNDESMINISTERIUMS FÜR ERNÄHRUNG UND LANDWIRTSCHAFT UND DES THÜNEN-INSTITUTES: Landwirtschaftlich genutzte Böden in Deutschland – Ausgewählte Ergebnisse der Bodenzustandserhebung. 05.12.2018. Pdf online unter https://www.bmel.de/SharedDocs/Downloads/Broschueren/Bodenzustandserhebung.pdf.

131 FORSCHUNGSINSTITUT FÜR BIOLOGISCHEN LANDBAU, Online-Artikel: #biodreinull – Die Zukunft einer großen Idee. Online unter http://www.biodreinull.at/ueber-bio-3-0. Letzter Webseitenbesuch am 14.03.2019.

132 NIGGLI U. ET AL. (2015): Mit Bio zu einer modernen nachhaltigen Landwirtschaft. Ein Diskussionsbeitrag zum Öko- oder Biolandbau 3.0. Pdf online unter https://www.bioaktuell.ch/fileadmin/documents/ba/Bildung/Bio-DreiNull-2015-12-07.pdf.

133 DATEN VOM WELTAGRARBERICHT, online: https://www.weltagrarbericht.de/themen-des-weltagrarberichts/baeuerliche-und-industrielle-landwirtschaft.html. Letzter Webseitenbesuch am 14.03.2019.

134 BUNDESMINISTERIUM FÜR NACHHALTIGKEIT UND TOURISMUS, ÖSTERREICH: Grüner Bericht. Bericht über die Situation der österreichischen Land- und Forstwirtschaft. 15.09.2016. Pdf online unter https://gruenerbericht.at/cm4/jdownload/download/2-gr-bericht-terreich/1650-gb2016.

135 BERICHT DER UNITED NATIONS CONFERENCE ON TRADE AND DEVELOPMENT: Trade and environment review 2013. Wake up before it is too late. Pdf online unter https://unctad.org/en/publicationslibrary/ditcted2012d3_en.pdf.

136 GAUGLER T. ET AL. (2018): »How much is the dish?« – Was kosten uns Lebensmittel wirklich? Pdf online unter http://www.db.zs-intern.de/uploads/1537345607-LangfassungHowmuchisthedish.pdf.

137 SUSTAINABLE FOOD TRUST, Online-Artikel: The Hidden Cost of UK Food. 21.11.2017. https://sustainablefoodtrust.org/articles/hidden-cost-uk-food. Letzter Webseitenbesuch am 14.03.2019.

138 BERICHT DER FAO, VEREINIGTE NATIONEN (2014): Food wastage footprint. Full-cost accounting. Final report. Pdf online unter http://www.fao.org/3/a-i3991e.pdf.

139 ONLINE-ARTIKEL: Where does the number of USD $ 4.8 trillion of externalised costs per year come from? Online unter https://www.natureandmore.com/en/true-cost-of-food/where-does-the-number-of-usd-48-trillion-of-externalised-costs-per-year-come-from. Letzter Webseitenbesuch am 14.03.2019.

140 SCHLATZER, MARTIN, LINDENTHAL, THOMAS (2018): 100 % Biolandbau in Österreich – Machbarkeit und Auswirkungen. Auswirkungen einer kompletten Umstellung auf biologische Landwirtschaft in Österreich auf die Ernährungssituation sowie auf ökologische und volkswirtschaftliche Aspekte. Endbericht, 22.05.2018. Pdf download unter https://www.muttererde.at/motherearth/uploads/2018/05/FiBL_gWN_-Bericht_-100P-Bio_Finalversion_21Mai18.pdf.

141 POUX X. & AUBERT P.-M. (2018): An agro-ecological Europe: a desirable, credible option to address food and environmental challenges. IDDRI, Issue Brief. Pdf online unter https://www.iddri.org/sites/default/files/PDF/Publications/CatalogueProzent20Iddri/DProzentC3Prozent-A9cryptage/201809-IB1018-TYFAEN_0.pdf.

142 MÜLLER A. ET AL. (2017): Strategies for feeding the world more sustainably with organic agriculture. Nature Communications 8: Art. 1290.

143 ONLINE-ARTIKEL VON STIFTUNG WARENTEST: Qualität von Biolebensmitteln. Die Bilanz aus 85 Tests. 3. Schadstoffe. 27.05.2010. Online unter https://www.test.de/Qualitaet-von-Biolebensmitteln-Die-Bilanz-aus-85-Tests-4097977-4097989. Letzter Webseitenbesuch am 14.03.2019.

144 BAUDRY J. ET AL. (2018): Association of Frequency of Organic Food Consumption with Cancer Risk. Findings from the NutriNet-Santé Prospective Cohort Study. JAMA Intern Med. 178: 1597–1606.

145 ONLINE-ARTIKEL VON PROVEG DEUTSCHLAND E. V.: Anzahl der Veganer und Vegetarier in Deutschland. Online unter https://vebu.de/veggie-fakten/entwicklung-in-zahlen/anzahl-veganer-und-vegetarier-in-deutschland. Letzter Webseitenbesuch am 14.03.2019.

146 DATEN VOM WELTAGRARBERICHT, online: https://www.weltagrarbericht.de/themen-des-welt-agrarberichts/baeuerliche-und-industrielle-landwirtschaft.html. Letzter Webseitenbesuch am 14.03.2019.

147 ONLINE-ARTIKEL DES DEUTSCHEN BAUERNVERBANDES: Vor hundert Jahren war Deutschland noch Agrarstaat. Online unter https://www.bauernverband.de/12-jahrhundertvergleich. Letzter Webseitenbesuch am 14.03.2019.

148 SHARASHKIN L. & GOLD M. (2009): Thirty million agroforesters: Russia's family gardens. Pdf online unter http://www.deepsnowpress.com/downloads/afta09.pdf.

149 BORMANN F. H., BALMORI D. & GEBALLE G. T. (2001): Redesigning the American lawn: a search for environmental harmony. Yale University Press, New Haven.

150 NACH EIGENEN ANGABEN DES VEREINS ARCHE NOAH auf https://www.arche-noah.at/ueber-uns.

151 LOHRBERG F. (2001): Stadtnahe Landwirtschaft in der Stadt- und Freiraumplanung. Ideengeschichte, Kategorisierung von Konzepten und Hinweise für die zukünftige Planung. Dissertation, Universität Stuttgart.

152 WIKIPEDIA-EINTRAG FÜR »LEBERECHT MIGGE«. https://de.wikipedia.org/wiki/Leberecht_Migge. Letzter Webseitenbesuch am 14.03.2019.

153 ONLINE-ARTIKEL DES ZENTRALVERBANDES DER KLEINGÄRTNER ÖSTERREICHS: Wir über uns – Geschichte. Online unter https://www.kleingaertner.at/wir/geschichte.htm. Letzter Webseitenbesuch am 14.03.2019.

154 WIKIPEDIA-EINTRAG für »Kleingarten«. https://de.wikipedia.org/wiki/Kleingarten. Letzter Webseitenbesuch am 14.03.2019.

155 ONLINE-ARTIKEL DER BERLINER ZEITUNG: Schrebergarten Jahrelange Wartezeiten auf eigene Kleingarten-Parzelle in Berlin. Online unter https://www.berliner-zeitung.de/berlin/schrebergarten-jahrelange-wartezeiten-auf-eigene-kleingarten-parzelle-in-berlin-30019692. Letzter Webseitenbesuch am 14.03.2019.

156 WIKIPEDIA-EINTRAG für »Transition Town«. https://de.wikipedia.org/wiki/Transition_Town. Letzter Webseitenbesuch am 14.03.2019.

157 AHRENDT J. (2007): Historische Gründächer. Ihr Entwicklungsgang bis zur Erfindung des Eisenbetons. Dissertation, Technische Universität Berlin.

158 LEITFADEN DES VERBANDES FÜR BAUWERKSBEGRÜNUNG ÖSTERREICH (2013): Grüne Bauweisen für Städte der Zukunft. Pdf online unter http://www.gruenstadtklima.at/download/leitfaden_GSK.pdf.

159 INFORMATIONSBROSCHÜRE DER GRÜNSTATTGRAU FORSCHUNGS- UND INNOVATIONS-GMBH: Netzwerk und Kompetenzstelle Bauwerksbegrünung. Gemeinsam für grüne, smarte Städte der Zukunft.

160 DATEN DER ZENTRALANSTALT FÜR METEOROLOGIE UND GEODYNAMIK (ZAMG), WIEN. Online unter https://www.wien.gv.at/statistik/lebensraum/tabellen/eis-hitze-tage-zr.html. Letzter Webseitenbesuch am 14.03.2019.

161 BEYER M. (2018): Hitzewelle Sommer 2018 – Einordnung und Ausblick. 06.08.2018, Deutscher Wetterdienst. Online unter https://www.dwd.de/DE/wetter/thema_des_tages/2018/8/6.html. Letzter Webseitenbesuch am 14.03.2019.

162 WHITE PAPER DER EUROPÄISCHEN FÖDERATION DER BAUWERKSBEGRÜNUNGSVERBÄNDE (2015). Pdf online unter https://efb-greenroof.eu/wp-content/uploads/2016/12/efb_whitepaper_2015.pdf

163 SNOW J.: Online-Artikel von National Geographic. 27.10.2016. Online unter https://news.nationalgeographic.com/2016/10/san-francisco-green-roof-law. Letzter Webseitenbesuch am 14.03.2019.

164 INFORMATION AUF DER WEBSEITE DER STADT OSNABRÜCK. Online unter https://www.osnabrueck.de/dachbegruenung.html. Letzter Webseitenbesuch am 14.03.2019.

165 ONLINE-ARTIKEL DER TAZ: Bremen beschließt Begrünungspflicht. http://www.taz.de/!5559895. Letzter Webseitenbesuch am 14.03.2019.

166 ERLACH N.: Dachgrün. Studie im Auftrag der MA 22, Wien. Pdf online unter https://www.wien.gv.at/kontakte/ma22/studien/pdf/dachgruen.pdf

167 OIB-RICHTLINIE 4: Nutzungssicherheit und Barrierefreiheit. Österreichisches Institut für Bautechnik, März 2015. Pdf online unter https://www.oib.or.at/sites/default/files/richtlinie_4_26.03.15.pdf.
168 PALME W. (2016): Frisches Gemüse im Winter ernten. Löwenzahn Verlag, Innsbruck.
169 ONLINE-ARTIKEL: Verschiedene Rosmarinsorten mit unterschiedlicher Winterhärte. Online unter https://www.gartenjournal.net/rosmarin-sorten. Letzter Webseitenbesuch am 14.03.2019.
170 ONLINE-ARTIKEL: Bitterstoffe – die natürlichen Vieleskönner. Online unter http://www.stoffwechsel-aktiv.com/tipps/bitterstoffe/. Letzter Webseitenbesuch am 14.03.2019.
171 WIKIPEDIA-EINTRAG für »Boden (Bodenkunde)«: https://de.wikipedia.org/wiki/Boden_(Bodenkunde). Letzter Webseitenbesuch am 14.03.2019.
172 STAHR A., ONLINE-ARTIKEL: Phasen der Kompostierung. Online unter http://www.ahabc.de/garten/kompostieren/phasen-der-kompostierung/. Letzter Webseitenbesuch am 14.03.2019.
173 WIKIPEDIA-EINTRAG für »Gründüngung«: https://de.wikipedia.org/wiki/Gründüngung. Letzter Webseitenbesuch am 14.03.2019.
174 HARGARTER P. (2015): Urbanes Gärtnern am Karlsplatz. Dachbegrünungssubstrate in urbanen Stadtgärten. Masterarbeit. Universität für Bodenkultur, Wien.
175 ORTOLO M. (2017): Air pollution risk assessment on urban agriculture. Masterarbeit, Universität & Forschung Wageningen.
176 IMMLER H.: Vom Wert der Natur. Zur ökologischen Reform von Wirtschaft und Gesellschaft. Natur in der ökonomischen Theorie. Teil 3. Westdeutscher Verlag, Opladen. 2. Auflage, 1990.
177 WIKIPEDIA-EINTRAG für »Carvacrol«. https://de.wikipedia.org/wiki/Carvacrol. Letzter Webseitenbesuch am 14.03.2019.
178 PAN X. ET AL. (2013): Effect of apigenin on proliferation and apoptosis of human lung cancer NCI-H460 cells. Journal of Southern Medical University, 33(8): 1137-1140.
179 HOENSCH H. ET AL. (2008): Prospective cohort comparison of flavonoid treatment in patients with resected colorectal cancer to prevent recurrence. World J Gastroenterol. 14(14):2187–2193.
180 REHBERG C., Online-Artikel: Schnittlauch: Heilwirkung und Verwendung in der Küche. 13.03.2019. Online unter https://www.zentrum-der-gesundheit.de/schnittlauch-heilwirkung-und-naehrwerte.html. Letzter Webseitenbesuch am 14.03.2019.
181 WIKIPEDIA-EINTRAG für »Lactucopikrin«: https://de.wikipedia.org/wiki/Lactucopikrin. Letzter Webseitenbesuch am 14.03.2019.
182 WIKIPEDIA-EINTRAG für »Apigenin«: https://de.wikipedia.org/wiki/Apigenin. Letzter Webseitenbesuch am 14.03.2019.
183 LAMY S. ET AL. (2012): Diet-derived polyphenols inhibit angiogenesis by modulating the interleukin-6/STAT3 pathway. Exp. Cell Res. 318:1586–1596.
184 SERVAN-SCHREIBER D. (2012): Das Anti-Krebs-Buch. Goldmann Verlag.
185 FAHEEY J. W. ET AL. (1997): Broccoli sprouts: An exceptionally rich source of inducers of enzymes that protect against chemical carcinogens. PNAS: 94(19): 10367–10372.
186 WIKIPEDIA-EINTRAG für »Quercetin«: https://de.wikipedia.org/wiki/Quercetin. Letzter Webseitenbesuch am 14.03.2019.
187 ONLINE-ARTIKEL: Radieschen. Online unter https://www.gesundheit.gv.at/leben/ernaehrung/saisonkalender/mai/radieschen. Letzter Webseitenbesuch am 14.03.2019.
188 ONLINE-ARTIKEL: Her mit den Roten Rüben! Online unter https://www.medizinpopulaer.at/archiv/essen-trinken/details/article/her-mit-den-roten-rueben.html. Letzter Webseitenbesuch am 14.03.2019.
189 HERNÁNDEZ A. ET AL. (2012): Dietary nitrate increases tetanic [Ca2+]i and contractile force in mouse fast-twitch muscle. J Physiol. 590(15): 3575–3583.
190 CLIFFORD T. ET AL. (2016): Effects of beetroot juice on recovery of muscle function and performance between bouts of repeated sprint exercise. Nutrients 8(8): 506.
191 KAPIL V. ET AL. (2014): Dietary nitrate provides sustained blood pressure lowering in hypertensive patients: a randomized, phase 2, double-blind, placebo-controlled study. Hypertension 65: 320–327.
192 PRESLEY T. D. ET AL. (2011): Acute effect of a high nitrate diet on brain perfusion in older adults. Nitric Oxide 24(1): 34–42.

Bildnachweis

Alle Bilder stammen vom Autor, außer die hier angeführten.
Grafische Darstellungen: DIE BESORGER, mediendesign & -technik.

S. 14 © Benjamin Combs, Unsplash
S. 16 Grafik, verändert nach L. Flandroy et al. (2018)
S. 25 Grafik, verändert nach Del Chierico et al. (2014). Illustrationen: Freepik
S. 28 Grafik, verändert nach Flandroy et al. (2018). Illustrationen: Freepik
S. 33 Grafik, verändert nach dem Summary Report of the EAT-Lancet Commission »Healthy Diets From Sustainable Food Systems. Food, Planet, Health«, 2019. Illustrationen: Freepik
S. 43 © Stefano Boeri Architetti
S. 46 © Brooke Lark, Unsplash
S. 54 © HeinzWaldukat – stock.adobe.com
S. 58 Grafik, verändert nach dem Agrar-Atlas 2019: © Agrar-Atlas 2019/BFN
S. 61 Grafik, verändert nach Zeller et al. (2017)
Fotos: © Pascal Debrunner und Theo Leconte, Unsplash
S. 64 Grafik, verändert nach dem Agrar-Atlas, Österreich-Ausgabe, 2019:
© Agrar-Atlas 2019/Birdlife
S. 72 © photlook – stock.adobe.com
S. 73 Grafik, Daten von Grabolle und Loitz (2007), Foto: © Slejven Djurakovic, Unsplash
S. 74 © Markus Spiske, Unsplash
S. 80 © Markus Spiske, Unsplash
S. 93 © Zinsenhof
S. 97 © Vermigrand
S. 108 © Markus Spiske, Unsplash
S. 113 © Gärten des Grauens, Renate Prior
S. 115 © Lukas Pfeiffer
S. 119 © Familie Dervaes
S. 127 © Stephen Barstow
S. 134 © Christa Mayer
S. 137 © Birgit Schattling
S. 138 © Stefano Boeri Architetti
S. 140 © Federico Rostagno – stock.adobe.com
S. 145 Grafik, erstellt nach Daten der Zentralanstalt für Meteorologie und Geodynamik, Wien
S. 149 © Andreas Lander
S. 155 3D-Visualisierung: © ht-vis
S. 156 © Eddie Kopp, Unsplash
S. 165 © Christian Houdek
S. 167 © Per Olsen
S. 168 © Markus Spiske, Unsplash
S. 201 © Wolfgang Palme
S. 208 © Wolfgang Palme
S. 212 © nik0.0kin – stock.adobe.com
S. 240 © Michael Maritsch

Über den Autor

Dr. Jürgen Herler

Geboren 1973, Studium der Biologie, zwölf Jahre in der Meeresforschung tätig. Lehre an den Universitäten Wien und Graz. 2015 kehrte er an die Wurzel eines der größten Probleme unserer Zeit, der Lebensmittelerzeugung, zurück und machte 2015 sein Hobby Vertical Gardening zum Beruf. Er entwickelt Vertikalbeetsysteme (»HerBios«), die höchste Produktivität und Biodiversität ermöglichen. Seine Zukunftsvision sind grüne, »essbare« Städte und saubere Meere. Er lebt mit seiner Familie in einem ökologischen, begrünten Haus im Wienerwald.

www.vertikalbeet.at